本书得到了天津市2013年度哲学社会科学规划基金项目"天津中小
金融创新机制及风险管控机制研究"（编号：TJYY13-031）的资助

银行监管的
治理激励机制研究

Research on Governance Incentive Mechanism of
Banking Supervision

陈欣烨◎著

经济管理出版社
ECONOMY & MANAGEMENT PUBLISHING HOUSE

图书在版编目（CIP）数据

银行监管的治理激励机制研究/陈欣烨著 . —北京：经济管理出版社，2019.8
ISBN 978 - 7 - 5096 - 6914 - 3

Ⅰ.①银…　Ⅱ.①陈…　Ⅲ.①银行监管—激励制度—研究　Ⅳ.①F830.22

中国版本图书馆 CIP 数据核字（2019）第 183386 号

组稿编辑：申桂萍
责任编辑：魏晨红
责任印制：黄章平
责任校对：陈晓霞

出版发行：经济管理出版社
　　　　　（北京市海淀区北蜂窝 8 号中雅大厦 A 座 11 层　100038）
网　　　址：www. E - mp. com. cn
电　　　话：（010）51915602
印　　　刷：三河市延风印装有限公司
经　　　销：新华书店
开　　　本：720mm×1000mm/16
印　　　张：13. 5
字　　　数：257 千字
版　　　次：2019 年 8 月第 1 版　　2019 年 8 月第 1 次印刷
书　　　号：ISBN 978 - 7 - 5096 - 6914 - 3
定　　　价：58. 00 元

前　言

　　在信息不对称条件下，由于银行经营的风险属性以及银行资本结构的高杠杆特性，单纯的银行治理无法实现利益相关者的最优治理目标。出于对银行危机导致的外部性影响的担心，以及对银行的社会资金配置与支付中介作用的重要性的考虑，因此银行监管十分必要。银行监管的目标主要是确保银行体系的安全性和效率性。

　　包括存款保险以及银行救助制度在内的现有银行监管制度在确保银行体系安全性目标方面效果明显，但却形成了对银行股东和管理者的软约束，尤其是在经营不善的情况下，银行股东和管理者都拥有明显的风险偏好，因此，对于银行监管来说，在监管的安全性目标和效率性目标之间存在一定的冲突，不利于在确保相关者利益的前提下促进银行效率。

　　激励理论是解决信息不对称条件下的委托—代理问题的主要方法，如果通过适当的激励机制设计，实现银行监管对银行自身治理的促进作用，则无疑有助于银行监管全面目标的实现。

　　现行存款保险制度的治理激励无效性主要体现在对存款人的过分保护，而资本监管方法却又限制银行的资产选择集。本书致力于通过将银行管理者薪酬参数和银行资本结构参数纳入存款保险保费设计，在满足最低资本监管的要求下，促进银行股东治理激励，实现由银行股东选择的最优的管理者薪酬结构目标，从而促进管理者激励。

　　在实践中，最后贷款人制度存在的主要问题是难以区分缺乏支付能力的银行和仅仅缺乏流动性的银行导致的流动性支持软约束问题。书中通过区别银行管理者道德风险种类，避免了逆向选择问题，并实现了对银行管理者加强流动性风险管理的激励。

　　严格的银行破产制度无疑能够促进银行效率，但在信息不对称条件下却可能导致严重的系统性风险。我们通过对银行破产制度和救助制度激励作用的分析，明确了两种制度的适用范围，并且提出一种银行救助的机制安排，从而避免了救助资金的软约束,降低了监管成本。

本书尝试性地将激励理论运用于促进监管目标与银行自身治理目标的一致性的研究;探索性地将重要的银行治理参数纳入银行监管机制设计,目的是通过增强银行自身的治理激励来促进银行监管目标的实现;尽可能地对银行监管制度体系进行整体性考虑并且对监管制度间的协调性进行研究,通过机制设计,在明确各种监管制度实施范围的同时,探讨不同制度之间治理激励效果的一致性。

为实现银行监管制度体系的治理激励作用,明确各项制度的适用界限,并确保各项制度激励导向的一致性,本书提出了银行监管制度体系的框架安排,并对影响该体系有效性的因素进行了分析,指出了银行监管治理激励机制安排对我国的政策启示,提出了我国银行监管的治理激励机制框架安排构想。

目　录

第一章 导论

第一节 信息不对称下银行监管目标与
银行治理目标的偏离

一、银行监管目标间的冲突能够诱发银行不稳定性问题

在现代经济发展过程中，银行的作用举足轻重，它承载着资金配置和维持支付系统的重任，银行的健康发展对经济增长具有重要影响。但是，如果因经营不善导致银行危机，就会出现信息不对称导致的危机蔓延，从而导致银行系统乃至整个社会的经济危机。因此，银行成为社会经济中受到严格监管的部门之一。银行能否健康发展既取决于银行自身的治理，又依赖于银行监管的效果。这两方面是国内外理论界和金融业多年来关注的焦点问题。

银行的安全性和效率性是体现银行监管水平的关键因素，也是金融监管部门需要加以兼顾的两重目标。

从银行监管的安全性目标来看，主要是降低问题银行的外部性影响。在信息不对称条件下，存款人缺乏积极治理的动机和能力，因此在单家银行出现危机时，最理性的选择就是"用脚投票"，采取提款行为，大量而集中的提款行为在其他存款人眼中成为这家银行甚至整个银行体系出现问题的信号，从而导致系统性危机。为此，监管机构需要对存款人进行保护，降低其在不确定情况下的提款动机，并对处于危机中的银行选择性地采取支持和救助措施，降低危机的系统性影响。

从效率性目标来说，效率性更与银行自身的治理直接相关。银行的效率性与以利益最大化为目标的银行治理目标是一致的。但是，信息不对称也造成了银行治理的特殊问题，由于银行经营的风险属性以及资本结构的高杠杆特征，银行股东和管理者存在较强的风险偏好。由此，以利益相关者最大化为目标的银行治理效率难以实现。为促进银行社会经济职能的发挥，监管机构也有必要将效率性作为监管目标之一，改善银行自身治理的不足。

然而，监管的安全性目标和效率性目标之间存在一定的冲突。传统银行监管更注重安全性目标的实现，通过存款保险、最后贷款人制度以及问题银行的救助制度保护存款人利益，防止银行风险的蔓延。但是如果将安全性目标设置为优先的情况下，监管部门在促进银行系统的效率性方面就会存在不足，原因在于对存款人的保护降低了其治理动机，而宽松的救助政策更弱化了银行股东和管理者约束。虽然近年来各国的金融监管制度都在不断改进资本监管措施，并显著降低了信息不对称问题的危害，但是相关制度变革的滞后影响了银行监管的整体效果。因此，如何实现银行监管安全性目标与效率性目标的有效结合是提高银行监管水平的关键。

二、促进监管目标之间的一致性是解决银行不稳定性问题的重要途径

为解决银行监管目标之间的冲突问题，需要找到促进监管目标一致性的媒介，而银行治理可以充当这一媒介。在信息不对称条件下，银行经营的风险属性、资本结构的高杠杆性（资产与资本比例过大）导致的银行股东和管理者风险偏好，以及债权人治理动机和能力问题是银行治理问题的关键。在此条件下，银行监管的安全性目标和效率性目标的实现最终也依赖于以利益相关者最大化为目标的良好的银行治理。良好的银行治理能够保证银行的稳健和高效运营。因此，将银行治理目标与监管目标相统一，是促进银行监管目标一致性的有效手段。

建立银行监管的治理激励机制意味着通过有效的机制设计，实现银行监管的治理激励目标。将银行治理参数与监管参数相结合是机制设计的重点。运用包括管理者薪酬和银行资本结构参数在内的治理参数建立激励机制是解决信息不对称导致的银行治理问题的主要手段。而将这些参数纳入监管机制设计，并形成激励导向的一致性，就能够通过促进银行治理而实现监管目标。

现行银行监管制度存在的一个问题是不同监管制度之间缺乏有效的协调，不同的监管制度在监管职能上存在重叠或交叉，造成过度救助或救助拖延等现象，因此形成了监管制度的软约束，内生性地产生银行经营者的道德风险问题。在实践中，存款保险费收取的依据是精算公平的覆盖预期的银行损失，但是由于银行救助政策和最后贷款人制度的无效性，通常将存款保险费作为无限制的银行危机补偿手段。一方面会导致资金使用的不合理性，另一方面也无法形成有效的事前

约束，激励银行为实现全面的治理目标而行事。

　　本书尝试建立有效的银行监管治理激励机制，在强化银行治理的基础上促进较全面地实现监管目标，并且力求解决不同监管制度的协调问题，尽量降低制度冲突成本。同时在研究中，还将确保选择的参数具有可观察性、可验证性和可控制性，以及参数与治理和监管效果之间的相关性，从而加强机制设计的可实施性，确保监管目标的实现。

第二节　文献概览

一、文献概述

　　长期以来，国内外学者将银行监管与银行治理作为两个独立的领域进行研究，在银行监管领域，大多集中于银行监管的宏观经济效应分析（包括监管的社会经济成本与收益、监管对稳定经济运行的效果分析等），对银行治理效果的微观经济效应分析较少，在监管规制的设计方面，激励相容的监管设计也缺少系统性和完整性；在银行治理领域，更多的是对银行自身治理问题的探讨，监管因素的治理效果分析趋于表面化。更多的是借鉴普通公司治理理论指导银行治理，尽管关于监管的治理效果分析的文献较多，通常的观点认为银行是监管的被动接受者，而在监管设计中融入银行治理激励内容的文献很少。能够将监管目标与银行治理目标相联系的文献比较少，而且通常是就监管的某一方面的治理激励作用进行研究，缺少全面性与系统性，而关于银行监管的治理激励机制设计的文献就更为鲜见。

　　（一）关于银行治理问题的国内外研究成果

　　近二三十年来，随着银行治理理论的不断发展，得益于信息经济学和产业组织理论的发展，这些基础性研究为解决银行治理问题提供了较为有效的理论工具。让·雅克·拉丰和让·泰勒尔（Jean Tirole）是激励理论的代表人物，他们提出的关于激励规制的一般框架是解释信息不对称条件下规制问题的重要理论工具。不对称信息理论和合同设计的经济学理论的发展，更好地解释了银行产业的功能、特征与银行治理问题的来源，也为深入探讨银行监管问题提供了帮助。运用产业组织理论，弗雷克斯（Freixas）和罗歇（Rochet）从微观角度入手，分析银行和银行产业的特征，阐述银行业特殊的宏观经济影响、银行的风险控制以及银行监管等问题，是运用产业组织理论解释微观银行运行效果的重要代表。

明确银行的更强的信息不对称属性是研究银行治理问题的首要前提条件。Jensen 和 Meckling（1973）证明在一家银行内，如果信息不能均匀地分布，股东就可能有伪装投资于低风险资产的激励，而存款人在不能干涉银行行为或者不能观察银行行为时，利率水平就不能充分体现银行破产的风险，银行就会提高债务杠杆比率和资产组合风险，就此引发道德风险问题，影响银行治理。虽然一般企业也存在信息不对称问题，但是银行的信息不对称问题更为严重，因此在解决银行治理问题时也存在特殊性。罗斯·莱文（2003）认为，银行治理与普通公司治理的不同之处在于更严重的信息不透明和严格的政府管制，这两个性质导致了传统治理机制的弱化。由于银行发行次级债券通常受到限制，使银行缺乏未被保险的大债权人，因此缺乏债权人的治理。通过私人投资者实施对银行的治理而不是过分依赖于政府管制是十分重要的。或明或暗的存款保险降低了债权人对银行进行治理的激励。由于银行资本资产比率比其他行业低得多，因此银行的控制者更愿意从事风险较大的项目。

　　银行治理问题通常表现为银行经营者的道德风险和股东的控制不力。Fukao（2003）通过对日本银行治理的实证分析，认为日本银行治理存在两方面问题：一是缺乏股东控制；二是由于负的股权头寸造成了扭曲的管理者激励结构。Macey 和 Miller（2003）认为，控制道德风险对银行来说比其他类型公司更重要。首先，具有严重的道德风险问题的借款人不成比例地涌向银行。其次，与其他公司不同，银行主要是以满足存款人需求的支票账户来提供贷款资产组合。资产和负债期限结构的不匹配使银行更加容易受到现金短期波动的影响。最后，在经济中，银行是具有最高杠杆性的公司，它们对借款人的现金流的微小波动都异常敏感。我国学者李维安（2005）认为，银行在合约、产品和资本结构等方面表现出来的诸多特殊性对银行治理机制产生了深远的影响，从商业银行的特殊性出发，既是研究银行治理问题的逻辑起点，也是进一步创新公司治理理论的根本所在。

　　（二）关于银行监管的国内外研究成果

　　关于银行监管问题的探讨经常集中于监管的必要性、监管的动机以及合理的监管制度设计等方面。

　　就监管的必要性方面，尽管也有学者反对监管，认为监管会造成银行效率下降，但是出于维护银行安全性的考虑，更多的学者赞成监管。如 Minsky（1982）提出了"金融不稳定假说"，认为银行的利润最大化目标促使他们在系统内增加风险性业务和活动，导致系统的内在不稳定性，因而需要对银行的经营行为进行监管。Friedman 和 Schwartz（1986）以及 Diamond 和 Rajan（2001）从银行及其他金融机构的流动性方面所做的研究表明，银行存在脆弱性。Stiglitz（1993）和 Varian（1996）认为，银行监管作为一种公共产品，是一种降低或消除市场失灵的手段。Kaufman（1996）从银行体系的传染性和系统风险的角度分析认为，银行业比其他产业更加脆弱，更容易被传染。

就监管动机方面，汉密尔顿等（1988）认为，实际上政府和规制者没有最大化社会福利，而是最大化了自身的福利。Barth 等（2003）认为，政府的管制职能经常限制竞争并由此阻碍了一种关键的公司治理机制。规制者也更加愿意制订限制竞争和保护政府运营银行的政策。

就监管制度设计方面，近期的研究大多运用到激励理论以及合同理论。Ross Levine（2003）认为，改进管制的一种方法是将管制者和社会的利益一致化。运用监管激励理论，Dewatripont 和 Tirole（1993）构造了"最优相机监管模型"，该模型将对分散的存款人的信息不对称且偏好"搭便车"的分析引入因存款人集体行动而导致的失灵问题，并将讨论集中在金融何时需要外部的干预和监管，以及外部人监管的激励方案上。Hart 和 Moore（1990）、Aghion 和 Bolton（1992）按照不完全契约理论提出，实施最优监管政策的方式是：让监管者拥有与没有保险的存款人一样的激励。Caprio、Laeven 和 Levine（2003）通过考察认为，保护小股东利益的法律会提高银行的价值。

（三）关于银行监管对银行治理作用的国内外研究成果

在分别对银行监管与银行治理两方面的研究成果进行回顾之后，下面对目前有限的银行监管的治理效果文献加以综述。

1. 存款保险与道德风险

存款保险是解决银行流动性冲击的必要手段。Diamond 和 Dybvig（1983）提出了非理性挤兑模型，他们认为由于存款人之间的预期行为是相互依赖的，而预期的改变可能由任何原因（如太阳黑子）导致，所以挤兑是难以避免的一个均衡。为避免这种均衡的发生，他们认为应该由政府提供存款保险。因为政府的力量来自其征税的权力，政府用对每个人征得的税款来保证存款人的正常收益，对于没有真实流动性需求的存款人来说，提前取款就没有实际意义，从而消除了存款人的挤兑动机。Chari 和 Jagannathan（1988）认为挤兑是存款人的理性行为，所有存款人最关心的是银行的清偿能力，而不是潜在的流动性威胁。对银行清偿能力信息的不对称是引发挤兑的关键，认为银行挤兑是存款人充分利用所得信息的理性行为。

存款保险被证明在避免银行挤兑方面效果显著，但是会产生道德风险。Kane（1989）对美国储蓄贷款协会（S&L）的研究发现，由于联邦存款保险的存在，存款人没有迫使真正无清偿能力的银行进入破产程序的激励，濒临倒闭的银行会为了复苏而"垂死一搏"，而这种赌博行为失败的可能性更高，由此导致的损失只能由存款保险机构和纳税人承担，从而形成巨大的道德风险。我国学者郭晔

（2017）认为当银行杠杆较高时，会加剧存款保险制度的道德风险问题；而且存款保险制度的实施会导致银行有"加杠杆"的冲动。近年来，我国经济运行以较宽松的货币政策作支撑，表现为 M2 增速快于 GDP 增速的过度的流动性供给，相对于一般企业，银行资金的流动性表现为持续的流动性宽裕，使得银行有投资高风险项目的冲动，因此银行的杠杆率不断攀升。尤其是 2008 年以后，影子银行业务的快速增长，并且通过理财等业务与银行体系的高度关联，也大幅地提高了银行杠杆率。在现阶段，通过金融"去杠杆化"能够降低银行系统的风险，同时降低存款保险制度的道德风险问题。

存款保险公平定价问题是确保存款保险制度有效运作的重要条件。Merton（1977）最先采用期权定价方法分析存款保险定价对银行风险承担的激励问题，他证明存款保险可以被视为以银行资产价值为基础的看跌期权，如果保费是风险不敏感（Risk – insentive）的，那么银行就可以通过增加其资产的风险或者降低其资本资产比率来提高期权的价格。当银行间竞争加剧、银行执照价值降低时，银行提高风险的欲望会更加强烈（Marcus，1984；Keeley，1990；Hellmann 等，1994；Matutes 和 Vives，1998）。为降低由存款保险导致的银行管理者风险承担激励，目前很多国家都采用了与风险相关（Risk – related）的存款保险费定价方法。

然而公平的存款保险定价能否实现，是近年来许多经济学家研究的重点问题。Chan 等（1992）的研究表明，在不对称信息条件下，公平的存款保险定价是不可能的。一些经济学家探索包容式监管解决由一致性存款保险定价引发的银行逆向选择行为，Chen 等（2006）以银行贷款组合违约的相关性为研究对象，归纳出存款保险的定价方法。Mao 等（2013）建立了资产违约风险与存款保险价格相关模型，并通过免赔额和监管资本方式探索包容式监管。张金宝和任若恩（2007）在期权定价模型上实证分析了未参加存款保险的负债利率与存款保险费率之间的关系，并建立了二者之间的关联模型。

然而，上述学者缺少将银行治理与存款保险的定价之间建立起分析框架，因此由于存款保险制度与银行治理之间缺乏联系，导致银行治理目标与金融监管目标之间的偏离。而 Freixas 和 Rochet（1995）在一个更为一般化的框架下，提出了激励相容存款保险定价的观点，他们认为公平的存款保险定价是可能的，但是由于该方法禁止高效率银行向低效率银行补贴，因此不能以福利的观点来评判。Kose 等（2000）认为，存款保险的定价不仅应该考虑银行的风险特征，还应该加入管理者薪酬结构的相关参数，从而实现对管理者的最佳激励。

2. 资本监管

假定银行追求价值最大化，Furlong 和 Keeley（1989）证明的结果是资本要求降低了风险承担激励；同样，Rochet 也证明了如果被选择的风险权重与资产系统性风险成比例，那么风险敏感资本监管能够降低银行失败概率。然而，Flannery（1989）得出的结论却是相反的，他认为这会导致银行承担更大的风险。Kim 和 Santomero（1980，1988）认为，由于存款保险的无效定价，银行会选择更高风险的资产组合，而银行资本规制是处理这一风险偏差的途径，然而不恰当的风险权重选择会导致银行风险的增加。Blum（1999）通过建立资本充足率的动态模型，证明银行资本充足率规则会增加银行的风险。

还有其他一些学者认为资本要求会降低监管激励，从而导致银行资产组合的质量下降（Besanko 和 Kanatas，1993；Boot 和 Greenbaum，1993）。Dewatripont 和 Tirole（1995）将资本规制视作控制权在不同的请求权集团之间的有效配置的手段，因此会间接影响管理者激励。Gehrig（1995）指出，资本规制会影响银行之间的战略竞争的性质。

3. 最后贷款人制度

最后贷款人思想始于亨利·桑顿（Henry Thornton）。他在 1802 年《对大不列颠纸币信用的本质和效应的探讨》一书中，对最后贷款人出现的原因进行了分析。他解释了部分储备的银行体系下流动性不足问题对货币存量的有害收缩的机制，这样便产生了对最后贷款人的需求。指出中央银行创造高能货币的能力完全能满足商业银行的流动性需求，并且中央银行的最后贷款人功能与货币控制责任并不冲突。其后，Bagehot 在 1873 年《伦巴第街》中对最后贷款人理论的阐释吸收了桑顿的许多观点，并有所超越，因而也更具影响力。他认为，最后贷款人的责任不只是在恐慌期间向市场提供流动性，还包括实现公开地重申在未来所有的恐慌时期将迅速而有力地提供贷款承诺。这种事先宣布的承诺减少了公众的不确定性并产生了稳定的预期，这两者都提高了最后贷款人的有效性；另外，他倡导最后贷款人必须以惩罚性利率进行调节，而且提出了获得最后贷款资助的限制性条件，即要求借款人只是有暂时的流动性不足但具清偿能力，抵押品在通常或正常时期应无可争议地是良好的。

近几十年来，经济学家对最后贷款人的保护范围、由最后贷款人保护造成的道德风险等问题进行了深入的分析。Goodhart（1985）和 Solow（1982）认为，银行将最后贷款人的贷款范围扩大到特定的无偿付能力的借款人，主要原因在于既然最后贷款人制度对无清偿能力和缺乏流动性银行的区分困难，不如扩大最后贷款人的保护范围以降低银行倒闭的损失程度，并维护公众对银行系统的信心。但这一观点低估了最后贷款人过度慷慨援助引致的道德风险，更为极端的观点是废除最后贷款人制度，认为最后贷款人没有存在的必要（Selgin，1989；Salsman，1992）。更多的经济学家赞成建立最后贷款人制度，认为最后贷款人制度能够在稳定宏观经济方面发挥积极作用。Miron（1998）的研究分析说明：1914年美国联邦储备体系建立之前，以银行存款挤兑为特征的美国银行危机平均每三年发生一次；而在美国联邦储备体系建立之后的 1914～1928 年，以银行存款挤兑为特征的银行危机没有发生过。此外，经济学家在由保险、流动性支持和注资引发道德风险方面早已达成一致，关键是如何化解这种道德风险。在贷款利率方面，巴杰特（1873）建议以高于危机前的利率水平放款，即采取惩罚性利率贷款；在制度建设方面，巴杰特（1873）认为，公开最后贷款人的危机管理政策是有利的，而 Corrigan（1990）认为，中央银行为降低道德风险的危害增加不确定性，应该不预先公布其救助政策，即提出了所谓的"建设性模糊"；在最后贷款人的实施主体方面，Giannini（1999）指出，中央银行可以以代理人的身份组织其他流动性过剩的商业银行向流动性缺乏的商业银行提供资金融通。然而，由于经济的最终保障职能只有以政府信誉作担保才会奏效，因此从国际实践来看，多数国家的最后贷款人职能都是由中央银行行使。Freixas 等（2004）认为，通过恰当的激励机制能够解决逆向选择问题。

4. 银行破产制度

破产制度是产生事前银行治理激励效果的重要制度。Hellmanna 等（2000）证明，竞争侵蚀银行许可证价值（Charter Value）会导致银行经理提高债务杠杆比率和资产风险水平。Boot 和 Greenbaum（1993）认为，随着银行部门竞争的加剧，垄断租金受到侵蚀，声誉因素变得更加重要。有关破产制度的建设方面，Repullo（1993）运用 Devatripont 和 Tirole（1994）的理论，认为当取款数量很小时，将控制权配置给中央银行是最优选择；当取款数量很大时，将控制权配置给存款保险公司是最优选择。Suarez（1995）认为，对缺乏清偿力银行实施关闭规则可以在事前激励银行补充更多的股权。Berglof 和 Roland（1996）认为政府的银行事前资本重建（Recapitalization）可以限制银行过度承担风险的偏好以及为复苏而搏一把的动机。巴曙松（2005）认为，政府监管的声誉反映了对金融机构的威慑力，对于金融机构的违规破产，政府不合理的救助行为会极大损害其监管声誉，降低监管威慑力，同时金融机构道德风险的产生和违约概率加大会造成政府救助的矛盾冲突，应当积极建立承诺可信的规范的监管秩序。

在有关破产制度的实施界限问题方面，我国学者王颖捷（2003）认为，银行不仅具有一般企业的退出壁垒，还有其特有的高社会性退出壁垒。降低陷入困境银行的高社会性退出壁垒的原则是规避金融风险的传导性，处理好保驾护航式退出与市场化退出机制的关系，处理好成本与收益的关系。杨谊（2005）通过一个二阶段完全信息动态博弈模型的分析，揭示出由于我国银监会未建立起有效的成本约束下的市场退出机制，使得相机抉择的关闭机制对于商业银行而言是一个不可置信的威胁，促进了商业银行的冒险投资，加之隐性存款保险的存在，形成了巨大的社会成本和福利损失。

二、研究角度

在信息不对称情况下，由于银行经营的风险属性和资本结构的高杠杆特征，银行自身治理存在着股东风险偏好、债权人治理缺失等问题，而且银行危机具有严重的蔓延特性以及负的外部性特征，因此政府对银行这样的特殊部门的严格监管是必要的。由于银行在经济中具有重要的支付系统功能和资金配置功能，因此银行监管的目标应是安全性与效率性的结合。

监管机构通过设计有效的监管制度，运用激励手段避免银行股东和管理者的道德风险行为是促进银行监管的一种有效做法。在研究中，力求将促进银行自身的治理激励的观点纳入银行监管制度设计，将重要的治理参数作为银行监管治理激励的重要手段，实现银行治理的目标与监管目标的统一，并确保各种监管制度的协调有效运行，促进银行体系安全性与效率性监管目标的更好实现。

第三节　研究对象、结构安排与研究特色

一、研究对象与相关概念界定

（一）研究对象

研究对象为对银行监管制度治理激励机制的研究。假设条件中将不考虑银行监管机构自身的激励问题，而假设监管机构的一切行为以促进银行体系的安全性和效率性为最高宗旨。研究与分析的过程中将注重不同监管制度之间的协调实施，以及不同监管制度治理激励作用的一致性。

（二）相关概念界定

银行监管是指金融全球化条件下，国际通行的银行监管模式、监管制度和监管惯例。

由于目前各国关于银行业经营范围的监管实践存在差别，一些国家允许采用混业经营的银行体制，而其他国家则严格限制商业银行介入证券和保险业务。为突出商业银行业务的主要共性，避免因业务范围的差别而导致的激励冲突，书中谈到的银行将指主要从事贷款和存款业务的商业银行。

通常情况下，银行治理范畴包括内部治理和外部治理。内部治理的主体是股

东、存款人、管理者和员工等。而外部治理的主体包括监管者、资本市场、银行的其他债权人和接管者等。为突出银行监管的特殊作用，强调银行监管机构对其他银行治理行为的激励作用，将银行治理定义为除银行监管机构外的治理主体的银行治理行为。因此，本书中所谈到的银行监管的治理激励并不涉及监管机构自身的治理动机问题，而是特指监管机构如何促进其他治理主体的激励问题。

二、结构安排

本书共分为七章。

第一章，导论。本章分析了全书选题的背景和意义，并对当前国内外主要研究成果进行梳理，提出全书的研究对象和研究方法。

第二章，银行监管治理激励机制的必要性逻辑。本章首先全面分析银行治理框架及其存在的主要问题；其次讨论当前的银行监管制度框架及其对银行治理的影响，提出银行监管的安全性和效率性目标；最后提出建立银行监管的治理激励机制是完善监管的必要手段。

第三章，存款保险制度的风险激励问题与机制创新构想。本章首先对存款保险理论和当前各国存款保险制度的实施进行总结；其次建立模型分析单一费率和差别费率存款保险制度的风险激励效果；最后提出建立具有治理激励作用的存款保险制度的新构想。

第四章，资本监管与存款保险制度相结合的治理激励机制研究。本章首先分析了银行资本结构与股东风险偏好之间的关系；其次解释了资本监管制度的主要作用及其存在的问题；最后通过建立一个存款保险制度与资本监管制度相结合的治理激励机制解决了现行两种监管制度存在的主要问题，并提出其他监管制度的配合需求。

第五章，最后贷款人制度的治理激励机制研究。本章首先讨论了最后贷款人制度的内容及其面临的主要困境；其次建立一个最后贷款人制度的治理激励机制模型；再次分析了该机制的实施情况；最后讨论了这种治理激励机制的政策意义。

第六章，银行破产和救助制度的治理激励机制研究。本章首先分析了银行破产和救助制度的内容及其监管目标；其次建立模型对两种制度的监管效果进行比较，指出破产制度和救助制度的适用范围；再次讨论了破产制度的债权人治理机制设计问题；最后设计一种具有治理激励作用的银行救助机制。

第七章，银行监管的治理激励制度安排及对我国的政策启示。本章首先提出了银行监管激励机制的整体安排框架，并对影响该体系有效性的银行绩效评估和信息披露因素进行分析；其次简述了我国银行体制改革历程，并对银行监管的有效性进行分析；最后指出了研究的银行监管治理激励制度安排对我国的政策启示及相关改革建议，并提出我国银行监管的治理激励机制框架安排构想。

第三章至第七章，实证性地对日本和美国银行监管相关制度的治理激励效果进行了比较，目的在于强调机制设计的优点及其可操作性。

三、研究特色

本书主要分析了信息不对称环境下的银行监管的治理激励问题，因此在进行监管设计时将委托—代理理论当中的激励理论作为主要的分析工具。研究过程中运用规范与实证相结合的方法分析当前银行监管在银行治理中的负面效应，并力求运用机制设计方法建立激励相容的银行监管治理激励机制框架。

（一）尽可能地对银行监管的治理效果进行全面分析

当前关于银行监管的治理效应方面的文献通常是就监管的某一方面来分析其对银行产生的治理效果，缺乏系统性和全面性，本书尽可能地对银行监管的治理效果进行较全面的考察。

（二）运用激励理论尝试性地设计银行监管的治理激励机制

激励理论是解决信息不对称条件下委托—代理问题的重要方法。在对银行监管的研究中，对激励理论的运用正日益受到重视。在当前的银行监管理论研究中，激励理论主要用于解决监管主体的自身激励问题，即如何避免作为监管代理人的监管机构为自身牟利的道德风险行为。实际上，激励理论还能够被运用促进监管目标与银行自身治理目标的一致性方面。在本书的研究中，将重要的银行治理参数纳入银行监管机制设计，目的是通过增强银行自身的治理激励来促进银行监管目标的实现。

（三）力求建立较为全面、协调的银行监管制度体系

本书研究力求建立全面协调的银行监管制度体系。在现有的监管体系中，由于制度与制度之间存在一定的重叠性，因此在执行中经常出现重复监管或过度救助等现象。书中在银行监管制度设计过程中，兼顾了监管制度之间的协调性问题，在明确各种监管制度实施范围的同时，探讨了不同制度间治理激励效果的一致性。

第二章　银行监管治理激励
机制的必要性逻辑

在信息不对称条件下，由于自身的资本结构特殊性以及风险属性，银行治理存在着股东和管理者风险偏好等问题，而银行监管机构处于信息劣势也不得不面对银行股东和管理者的道德风险。广义的银行治理涵盖银行监管机构的监管行为，为便于分析银行监管的特殊作用，书中将银行监管从其他治理机制中独立出来，研究银行监管对其他治理机制的促进作用。

本章将在分析银行治理以及银行监管有效性的基础上，提出建立银行监管的治理激励机制观点。

第一节　银行治理及其存在的主要问题

一、银行治理的基本框架

（一）关于银行的定义

各国商业银行业务经营范围存在较大差别。例如，德国的商业银行被称为"全能银行"，既能够经营以存贷款业务为主的传统商业银行业务，也可以经营信托和投资银行以及保险业务。美国的商业银行仅能够经营传统的商业银行业务，虽然在金融管制放松之后允许银行涉足投资银行和信托业务，但是必须采取银行控股或者金融控股公司方式通过独立于商业银行的子公司经营。日本的商业银行虽然仍持有部分企业股份，但是除保险代销等业务外，并不允许从事存贷款以外的非传统商业银行业务。

为抓住银行经营的主要特点，分析普遍实施的现代银行监管制度，书中使用哈维尔·弗雷克斯和让·夏尔·罗歇关于银行的定义，他们认为银行是主要从事吸收公众存款和发放贷款的金融中介机构。①

（二）银行治理的定义

银行治理是公司治理的子范畴，在论述过程中首先考察公司治理的含义，然后在此基础上提出银行治理的定义。

对于公司治理，国内外学者和机构分别给出了不同的定义。李维安等（2002）认为公司治理是一组规范公司相关各方的责、权、利的制度安排，是现代企业中最重要的制度架构，包括经理层、董事会、股东和其他利益相关者之间的一整套关系。通过这个架构，公司的目标以及实现这些目标的手段得以确定。张维迎（1996）认为，狭义的公司治理是有关董事会的功能、结构、股东的权利等方面的制度安排；广义的公司治理是关于公司控制权和剩余索取权分配的一套法律、文化和制度性安排，这些安排决定公司的目标，谁在什么状态下实施控制，如何控制，风险和收益如何在不同企业成员之间分配这样一些问题。Shleifer 和 Vishny（1997）认为，公司治理是解决公司资金的提供者确保获得投资收益的方式。Tirole（1999）将公司治理定义为：诱使或迫使经理人员内在化利益相关者的福利的制度设计。

在实践中，各国普遍使用经济合作与发展组织（OECD）对公司治理的定义，即公司治理是引导和控制商业公司的体系。公司治理结构规定了在不同的公司参与者（如董事会、经理、股东以及其他利益相关者）之间的权利和责任分配，并且规定对公司事务进行决策的规则和程序。与此同时，公司治理还提供公司目标赖以设定的结构，以及实现这些目标和监控公司绩效的途径。

在公司治理定义的基础上，我们认为银行治理的含义是：银行治理是为保证银行目标实现而制定的根本性制度体系，确保股东、债权人、管理者、员工以及社会其他利益相关者之间的权利和责任的配置，规定银行事务决策的规则和程序，确保银行目标的实现。

通常意义上讲，银行监管机构是银行外部治理的重要主体，但是为强调监管制度的特殊作用，本书在不违背银行治理总体目标的前提下，将银行监管从银行治理中分离出来，而将其他治理内容称为银行治理。

（三）银行治理的目标

普通公司治理的目标是解决在信息不对称条件下所有权与经营权分离导致的代理问题。在银行业这种代理问题依然存在，而且由于银行以间接金融方式代替金融市场原始的直接金融方式，银行作为中介人成为存款人的代理人与借款企业的委托人，因而增加了代理层级，使得银行的代理问题更加复杂。具体来说，银

---

① ［美］哈维尔·弗雷克斯、让·夏尔·罗歇：《微观银行学》，西南财经大学出版社 2000 年版。

行的治理目标应该是维护股东、存款人、社会公众以及其他利益相关者利益的基础上，实现银行价值的最大化。实现这一目标的关键在于解决包括存款人在内的外部利益相关者与银行管理者之间以及银行与借款人之间的信息不对称问题。

由于贷款风险①在贷款全部收回之前始终存在，银行与借款企业之间存在着显著的信息不对称，银行在贷款收回之前会出于对银行短期利益的保护而有意隐瞒风险；另外，由于分散的存款人缺少获得信息的能力和动力，以及银行资本结构的高杠杆性特点等，会导致银行股东的道德风险，形成股东与银行管理者的共谋，不断扩大银行经营风险并侵害存款人的利益；不仅如此，银行作为社会资金配置的重要部门，银行的倒闭会造成金融服务的暂时中断，严重时引发金融系统的混乱甚至金融危机，由此造成真实的经济损失。因此，银行治理的目标应关注所有利益相关者的利益，而不仅是银行股东利益的最大化。

（四）银行的内部治理

银行内部治理主体主要包括股东、董事会、监事会及高级管理者。股东大会是银行的最高权力机构，拥有对银行重大决策和重大人事任免权力。股东权力主要通过股东大会的投票权实施。股东大会并不是银行的常设机构，因此将银行部分重要决策权赋予了董事会。股东大会与董事会之间的关系是委托—代理关系。

董事会既是股东大会的常设机构，也是银行的最高决策机构，董事长是银行的法定代表人。股东大会将银行的日常决策权力委托给董事会，而董事会向股东承诺保证银行的健康经营并且获得满意的利润。

监事会是由股东大会选举产生的专门负责监督的机构。不同国家的《公司法》对监事会的设置要求不同，美国的银行不设监事会，而日本的银行设立监事会。在不设监事会的国家中，对银行的监督职责通常由董事会下设的审计委员会实施，并且银行还会聘请外部审计机构负责定期审计工作。

银行高级管理者负责执行董事会的决策以及银行的日常经营管理工作。高级管理者受聘于董事会，在董事会授权范围内拥有对银行事务的管理权和代理权。相对于股东和董事，银行管理者拥有关于银行经营状况的信息优势。正是由于这种信息优势，银行高级管理者对银行经营具有重要的控制权。如何通过科学的激励约束机制来促进高级管理者的工作，避免其自身利益与银行利益矛盾造成的逆向选择和道德风险问题是银行治理的重要内容。

（五）银行的外部治理

通常来说，银行外部治理的主体主要有债权人、资本市场以及人力资源市

---

① 贷款风险：由于银行与贷款企业之间存在信息不对称问题，即使银行在贷款发放的整个过程中都能够对企业实施严格的监控，也存在企业违约可能，在这种情况下银行会由于无法收回全部本金甚至利息而遭受损失。

场。银行债权人包括银行存款人以及其他银行债持有者。

在不对称信息条件下，由于存款人的分散性等原因，银行存款人的治理作用十分有限。银行的资金主要来自存款，存款人作为银行资金的重要供给者，理论上拥有治理银行的权力，但是实际当中，由于存款人大都由分散的公众组成，容易导致"搭便车"行为，进而造成存款人的治理动机不足；另外，由于存款人获得和处理银行信息的能力有限，存款人的治理能力也存在不足。在这种情况下，当遇到关于银行的负面信息时只能"用脚投票"，也就是说，不论负面信息的准确性如何而武断地将存款提出，成为存款人不得已选择的保护自身权益的方式，而这也是存款人外部治理的主要手段。当某家银行的存款人同时行使他们的"用脚投票"权利时，必然造成该银行的流动性危机，这种状况就是我们通常所说的银行"挤兑"。由于现代银行支付体系的特点，单家银行的流动性危机甚至可能蔓延成为系统性的银行危机。在没有存款保险制度的情况下，银行管理者的尽职经营是保护银行免受"挤兑"冲击的最好选择。尽管如此，由于目前普遍采取的或明确或隐含的存款保险制度，在保护存款人利益的同时，也抹杀了存款人本来就十分微弱的治理动机。

相比银行存款人，银行其他债权人的治理能力较强。银行次级债和混合债的存在优化了银行的债权结构，银行债的偿还顺序在存款索取权之后，股份索取权之前，这些银行债不受银行存款保险的保护。同时，银行债持有人通常是机构投资者，专业化的管理技术提高了其银行治理能力。

金融市场竞争对银行的治理作用体现在银行股票市场的治理作用、银行债市场的治理作用以及银行资产证券化市场的治理作用。银行股票市场会产生对银行的兼并、重组威胁，从而对银行管理者产生事前的约束作用。银行债的价格虽然不会直接导致银行所有权的重组，但却是显示银行经营能力的有效信号对银行股权投资者产生重要影响。银行资产证券化市场体现了银行资产的风险程度，是银行产品市场信息的重要体现。

银行经理人市场是影响管理者治理行为的重要治理主体。潜在的竞争者对银行现任经理产生竞争压力，促使现任管理者更有效率地工作。另外，经理人市场体现了对银行经理的客观评价，对于银行管理者的职业生涯产生巨大影响，考虑到市场对自身声誉和管理能力的反映，银行管理者将提高工作的努力程度。同样，劳动力市场竞争对企业员工也有相应的激励和监督作用。

二、银行治理理论综述

（一）有关信息不对称的银行治理理论

信息不对称条件下股东与债券人的银行治理难度加大。Levine（2003）认为，银行内部人和外部人之间更大的信息不对称使分散股东和债权人对银行管理者进行监控十分困难。具有控制能力的所有者存在增加银行风险的激励。然而当银行不能偿付债务时，债权人并不是从提高风险中受益，而是从风险下降中受益。银行更大的不透明性使债权人通过控制银行防止风险转移变得更加困难。在激励契约方面，更大的信息不对称性使通过契约设计确保管理者利益与银行股东相一致变得更加困难。乐于提高短期补偿的银行管理者可以通过向处于麻烦中的借款人提供高利率的贷款收入来增加对自身短期内的补偿。

受银行特殊的被严格监管的行业影响，银行的债权人治理效果更弱。与普通公司治理类似，银行的大债权人，如次级债权人和债券持有人能够缓解银行的信息不对称并促进公司治理。但是由于存款保险以及法律对债权人实施企业破产的限制，银行债权人的作用极其有限。此外，正如 Calomiris 和 Powell（2000）所说，大的债权人也可能利用其有利的地位，以牺牲包括处于信息劣势的投资者利益和公司治理为代价来获取利润。

与股东及债权人治理相对，银行也存在包括产品市场和资本市场的外部治理，但是受银行产品市场和资本市场的不完全限制，银行外部治理效果不明显。Levine（2003）认为，银行的不透明性会削弱竞争的作用。产品市场竞争对银行业来说通常较弱。银行管理者通常与客户形成长期的关系以便缓解与贷款相关的信息问题，但这些关系对竞争不利。Prowse（1997）认为，当内部人比潜在购买者更具信息优势时，接管的效率更低。实践中与银行收购相关的管制批准过程的长期性使银行业的敌意收购极少。经常发生的银行接管后失灵弱化了对管理者的激励作用。如果银行股份不能在有效率的证券市场活跃地交易，就会更进一步地限制作为有效监管机制的接管作用。

（二）关于资本结构问题的银行治理理论

集中股权是解决股东治理不足的重要途径，但是由于银行特殊的股权结构与监管对股权集中度的限制，造成了在大多数国家中的银行的股东治理不充分。Levine（2003）认为，尽管集中股权是一种解决分散股权所不能解决的实施有效公司控制的常用公司治理机制，但是大多数政府限制银行所有权的集中程度以及外部人未经批准收购银行资产的比例。由于担心这种集中对经济的影响或控制银行的人的类型，这些限制可能会加强。

Demirguc-Kunt 和 Detragiache（2003）认为，或明或暗的存款保险事实上在一些方式上改变了公司治理的股权和债权渠道。第一，存款保险减弱了存款人对银行进行监控的激励，这直接妨碍了公司治理。第二，存款保险使银行更少地依赖有动力实施监控的非保险债权人，而更加依赖于无动力实施公司治理的存款人。第三，随着中央银行成为最后借款人，存款保险使银行拥有比其他公司更低的资本—资产比率。随着资本资产比率的下降，增加了控制型所有者提高银行风险的激励。因此，存款保险不仅由于存款人不再有动力实施监控而使所有者试图提高风险，而且低资本资产比率使银行所有者提高了增加风险的激励。

Barth、Caprio 和 Levine（2003）认为，政府限制所有权的集中度并对银行的所有者进行限制，阻碍了对公司控制的竞争。

三、银行治理问题的特殊性

银行的信息不对称问题与普通公司相比更为严重。主要原因是，银行在为存款人和借款人提供中介服务的同时，又成为存款人的代理人和借款企业的委托人，因而在银行内部形成了多级委托—代理关系，进而导致了更严重的信息不对称，表现为银行与借款人之间的信息不对称、银行与利益相关者之间的信息不对称等。下面我们就信息不对称下银行治理所表现出来的主要问题分别展开分析，而且这些问题都不能完全依赖银行治理来解决。

（一）银行经营的风险属性

银行的信息不对称性首先存在于银行与借款人之间，这是造成银行经营风险属性的主要原因。与普通企业生产和销售的产品和服务不同，银行的主要收入来源——贷款利息，即银行贷款产品的价格。由于贷款风险的存在，在贷款完全偿还之前银行的收益具有明显的不确定性。

从银行治理的角度来看，贷款的合同价格并不能反映银行的经营能力和水平，即使借款企业能够定期偿还利息，银行因此表现为良好的账面利润，也可能导致最终本金偿还困难造成银行的巨大损失。而这种风险不仅银行在事前难以观察，而且有些时候即使银行管理者已经觉察也可能为短期利益而采取例如贷款转期等方式隐瞒风险。由于银行收益的不对称性[1]，这种道德风险造成的损失可能是极为严重的。此外，由于贷款的风险性质，贷款市场是不完全的，因此缺乏对银行的治理能力。

银行经营的风险属性是银行治理特殊性的根源。为降低银行风险，在银行治理中，股东通过包括管理者薪酬等治理手段降低管理者的道德风险。

（二）银行资本结构的特殊性

由于银行资金绝大部分来源于公众存款，银行的资本结构与其他公司相比，资产资本比率更高[2]。银行存款的来源也比较分散，由于"搭便车"问题的存

---

① 银行贷款属于债务融资，在贷款处于正常状态时，银行获得既定收益。而如果贷款无法偿还，银行可能损失所有本金。由于利息通常比本金少得多，所以银行可能的收益和损失的数量存在严重的不对称性。

② 资产资本比率 = 资产金额与资本金额之比。

在，债权人对银行治理的能力和动机较弱。不仅如此，存款保险的存在导致存款人与银行风险的隔离，导致存款人治理的缺位。

由于风险的不透明性，银行风险在银行内部和公众之间也存在明显的不对称性。当银行资产状况较差时，可能形成银行股东与管理者之间的共谋行为，共同采取措施隐瞒风险。当股东了解到银行存在的风险可能已经将资本完全侵蚀的情况下，股东和管理者可能采取极端行为而投资风险极高的资产，力图获得最高的短期收益。这类似于买空卖空的"皮包公司"行为。

（三）利益相关者的权益保护

作为国民经济重要支柱的银行一旦出现破产、倒闭等问题，对社会经济的影响力远远超过一家普通企业倒闭，因此，如果银行仅追求股东利益的最大化而置广大存款人、贷款人以及社会公众的利益于不顾，显然是不合适的；从更广泛的意义上说，商业银行的经营状况直接关系到国民经济的宏观运作，特别是商业银行的风险损失以及由此引发的巨大金融风险会严重威胁社会经济生活的各个方面，所以商业银行的公司治理应更多地考虑利益相关者的利益。对于银行来说，银行的利益相关者主要包括存款人、贷款人、其他银行、社会公众以及政府。

银行存款人治理能力和动机都十分有限，存款资金是银行开业的保障，保护存款人利益不应该仅是存款人自身的要求，实际上也是银行为保证其自身持续经营的自律性要求，但是在现有的制度环境下，可供存款人选择的安全的投资方式很少，在经济起步阶段的发展中国家更是如此，银行是大多数国家资金配置的主体，存款人在缺少利益保护的情况下仍然将资金存入银行，这就很容易滋生银行的冒险行为，过度承担风险，存款人则成为利益保护的弱势群体。

银行贷款人经常与银行签订期限较长的贷款合同，分期分批获得贷款资助，并与银行建立起较密切的金融服务关系，如在借款银行设立基本账户，由银行代理日常的支付与结算等业务，银行也从中获得更多的企业内部信息及服务收益。但是一旦银行出现问题，为贷款企业提供的金融服务就必须暂时中止，更严重的是，贷款企业稳定的现金流的中断会导致企业经营混乱，甚至引发实体经济的紊乱。同时，由于信息不对称，贷款人在银行的选择上存在困难，而一旦做出选择则很难退出，因此保护贷款人的利益尤其是优质贷款人的利益十分必要。

其他银行利益保护。由于银行间在拆借、信贷、担保等业务上往来频繁，而且随着银行间市场的不断发展，银行与银行之间的风险相关度越来越强，一家银行的倒闭很容易引起系统性的金融风险，波及安全银行的资产。

第二节　银行监管制度及其治理作用分析

一、银行监管的必要性及其目标

（一）银行市场失灵导致对银行监管的需求

1. 银行市场竞争缺乏

正如我们在前面的分析中提到的，由于银行与借款人之间以及银行管理者与其他利益相关者之间的信息不对称，其中最主要的原因是银行管理者对银行风险信息的控制，导致银行与外界甚至股东之间严重的信息不对称，因此由银行导致的市场竞争缺乏问题无法避免。

由银行导致的市场竞争缺乏问题主要表现为以下几个方面：

（1）银行的同业竞争程度较差。银行与借款企业为消除信息不对称，经常建立长期的协作关系，甚至由银行直接参与企业的经营管理，后进入的银行很难打破这种关系，从而削弱了银行业的竞争。一旦先进入的银行将其客户留给了金融市场的其他竞争银行，其他银行在接手这类客户时还必须小心这是否是市场退出者留下的陷阱，因为这类客户很有可能信誉极差或者面临破产，是先进入的银行为降低风险而有意甩掉的包袱。

（2）银行的外部接管市场作用有限。银行的客户信息属于银行的私人信息，潜在的外部接管者在缺少信息的情况下不会轻易地实施接管，因此银行业的敌意收购很少出现（Prowse，1997）。而且，大多数国家对银行的股权集中度加以限制①，证券市场的接管效力很难作用于银行业。此外，由于银行经常被视为经济当中的敏感部门，各国政府都对银行业设置较高的进入门槛，使得很多潜在接管者望而却步。

（3）银行产品市场竞争缺乏。银行的产品主要是银行的存款和贷款合约。就存款合约来说，存款人经常缺少监督银行的能力，而且在存款保险普遍存在的情况下，存款人会对银行存款产生无风险的预期，银行监督动力严重不足，这也导致了存款契约缺乏价格弹性。就贷款合约来说，由于该合约信息是银行的私人信息，外界很难观察到，而且由于银行贷款证券化在实践中通常缺乏可操作性，银行贷款契约的二级市场效率很低，因此银行产品市场失灵严重。

---

① Barth 等（2001）对 107 个国家的政府监管行为进行了比较，他们发现大多数国家都倾向于限制银行股权的集中程度，其原因可能是为了防止金融和经济的控制权集中在少数人手里。

上述由银行市场失灵导致的后果，不是银行风险的过度扩张就是银行垄断力量的集聚，两种结果的背后都隐藏着严重的银行风险。

2. 银行倒闭的负外部性

在信息不对称情况下，单家银行倒闭导致的挤兑会由于体系内部的传染性产生更大规模的系统性损失，这种负外部性主要表现在以下两个方面：

一方面，银行关闭导致了银行与客户之间的契约关系的结束，引起客户经济福利上的损失。Slovin（1993）对美国伊利诺伊州银行倒闭成本的测试反映了这一巨大的负外部性。

另一方面，一家银行倒闭可能波及整个银行体系，甚至其他不相关的金融中介，进一步放大了这一负外部性影响。由于信息不对称，一家银行的倒闭可能导致存款者对整个体系内银行的稳健运行产生怀疑。如果银行被观察到缺乏对投资的监督机制，并有可能从事具有欺诈行为的经营或进行高风险经营（Campbell 和 Kracaw，1980），一家银行的破产将使另一些银行的存款者撤回存款，产生挤兑，导致即使经营稳健的银行也不得不支付高昂的流动性成本。同时，银行失败及其连锁性反应还将通过货币信用紧缩破坏经济增长的基础，涉及除银行以及金融之外的真实经济部门。与其他经济行业相比，银行倒闭所带来的负外部性更具破坏性，这主要是因为：银行业与其他行业的高相关性使银行的倒闭不仅影响银行业本身，还会影响到居民和众多工商企业的利益。在现代纸币制度和部分准备金制度下，存款性金融机构是货币供给的主要力量，如一系列银行破产倒闭必然会导致信用规模的萎缩，减少货币的实际供给量，进而影响生产部门的投资水平，引起生产紧缩和经济萧条。

正是由于银行市场失灵问题的存在，所以必须对银行系统实施监管。

（二）银行监管的目标

对商业银行的监管通常出于这样一些目的：维护金融体系的稳定，保护存款人利益，促进社会经济的流动性，限制金融垄断等。在经济增长的特定阶段，根据资本市场的发展状况，一些国家的商业银行还被赋予了特殊的经济义务，如第二次世界大战后日本经济恢复和快速增长时期，由于制度原因，商业银行是社会资金的主要提供者，并因此被赋予为经济增长提供廉价资金的义务。而对于成熟的发达国家来说，为社会经济运行和发展提供资金的资本市场已逐步健全，商业银行不再是唯一重要的资金提供方。因此，我们认为银行监管的主要目标是：第一，确保银行机构的稳健经营和金融安全，即银行安全目标；第二，提高银行系统的运行效率，即银行效率目标。

在维护银行体系稳定性方面，银行监管的关键作用是防范由于信息不对称导致的特定银行破产引起存款者对整个银行体系的信心下降，出现蔓延式的挤兑，从而使得整个银行体系因流动性不足而出现银行危机。

而将银行效率目标作为银行监管目标的原因在于：由于商业银行在社会资金配置和支付体系中的重要作用，提高银行效率能够确保以尽可能低的成本，将有效的资金进行最优配置以实现其最有效利用，从而实现银行效率，促进经济和社会发展目标的实现，因此促进银行效率目标与银行监管的宏观经济职能是一致的。

上述两个监管目标是相互影响，而不是彼此割裂的。一方面，银行安全目标的实现不能不考虑监管成本。尤其是存在信息不对称问题的条件下，监管机构获得和处理信息的成本较高，如果实现绝对的安全而不考虑效率因素，监管成本将急剧上升，并且可能制约市场机制的作用发挥，因此银行安全目标是在确保必要效率和控制监管成本适度条件下所实现的相对安全目标。另一方面，由于银行在社会资源配置和经济运行中的特殊作用，银行效率必须是确保必要安全性条件下的相对效率。与其他行业不同，银行经营具有重要的外部性影响，良好的银行运行不仅可以实现银行自身的效率，而且有助于整个社会经济的运行和发展；反之，不仅造成单家银行的危机，还可能通过蔓延导致整个银行体系甚至社会危机。因此，银行效率的监管目标是在确保银行和社会经济体系安全条件下的相对效率目标。尽管银行安全目标和效率目标存在一定的冲突，但是仍然需要银行监管部门对这两个目标加以兼顾。

二、银行监管制度的主要内容

（一）银行监管制度的基本框架

现代银行监管制度主要包括三方面的内容：银行的市场准入监管、银行日常审慎监管以及问题银行监管。

（1）银行的市场准入监管制度主要包括机构准入、业务准入和高级管理人员准入。对市场准入的控制是保证银行体系安全的重要预防性制度安排，其中机构准入是市场准入监管的最重要内容。由于监管机构对合格申请机构的判断及对最优进入者的筛选方面处于信息劣势，申请机构掌握着私人信息，监管机构有必要解决这种信息不对称，达到既能防止过度竞争、又不损害银行经营效率的目的。

（2）银行日常审慎监管制度是指对银行日常经营活动的监管，目的是通过各种检查手段分析银行经营的风险状况，发现银行在经营中可能引起的风险。日常审慎监管制度的核心内容是资本监管。日常审慎监管主要通过现场检查和非现场检查两种方式实现。

（3）问题银行监管制度是指防止可能对银行体系安全导致威胁的一系列制

度安排，包括纠正性监管、救助性监管和市场退出监管。对于监管机构在日常审慎监管过程中发现的问题，监管机构根据问题的程度采取不同的监管措施，对于需要及时纠正的问题，监管机构通过与管理者谈话等非正式方式或者以下发监管意见书等正式方式进行纠正性监管。救助性监管通常发生在银行已经出现较严重的财务问题或者暂时的流动性困难，但尚可通过救助性监管使其恢复正常经营，或者如果不实施救助就会导致严重的系统性危机的情况下。救助性监管的内容主要包括最后贷款人制度和存款保险制度。市场退出监管是对财务状况严重恶化、资不抵债的银行采取措施使其终止存续状态的做法。监管机构在处理银行市场退出时既要维护银行体系安全，又要减少监管成本支出。市场退出监管的主要内容是银行破产制度和救助制度。

（二）银行监管制度的主要内容

就目前各国的银行监管制度安排来看，通常采用的监管制度包括：市场准入制度、存款保险制度、资本监管制度、最后贷款人制度以及银行破产和救助制度。根据监管目标，各种监管制度之间存在逻辑关系。下面我们结合这种逻辑关系对主要的监管制度进行介绍：

1. 市场准入制度

基于银行经营的风险属性及其可能导致的外部性影响，各国银行监管机构普遍建立了银行业市场准入制度。市场准入监管的目的在于避免不适于经营银行业务的机构获得银行执照，限制不具备资质的个人担任银行高级管理者，限制不适合从事特定银行业务的具体银行经营该项业务。市场准入监管是一种事前监管，在信息不对称条件下，主要解决逆向选择问题。

在目前的实践中，除限制曾经出现过不良诚信记录的机构和个人的银行准入外，其他准入措施与后面谈到的资本监管密切相关。机构准入和银行业务准入的主要监管措施是银行必须具备足够数量的资本金，并且需要具备一定的风险管理能力，风险管理状况良好。

从激励效果来看，银行机构市场准入通过设定准入门槛要求银行所有者承担一定的损失预期的做法与资本监管的最低监管资本要求是一致的。而业务准入的风险管理要求和风险状况条件限制的实施也是基于资本监管，可以看作资本监管的事后结果。因此，在后面的讨论中，我们将不单独讨论银行的市场准入监管，而在对资本监管的研究中统一考虑。

2. 存款保险制度

美国是最先引入存款保险制度的国家，在经历了 1929 ~ 1933 年的金融大危机的沉重打击之后，由于认为自由放任的金融制度是导致发生金融危机根源，因此随即出台的一系列政策法规都以稳定金融秩序、减少竞争为宗旨。1934 年成立的联邦存款保险公司就是以为存款人提供保险，并降低银行挤兑发生的可能性为目的的。此后，尤其是近二三十年，建立显性的存款保险制度成为许多国家的普遍做法，而且，更多的国家即使没有建立显性的存款保险制度，但却对存款人利益有事实上的保护。因而存款保险制度已经成为各国的普遍现象。但是存款保险制度在保护范围和形式上，国与国之间差异很大。如有部分存款保险制度与全额存款保险制度之别，单一保费定价法与按风险计算的保费定价法之别等。美国以 10 万美元为界向存款人提供保险；在日本，截至 2005 年 3 月 31 日，存款人的活期存款、普通存款和特别存款都被完全保护。

2007 年美国爆发次贷危机，全球很多国家和地区都在加强和完善存款保险制度，在保护存款人权益、及时防范和化解金融风险、维护金融稳定中的作用日趋显著。目前，全球已有 110 多个国家建立了存款保险制度。2015 年 3 月 31 日，酝酿多年的我国《存款保险条例》正式公布，并于 2015 年 5 月 1 日起正式施行，这标志着我国由隐性担保过渡到显性存款保险制度。依照《存款保险条例》，在我国境内设立的吸收存款的银行业机构都将得到保护，保险最高偿付限额为 50万元，这意味着超过 99.5% 的存款人将得到 100% 的全额保护。以存款保险制度推出时近邻的年份作为参照值，即以 2013 年我国人均 GDP 进行测算，大约是当年的 12 倍，大大高于国际平均水平。最高偿付限额标准可由中国人民银行会同国务院有关部门根据经济发展、存款结构变化、金融风险状况等因素调整，报国务院批准后公布执行。存款保险制度在我国的推出，能够在保护存款人权益、及时防范和化解金融风险、维护金融稳定中发挥重要作用。

3. 资本监管制度

资本监管具体来说就是对银行资本充足率的要求，通常做法是，由监管部门确定银行的资本充足率标准，低于这一标准将受到监管部门的惩罚。资本充足率监管从最初的仅仅针对银行资产规模确定一定比率的资本充足要求，发展到对银行持有资产划分不同风险类别并根据风险类别确定的类别风险权重来计算银行的风险加权资产，进而对资本与风险加权资产的比例做出要求。最近的发展是以《巴塞尔新资本协议》为基准的，要求银行使用根据自身资产风险特征建立的内部风险计量模型计算风险加权资产，并在此基础上满足监管当局的资本充足率要求。

银行是一个高杠杆性的行业，自有资本比例很低，对银行实施资本充足率监管，一方面是控制银行经营风险，降低银行杠杆比率的必要手段；另一方面是强化股权持有者银行治理激励的有效途径。

4. 最后贷款人制度

资本监管覆盖了银行的信用风险、市场风险和操作风险，但是没有考虑银行流动性风险问题。为防止银行仅仅由于暂时性的流动性困难而导致系统性危机，各国银行监管机构通常运用最后贷款人制度化解这种风险。最后贷款人制度主要是为缺乏流动性但具清偿能力的银行在暂时流动性困难时提供资金支持。

相对于存款保险和资本监管的制度安排，最后贷款人制度更着眼于宏观经济层面，主要目的是防范系统性的风险，而不是针对为某一家银行的流动性危机提供救助。因此，最后贷款人的救助原则是以某一银行的倒闭是否会引起银行系统混乱为条件的；换言之，即使一家银行面临倒闭的危险，只要这种负面影响不会在银行业蔓延，最后贷款人也不对它实施救助。最后贷款人的救助责任是对整个经济而言的，而不是针对单个银行（Thornton，1802）。原因在于，首先，最后贷款人制度是中央银行为整体经济提供流动性保障责任的一种体现。因为在现有的纸币信用环境中，中央银行具有货币发行的职能，为经济体系提供必需的货币流动性（即基础货币的供给职能），在此基础上，由商业银行完成对基础货币的创造过程，尽管这一创造过程将基础货币多倍放大，但它始终是中央银行货币政策控制下的一个变量，在经济遭受战争威胁或者大银行倒闭等类似这样的偶然性冲击时，依赖于银行系统的货币流动性提供便存在不足，必须借助于中央银行最后贷款人职能。其次，由于银行自身的资产与负债流动性的不匹配问题造成的内在脆弱性，即使是资本充足的银行，也可能会因流动性不足却不能从其他银行获得流动性帮助而面临倒闭，并且可能导致严重的负外部性（包括引发的系统性风险）。单纯的银行监管机构，如存款保险机构①没有货币创造的职能，无力解决遭受系统性危机时银行对货币流动性的强烈需求，因此也没有能力提供额外的流动性，相比之下，中央银行独到的货币创造职能，使它有能力在必要时以最后贷款人的身份有条件地向陷入流动性困难的银行提供资金支持。最后，尽管最后贷款人制度与存款保险制度在防范系统性风险方面具有一致性，但是它们的出发点是不同的。存款保险制度救助问题银行的出发点是保护小额存款人，并避免由存款人的非理性挤兑造成的银行系统性危机；最后贷款人制度对银行的救助则主要着眼于宏观层面，在为问题银行提供流动性支持的同时，也为投资者和存款人提供市场信心。

1984年，我国正式确立现代中央银行制度，由中国人民银行行使最后贷款人职能，救助的实践以此为开端开始发展。30多年来，中国人民银行通过多种方式先后行使了多次最后贷款人职能，包括：分阶段向国内四大资产管理公司提供大规模的再贷款；通过汇金公司对商业银行提供注资；使用央行票据和专项借

---

① 从国际经验来看，存款保险基金的目标水平一般为投保存款的0.4%～2%，通常只能应付一个大的银行、两个中小银行或几个小银行的支付危机，具体比例取决于各国的金融风险状况、金融市场结构和融资制度环境等。

款支持农村信用社改革；运用紧急再贷款缓解地方金融机构流动性压力；自美国金融危机爆发后，中国人民银行适时推出创新性的短期招标工具（TAF）来应对金融风险等。中央银行一般要求陷入困境的银行首先做出所有合理的努力来提高必要的流动性，并且把最后贷款人支持看作最后手段。

我国的中央银行作为最后贷款人，对出现问题的金融机构进行救助，成功化解了改革过程中金融机构积累的各种风险，阻止了金融危机的蔓延，在推动国内金融改革与发展、维护金融体系的安全与稳定等方面发挥了积极作用。但是，我国最后贷款人制度在制定实施过程中还存在一定的问题，这种"积极"的救助方式助长了金融机构的道德风险与依赖心理。同时，金融体系的不良资产转向人民银行，致使人民银行的资产质量下降，不利于央行"两张表"的管理，也会威胁到国内金融体系的安全与稳定。因此，需进一步完善最后贷款人制度及防范其实施过程中的风险，更好地发挥央行最后贷款人职能，并提出改进措施。

5. 银行破产与救助制度

当银行经营出现严重的支付能力问题时，选择任其破产还是实施救助就成为监管机构面临的主要任务。问题银行处置的系统性风险是监管机构决策的主要依据。

如果对问题银行实施破产不会导致严重的系统性风险，那么破产无疑是最优的制度选择。作为有限责任公司的银行，在资不抵债时被破产清算具有重要的激励意义，能够促使银行股东和管理者加强事前努力。同时破产选择也符合最优的社会效率，因此也促进了银行效率的监管目标实现。如果存在存款保险制度，银行破产并不会导致被保险的存款人损失，存款保险机构将对由于银行破产导致支付问题直接向被保险存款人赔偿。

而对于可能导致系统性危机的问题银行处置，监管机构的通常做法是实施救助。与最后贷款人制度不同，银行救助制度并不是针对暂时性的银行流动危机，而是更为严重的永久性损失问题。同时银行救助与银行破产后存款保险机构赔付行为的区别在于，银行救助资金直接提供给问题银行，目的是保证其持续经营能力，而非直接给予被保险存款人的赔偿。

三、银行监管效果与存在的问题

（一）存款保险制度的监管效果与问题

1. 保护存款人特别是小额存款人的利益

银行资金主要来自存款，而且存款人当中的小额存款人比重很高，他们的利益保护与银行的利益密切相关。相对于大额存款人来说，小额存款人处于信息劣势，一方面是他们缺乏监督银行经营的能力，另一方面是他们监督银行的成本远远大于从中获得的收益，从而缺乏监督银行的动力。因此，小额存款人更容易产生"搭便车"行为，在出现关于银行的负面信息时，会采取"用脚投票"的方式从银行提出存款以保护自身利益，但是在没有存款保险制度的情况下，并不是所有的存款人都能够从危机银行中顺利地提出存款；相反，绝大多数的存款人会由于银行的流动性不足而遭受严重的损失。另外，由于小额存款人的数量巨大，他们一致性的流动性需求对社会经济的影响严重，挤兑冲击容易波及安全银行，并造成金融系统和社会经济的混乱。因此无论是基于"弱势群体保护原则"还是出于对金融系统安全性的维护，存款保险制度首先是保护了小额存款人的利益，进而维护了银行体系的稳定和金融体系的安全①。

2. 维护了银行体系的稳定

包括 Fama（1980）、Diamond（1983，1984）、Friedman（1962）、Dybvig（1983，1993）在内的经济学家都认为存款保险制度可以维护银行体系的稳定。他们认为银行的脆弱性导致存款保险至关重要。因为与其他行业不同，银行业的独特性在于其运用流动性负债为流动性资产融资，这种部分准备金制度具有内在的不稳定性，使得银行容易遭受挤兑的冲击。由于银行挤兑具有传染性，因此如果没有政府的干预，单个银行无论经营得多么好，都无法经受得住持续的挤兑，严重的金融恐慌往往使健康的金融机构与坏的金融机构一起倒闭。

存款保险制度在保障存款人利益的同时也为银行经营提供了一个稳定的金融环境，而稳定的金融环境对促进银行的长期发展、银行公司治理的不断完善都有积极的作用。首先，存款保险制度的存在能够避免存款人由于不确定预期导致的挤兑行为，从而有助于金融环境的稳定。其次，金融环境的稳定有利于建立公众对银行安全与稳定的信心，维系银行与客户之间持久的合作关系，并促进居民储蓄向银行转移。由于存款人、贷款人以及往来银行都是银行治理的主体，因此维系这种合作关系可以促进银行治理。最后，好的外部环境有利于银行的长远发展，并促进银行正规经营。银行可以从更长远的角度制定战略发展目标，合理配置其有限的内部资源为长期发展奠定基础；相反，在外部环境的不确定性太强时，容易造成银行的赌博心理，可能为了短期利益不顾后果地增加投机行为，造成银行风险的过度扩张。

3. 存款保险制度弱化了存款人的银行治理

在没有存款保险制度的情况下，存款人出于对存款安全的考虑，会保持对银

---

① 就目前各国的存款保险制度来看，对存款人的保护多数是部分保险，即对存款人存款的一定数额进行保险，超出部分要由存款人自己承担风险。这一定额的确定经常是依照本国小额存款人的存款与总存款量之比来确定的。我国2015年出台的存款保险制度，确定了以单个人在所有金融机构存款额50万元为界，提供存款保障，覆盖了99.6%的人群，体现了以保护中小投资者的利益为主要目标的限额保险思想。

行经营状况的持续关注，并在银行经营出现问题的时候采取必要的措施保证存款安全。在信息不对称条件下，这种制度安排无疑可能导致存款人的盲目提款行为，但是也形成了对银行的严格约束作用。

在存款保险制度下，被保险存款人无须再担心由于银行经营问题导致的存款损失，因此不会再耗费成本进行银行治理，从而弱化了对银行的约束作用。

（二）资本监管制度的监管效果与问题

1. 强化了股东治理动机

在公司治理理论中，我们通常假设股东是风险中性的，但是对于银行股东来说，资本结构高杠杆性和不对称信息问题的存在，使银行股东具有风险偏好的激励。银行是以很少的自有资本启动较大规模资产进行资产负债经营的杠杆性企业，体现出较高的资本回报率。在没有资本监管的情况下，当银行资产状况较差，而且股东也了解到银行存在的风险可能已经将资本完全侵蚀时，银行股东和管理者很可能形成共谋，共同采取措施隐瞒风险，并扩大资产投资风险，力图获得最高的短期收益，因此形成股东的风险偏好激励。而对银行实施资本充足率监管就是将股东的利益与银行资产风险相联系，从而加强股东对银行风险的控制，强化股东治理动机。

2. 控制了银行风险

银行的自有资本是抵御风险的第一道防线，银行资本/资产比例的大小是银行抵御风险能力的体现，也是银行间资产状况比较的重要指标。由于银行的趋利性，在缺少资本监管的条件下，在经营当中会尽量减少资本存量，或者在既定的资本存量下尽量发挥其杠杆效果，实现利润的最大化。银行经营的杠杆性也说明了银行资本的高效性，因此是银行经营当中的稀缺资源，银行为增加利润会尽量少地持有资本，或者在资本固定的情况下让资本获得最高的收益。因此，对银行的资本加以控制，尤其是将银行资本与风险资产相联系的资本控制可以实现控制银行风险的效果。

3. 资产风险状况难以准确判断降低了资本监管的质量

现代银行资本监管的核心是基于银行资产风险状况的资本充足率要求，而由于银行经营的风险属性以及信息不对称问题，监管机构难以获得准确的银行资产风险状况信息，因此降低了资本监管的质量。

资本监管能力的降低不仅导致银行风险偏好问题，而且还会影响其他监管制度的有效性。资本监管能力会造成实际的市场准入门槛降低，破产成本增加，存款保险难以准确定价，银行救助软约束问题加剧等后果。

（三）最后贷款人制度的监管效果与问题

1. 避免暂时流动性问题导致的银行危机

最后贷款人制度最重要的作用是解决银行暂时流动性缺乏问题。通过提供紧急流动性支持，最后贷款人制度避免了单家银行流动性缺乏导致的银行危机，进而避免了由于单家银行危机导致的蔓延式的系统性风险。

2. 流动性危机与缺乏支付能力的区分难题

最后贷款人制度面对的最大难题是难以区分银行危机发生的原因是仅仅由于暂时的流动性问题还是缺乏支付能力造成的。在信息不对称情况下，银行能够通过贷款转期等手段隐瞒资产质量问题，而造成流动性缺乏的假象。监管机构在此条件下对银行提供流动性支持的结果是银行使用该笔资金用于风险性很高的投资，进行"垂死一搏"的投机，以求获得继续生存的可能，但结果通常是陷入更加严重的危机之中，因此也会增加银行的监管成本。

（四）银行破产和救助机制的监管效果与问题

1. 破产机制具有重要的事前治理激励作用

与其他有限责任公司的破产一样，银行破产制度具有明显的事前激励作用。由于信息不对称问题的存在，银行破产并将导致清算成本问题。与普通公司不同，银行清算不仅导致资产价值损失，而且由于严格的银行准入制度，银行执照是高价值的无形资产，银行破产将导致这一无形资产价值损失。此外，银行管理者在破产后也将失去职位，并将承担由于破产记录导致的日后人力资本价值的损失。因此，银行破产机制具有重要的事前治理激励作用。

2. 破产机制降低了监管成本

银行破产制度也降低了银行监管成本。一方面，如果缺乏破产制度，为确保经营状况不佳或者存在严重财务危机的银行的持续经营，监管机构必须注入大量资金。另一方面，监管机构无条件注入资金会造成事前银行股东和/或管理者的激励软约束，因此更加剧了银行可能存在的损失，增加了监管成本。

3. 银行救助机制减轻了银行破产的外部性影响

银行不仅是重要的资金中介机构，而且也承担了支付体系的职能。银行的破产不仅会造成股东、管理者以及存款者的损失，还会导致其他债权人的损失。其中，股东和管理者的损失符合有限责任原则，不会影响社会效率。在存款保险情况下，被保险存款人的损失由存款保险机构赔偿，因此能够降低存款人挤兑导致的系统性危机程度。银行的其他债务主要来源于同业借款。由于银行具有创造信用货币的功能，其他银行的资金损失必然导致整个银行系统的资金收缩，从而造成系统流动性危机。

银行救助机制通过对可能造成大规模外部性影响的问题银行提供资金支持，确保其持续经营，因此降低了这些银行可能破产导致的外部性影响。

4. 破产与救助政策的选择问题

与最后贷款人制度面对的逆向选择问题类似，监管者也不得不面对破产和救助政策的选择问题。如何在信息不对称情况下，判断银行破产可能导致的外部性影响程度，是银行监管者不得不解决的难题。如果采取过于严格的破产措施，必将导致事后的系统性危机；反之，就会增加救助成本，并且可能作为监管案例，给其他银行形成宽松救助监管的预期，从而削弱了事前约束作用。

5. 银行破产点选择和银行救助的监管成本问题

在信息不对称情况下，监管机构难以获得银行资产的真实质量信息。对于银行破产监管来说，由此导致的后果是难以观察银行资不抵债的理论破产均衡点。而对银行救助的监管成本来说，监管机构无法确定救助资金的数额是否恰好满足了银行的支付能力，而不是过多或者过少。

如果无法确定准确的破产点和救助资金数额，就会导致监管成本的增加。提前破产会导致效率的损失，社会成本增加；而推迟破产的后果是银行清算价值降低，增加了存款保险的赔付金额。救助资金不足的后果是被救助银行仍然无法持续经营，由此导致更大的外部性危害；救助资金过量直接增加了监管成本，而银行所有者获得了租金。

第三节　建立银行监管治理激励机制的必要性和研究的基本思路

一、银行监管理论概述

（一）银行监管的必要性理论

关于银行监管必要性问题的探讨，始终存在两种对立的态度，即赞成监管和反对监管。一些学者认为，由于监管者的监管动机并非总是出于社会目标最大化，因此反对监管，更提倡自由银行制。汉密尔顿等（1988）认为，实际上政府和规制者没有最大化社会福利，而是最大化了自身的福利。Barth 等（2003）认为，政府的管制职能经常限制竞争并由此阻碍了一种关键的公司治理机制。规制者也更加愿意制定限制竞争和保护政府运营银行的政策。

出于对银行安全性方面的考虑，更多的学者赞成银行监管。Minsky（1982）提出了"金融不稳定假说"，认为银行的利润最大化目标促使它们在系统内增加风险性业务和活动，导致系统的内在不稳定性，因而需要对银行的经营行为进行监管。Friedman 和 Schwartz（1986）以及 Diamond 和 Rajan（2001）对从银行及其他金融机构的流动性方面所做的研究表明，银行存在脆弱性。Stiglitz（1993）

和 Varian（1996）认为，银行监管作为一种公共产品，是一种降低或消除市场失灵的手段。而银行市场失灵主要表现在自然垄断、外部效应和信息不对称等方面。Kaufman（1996）从银行体系的传染性和系统风险的角度分析认为，银行业比其他产业更加脆弱，更容易被传染。Levine（2003）认为，在标准的公司治理机制的削弱中，更大的银行不透明性强化了政府管制的潜在的建设性作用。不仅如此，银行在经济发展中的重要性和银行失灵对整个经济有负的外部性的信念进一步驱动了政府管制。除去纯粹的信息不对称，投资者保护法和法律体系执法能力的限制阻碍了有效的公司治理。因此，减缓信息和交易成本负面效果的政府政策能够改善银行的治理，并增加社会福利。

（二）有关监管动机的理论

佩茨曼（1976）认为，银行监管是利益集团通过政治斗争而形成决策的产物：不同的社会经济利益集团是银行监管的需求者，而政府中的政治决策机构则是银行监管和监管制度的供给者。管制工具和监管制度是一个需求和供给不断变化的匹配过程。只有把握住各方利益的结构以及政治力量的分布，才能了解这些工具和制度变迁的过程，并在过程中确定这些工具和制度的效应以及效应分布。

Hamilton 等（1988）认为政府和规制者没有最大化社会福利，他们最大化自身的福利。Shleifer 和 Vishny（1998）认为，银行监管机构不是作为"帮助的手"去消除市场失灵，政府使用"抓东西的手"来满足政治目的。Rajan 和 Zingales（2003）认为，政治家和规制者引导银行将信用转向政治的关联公司或者强力银行可能"俘获"政治家并引导官方规制者按银行而不是社会的最大利益行事。

江曙霞（1994）认为，由于大企业或者大资本家控制了资本主义制度，而管制是资本主义制度的一部分，所以大企业或大资本家控制着管制。管制措施在实施之初，一般还是有效的。但随着时间的推移，当被管制的行业"变得对立法和行政程序极其熟悉时"，情况就发生了变化：管制机构会逐渐被它所管制的行业所控制和主导；而被管制对象则利用它来给自己带来更高的收益。因此，一般来说，"管制机构的生命循环开始于有力地保护消费者，而终止于僵化地保护生产者"。

（三）关于银行监管弊端的理论

Barth 等（2013）认为，在削弱产品市场竞争方面，许多国家限制银行进行固定资产和保险业务，或持有非银行公司。不仅如此，许多国家实施最小分支要求、直接信用指导、证券管制（如投资于政府证券的最小资产比例）、流动性要求和利率、收费限制。政府的管制职能经常限制竞争并由此阻碍了一种关键的公司治理机制。

Caprio 等（2003）通过考察认为保护小股东利益的法律会提高银行的价值。同时，他们发现强大的监管机构并没有提高银行的价值。这暗示了在那些投资者保护法对投资者利益进行了有效保护的国家，股东们愿意为银行提供更多的投资，但是强大的监管机构没有减轻投资者对于银行管理者会对小投资者进行剥削的担心。

　　Barth 等（2013）认为，在规制者尽心监管的意义上，在政府拥有银行的情况下，政府实际上作为有效监管者被驱逐。当政府同时作为所有者和规制者时，存在这两个角色的冲突。尽管私人领域的参与者，如大债权人，拥有监督私人银行的动力，但是在国家拥有银行的情况下无疑是政府提供了保证。因此，私人领域的债权人降低了对国有银行实施监督的激励，规制者也更加愿意制定限制竞争和保护政府运营银行的政策。

　　（四）关于银行监管改进的理论

　　Levine（2003）认为改进管制的一种方法是将管制者和社会的利益一致化。Beck 等（2003）发现监管机构的独立性降低了强力管制机构的有害效果。因此，独立于政府和银行的强力管制机构对公司在争取银行信用时面对的困难具有较少的不利影响。

　　运用监管激励理论，Dewatripont 和 Tirole（1993）构造了"最优相机监管模型"，该模型由对分散的存款人的信息不对称且偏好"搭便车"的分析引入因存款人集体行动而导致的失灵问题，并将讨论集中在金融何时需要外部的干预和监管，以及外部人监管的激励方案。

　　Hart 和 Moore（1990）、Aghion 和 Bolton（1992）按照不完全契约理论提出：股东对企业业绩拥有凸的收益结构——在公司经营良好时，他们拥有控制权；而债权人对企业则是凹的收益结构——企业经营不善时，他们行使控制权。拥有凹收益结构的人较拥有凸收益结构的人更倾向于外部干预和更严厉的监管。因此，债权人比股东更加希望加强监管。对银行而言，银行清偿比率越低，股东就越偏好风险，而存款人则越规避风险。由此，他们将监管的激励方案与索取权联系起来。这样，实施最优监管政策的方式是：让监管者拥有与没有保险的存款人一样的激励。他们的模型揭示了当监管者既负责事后干预又负责事前的监督时，是如何被动干预以掩饰其失败的监督，防止损害监管者前途。

二、建立和完善银行监管的治理激励机制

　　（一）运用治理激励机制解决银行监管问题是银行监管发展的重要趋势

　　由于信息不对称问题的存在，传统银行监管手段无法解决监管中存在的问题，而激励方法是解决信息不对称问题的主要方法。激励理论在解决信息不对称

导致的委托—代理问题中获得了广泛的应用，如在所有权与经营权相分离的现代公司治理中，为解决股东与管理者之间的信息不对称问题，通过设计具有激励效果的管理者薪酬，避免了管理者作为代理人的机会主义行为。

银行监管也是一种委托—代理问题，一方面，监管机构作为委托人实施对作为代理人的商业银行的监管，在两者的关系中，银行具有信息优势；另一方面，监管机构与政府或者公众的关系也是委托—代理关系，监管机构在对银行信息的了解方面处于优势，可能出于自身利益的考虑而采取道德风险行为。因此，在解决银行监管的激励问题中，主要包括两个方面的问题：对监管机构本身的激励以及通过有效的监管机制设计促进银行治理激励。银行监管的治理激励机制是解决第一类问题的重要方法。

近年来，随着激励理论的发展，在实践中越来越多的学者和专家提出了运用激励机制解决银行监管问题的观点。美联储前主席格林斯潘等三位高官曾先后在不同场合明确指出，银行监管的发展方向是激励相容。格林斯潘认为："我们必须而且正在使监管变得更加激励相容。"美联储董事苏珊·菲利普斯指出："在过去几年中，银行监管的目标并没有改变，但我们正在迈向更加'激励相容'的监管方法。"美联储另一位董事罗伦斯·梅尔指出："监管当局与银行之间的长期战斗的历史，使我开始寻找用经济学家的行话来说是激励相容的监管策略。"

目前，监管措施范畴也体现了将监管目标与银行内部的治理激励相融合的思路与方法。巴塞尔银行监管委员会在 2001 年 1 月发布的《〈新巴塞尔协议〉咨询报告》中指出，"此次修订《1988 年巴塞尔协议》目的是使资本充足率的评价与银行业风险的核心要素保持一致……并实现审慎稳健、激励相容和风险敏感的资本要求"。国际货币基金组织银行监管处处长保罗·库比克在 2001 年 12 月说："《新巴塞尔协议》是激励相容理念在银行监管中的体现。"在监管中正式融合银行的内部管理，最先体现于 1996 年巴塞尔银行监管委员会发布的《包括进市场风险后的资本协议（修订稿）》。其中规定，银行可以选择运用自己在内部管理中度量市场风险的模型，计算监管当局所要求的资本需要量。

2010 年出台的《巴塞尔协议Ⅲ》，在延续以往的以风险为基础的资本监管理念的同时，明确了微观审慎和宏观审慎相结合的金融监管新模式，展现了激励相容的监管理念。

（二）发挥银行监管的治理激励效果能够促进全面监管目标的实现

1. 传统监管制度在促进银行效率性方面能力不足

我们前面谈到银行监管的主要目标是银行体系的安全性与效率性，但是可以看到传统监管制度的主要效果是确保银行体系的安全性，而对于监管成本和银行体系的效率性却考虑不足。

资本监管外生性确定了银行应该持有的最低资本标准，在一定程度上促进了管理者的风险管理激励，但是"一刀切"式的最低资本充足率标准的设定没有考虑不同银行具体经营环境和具体经营特征，因此激励效果有限。《巴塞尔新资本协议》提出的经济资本概念促进了个性化资本监管，提高了银行激励效果，但是信息不对称条件下的经济资本计量问题依然难以解决。存款保险制度保证了被保险存款人的利益不受损失，但是削弱了存款人的治理动机。最后贷款人制度难以解决信息不对称条件下缺乏流动性银行与缺乏支付能力银行的区分问题，这属于典型的逆向选择问题。银行破产制度需要解决的是破产均衡点的选择问题，除去加强资本监管之外，在这方面存款人本可以发挥更强的事前约束作用。而银行救助制度面临的困境就是救助的无效率问题，对于银行破产导致的外部性影响的担心可能导致救助软约束。上述这些监管问题都会导致银行体系效率的损失。

2. 银行监管的治理激励机制有助于全面监管目标的实现

建立银行监管治理激励机制的目的在于确保传统监管制度的银行安全性监管的基础上降低监管成本，提升银行体系效率。

建立银行监管的治理激励机制并不意味着推翻传统的监管制度，而是在保持原有制度框架和功能基础上的改进。目的在于：一方面，进一步明确每项监管制度的职责，避免职责不清引起的监管目标多元化造成的软约束问题；另一方面，通过将银行治理激励参数引入监管制度的设计，将银行治理目标和监管目标一致化，从而避免信息不对称导致的银行道德风险行为，确保银行实现自身治理目标的同时，实现最优的监管目标，从而降低了监管成本，促进了银行效率的提高。

（三）激励理论提供了建立银行监管治理激励机制的基本方法

激励理论主要解决委托—代理关系中由于委托人和代理人之间的信息不对称而导致的代理人的机会主义行为问题。激励理论主要包括两种观点：委托—代理理论和交易费用观点。前者主要研究事前激励问题，后者主要研究事后激励问题。由于银行监管制度的事前明确性特征，其治理激励机制也主要解决事前激励问题，因此我们主要讨论运用委托—代理理论解决激励问题。

委托—代理理论主要解决现代公司所有权与控制权分离的情况下，所有者如何设计激励机制使管理者在满足自身效用最大化的前提下，实现所有者的最大利益。米尔利斯和斯蒂格勒将委托—代理关系看作一种合约关系，在这种合约关系下，委托人设计一种合约机制授权给代理人从事某种活动，并要求代理人为委托人的利益行动。为解决具体不同的委托—代理问题，许多合约模型被设计出来，这些模型所要解决的基本问题是解决在非对称信息条件下委托人对代理人的激励约束问题。

在关于银行监管的治理激励机制研究中，我们将采用委托—代理理论的基本方法。

三、银行监管治理激励机制研究的基本思路

在分析的过程中不考虑监管者动机和激励问题，即不考虑对监管者本身的激励问题，而是假设监管者完全依据监管目标而努力实施监管行为。我们的研究将集中于信息不对称条件下的银行监管如何加强银行治理的不断完善，以促进监管目标的实现。为获得信息不对称条件下的最佳监管方案，我们运用激励理论研究如何通过银行监管机制的改进，促进银行自身治理的激励，从而避免或者减轻信息不对称导致的银行系统安全性和银行效率问题。在银行监管的激励机制设计中，我们将主要的银行治理参数（如银行管理者薪酬结构和银行资本结构）纳入银行监管机制中，从而确保银行治理目标与监管目标的一致性。

本书将首先讨论存款保险制度，在分析存款保险制度的治理软约束的基础上提出机制设计构想，进而分析银行管理者的激励问题以及银行股东和管理者的风险偏好问题，寻求确保监管目标与银行治理目标一致性的主要参数。

资本监管制度是解决银行风险问题的核心监管制度，银行真实的资本结构决定了股东和管理者的风险偏好。通过将存款保险制度与资本监管制度相结合，并引入管理者薪酬结构参数，建立有效的治理激励机制，通过精算公平的存款保险保费设计激励和资本监管制度降低银行股东的风险偏好激励，并通过保费定价激励促使董事会设计最优的管理者薪酬结构，提高管理者风险管理努力程度，减少道德风险行为。

由于资本监管没有覆盖银行流动性风险因素，为避免单家银行流动性问题而导致的系统性风险，就必须引入最后贷款人制度。我们通过将银行管理者的道德风险划分为筛选努力风险和监控风险（包括流动性风险），解决了最后贷款人制度区分缺乏流动性的银行以及缺乏支付能力的银行的监管难题，这一机制同时提供了银行管理者事前加强流动性风险管理的激励，并解决了最后贷款人制度与银行同业市场在提供银行流动性问题中的替代性问题。

银行破产制度是确保商业银行有限责任属性，提高银行事前努力的重要机制，而银行破产导致的外部性影响又降低了社会效率。我们运用激励理论分析了银行破产制度和银行救助制度的优劣，并分别给出了两种制度的适用条件。在此基础上，通过设计银行破产程序机制，在不导致严重外部性影响的前提下，引入事前的存款人治理激励，提高银行经营效率。在银行救助制度的设计中，运用了非线性救助资金注入方案，避免了救助制度的软约束问题。

需要指出的是，银行监管治理激励机制的参数准确性受银行绩效评估方法和

银行信息披露程度的制约。本书提出国际先进银行使用的经风险调整的资本收益率（RAROC）方法能够提高银行绩效评估的准确性，并且提出对银行信息披露监管的主要要求。在参数的选择方面，主要使用银行治理普遍使用的薪酬结构、银行绩效以及银行资本结构等参数。由于上述参数均为传统银行监管信息披露和监管要求的指标，降低了参数获得的成本，有助于参数准确程度的提高，也因此提高了设计机制的效率。

不同监管制度的协调运行是整个银行监管制度体系有效性的基础，我们的设计突出了各种监管制度的协调作用。在本书的设计中，每种监管制度不仅拥有明确的监管目标和监管要求，而且不同机制设计的结果必须形成一致的激励导向，不因为一种机制的激励作用而导致对另一目标的影响。

银行监管的治理激励机制研究的目的在于促进各国的监管实践，有效实现银行监管目标。因此，在机制设计的基础上，本书最后将提出该体系对我国银行监管改革的借鉴意义。

第三章 存款保险制度的风险激励问题与机制创新构想

第一节 存款保险理论与制度

一、存款保险制度的研究现状

(一) 存款保险制度的理论依据

Diamond 和 Dybvig (1983) 关于银行挤兑、存款保险和流动性的分析，从理论上论述了银行的独特地位，首次说明存款保险制度的积极意义。他们建立了经典的 DD 模型，用以说明银行在流动性提供和风险共担等方面优于其他形式的融资市场，同时也论证了与其他金融中介相比，银行更易遭受挤兑冲击。传统的存贷款合约存在多个均衡结果，效率极低的挤兑均衡就是其中之一。挤兑的后果并不仅限于受挤兑银行的破产和存款人的私人存款损失，由于银行的特殊地位以及银行挤兑的外在性，实际上单个银行的挤兑往往具有很强的传染效应，以银行为核心的整个金融市场往往遭受挤兑风潮的冲击，进而引发实体经济的严重损失。在此基础上，Diamond 和 Dybvig 规范地研究了旨在阻止这种传染效应发生的制度安排，提出由政府提供的存款保险能够在一定程度上缓解甚至解决以上问题。

承袭 DD 模型的思想，Chari 和 Jagannathan (1988)、Park (1992) 也是存款保险制度的赞成者，只是他们在挤兑均衡的成因分析上与 Diamond 和 Dybvig 不同，Chari 和 Jagannathan 认为挤兑均衡并非存款人受风险资产的不确定性影响而产生的非理性行为，而是存款人的理性行为。他们认为 DD 模型中关注的银行流动性不足导致的存款人提款动机并非产生挤兑均衡的真正原因，银行资产的清偿能力才是决定存款人是否提款的关键。而 Park 在对存款人挤兑行为的进一步分析中发现，银行挤兑之所以表现为存款人对有问题银行的挤兑向健康银行的蔓延，是因为存款人缺乏银行的特有信息，即健康银行没有及时、有效地向存款人表明自己有足够的清偿能力。建立了存款保险之后，存款人对银行清偿能力的担心将随之减轻，因而对银行的冲击具有一定的缓冲作用，从而巩固了银行业的稳定；另外，却降低了银行提供证明自身实力的信息激励，使银行特有信息丢失，存款人仍以整体的经济环境对待个别银行，使银行挤兑并不能彻底消失。

尽管有越来越多的国家相继建立起存款保险制度，但对存款保险制度的质疑也一直存在，关注的焦点在于由存款保险制度导致的道德风险，即银行经营者在预算软约束下的风险激励行为。

为证明存款保险可能导致的道德风险问题，一些学者以实证的方法加以检验。Grossman（1992）、Wheelock（1992）认为，存款保险与银行吸收风险之间存在显著的正相关关系，即在有存款保险制度时，银行愿意承担更多的风险。Kane（1989）列举了一个因存款保险导致道德风险的例子，濒临倒闭的银行为了复苏一搏，被保险的存款人失去了迫使真正无清偿能力的银行进入破产程序的动力，因此这些银行继续经营下去。由于存款人不会承受任何风险，他们甚至对这些银行提供了更多的资金，然后这些银行将资金投放到风险资产中去，希望一搏成功能够带来可观的利润，而把失败导致的损失留给存款保险机构。钱小安（2002）则从存款保险与其他种类保险的不同特征揭示了存款保险隐含的道德风险。他认为存款保险不同于一般的保险，首先一般保险涉及投保人和承保人双方的利益，而存款保险涉及存款保险机构、储户和银行的三方利益，其中，小储户可以从存款保险中得到补偿，银行业也可以从中获得低利率的融资。其次在一般保险中的投保人通常具有防止逆向选择的机制，而存款保险则缺乏这种机制。钱小安还认为，不合理的存款保险制度会产生"劣币驱逐良币"效应，即参加存款保险的都是脆弱的安全性差的银行。

相反，Wheelock 和 Wilson（1994）、Alston 等（1994）认为存款保险与银行吸收风险、银行体系脆弱性之间的关系是模糊不清的，他们没有发现美国的银行失败率与存款保险之间存在某种特定的关系。我国学者郭晔等（2017）通过实证分析发现，引入存款保险制度后，我国四大国有银行的个体风险、杠杆率和影子银行业务均没有显著变化；但是其他商业银行却会提高杠杆率和更积极地从事影子银行业务，从而增加了个体风险。Buser 等（1981）以及 Forssbaeck（2011）的研究也发现，存款保险制度是否影响银行个体风险以及影响程度，主要受到银行的运营状况和治理机制的影响。

Demirguc – Kunt 和 Detragiache（2000）的研究表明，存款保险对银行稳定性的影响取决于监管环境的质量，存款保险制度在不良的制度环境中运行，不仅存款保险制度本身的作用效果受到抑制，甚至对银行体系的稳定性造成负面影响。在存款保险制度运行良好的国家，通常需要其他相关制度的密切配合，如对银行的审慎监管、最低资本金要求、董事及管理人员的资格审查、破产法律的完善、银行准入制度等。

（二）存款保险定价研究

意外保险消极模型（The Passive Casualty – Insurance Model）是传统意外保险模型在存款保险中的运用，是较早对存款保险定价进行研究的模型。该模型认为，投保银行由于客户挤兑所导致的银行流动性困难而对存款保险机构要求赔付的权利行使是外生变量，模型中的其他分析变量对这一风险没有控制或影响的途径和渠道，其实是将存款保险机构的功能视为承担意外事故的被动的商务活动。此外，该模型的主要缺陷在于它是从保险统计的角度，而非制度风险控制角度来研究存款保险，而传统的意外保险与存款保险存在显著差异。在 20 世纪 80 年代美国信贷储蓄协会危机中，美国存款保险体系几近破产表明这一模型未能预示潜在的危机。

此后，Merton（1977）基于 Black – Scholes 的期权定价理论，认为可以将存款保险看作是银行资产的一份卖出期权，形成了日后存款保险定价研究中最典范的模式。它最大的贡献在于从期权的角度提供了基于风险的存款保险定价思想，还反映出投保银行资本充足率对保险费率的影响，这一结论在美国存款保险制度的风险定价中得到充分运用。但是其严格的理论假设和风险外生性的前提，促使学者们对存款保险定价进行更为现实的思考。在 Black – Scholes 期权定价理论的基础上，Min – Teh Yu（1999）应用 GARCH 期权定价模型为存款保险定价。使用 GARCH 模型定价的原因在于：①这一模型的假设更加强调对金融时间序列建模的经济含义；②当为可交易期权进行定价时，GARCH 模型能够解释 Black – Scholes 期权定价模型所产生的系统性偏离。从理论上讲，GARCH 期权定价模型是隐含资产的风险溢价的函数，这意味着期权价格一定是隐含资产的期望收益的函数。这一结论与 Black – Scholes 公式存在很大差异。

传统的单一费率的存款保险制度被认为提高了银行的风险承担激励。以 Merton 的存款保险期权定价为计算方法，在单一费率条件下，银行资产的风险水平越高，在存款保险机构中的保险精算价值越大，通过提高资产的风险水平，银行便能实现掠夺保险基金的目的（Jin – Chuan Duan 等，1992）。理论上来说，以风险为基础的存款保险的"准确"定价可以消除银行的风险过度承担问题，但是 Chan（1992）认为，由于信息的不对称性，这种完全风险调整的存款保险定价无法实现。尽管如此，由单一费率向差别费率的演进，被认为是降低道德风险的有效做法。

二、存款保险现状

（一）存款保险制度的应用情况

存款保险制度最早是在 1924 年捷克斯洛伐克建立的全国性的贷款和存款保险制度，但是由于缺乏标准化的规定，在 1938 年就停止了运作。而在大萧条之后，1933 年建立的美国联邦存款保险制度被公认为是世界上影响最大的存款保险制度。从 20 世纪 60 年代起，越来越多的国家开始选择这一制度作为保证国内银行业稳健经营和经济健康发展的重要手段并寄希望于以此降低银行经营失败等系统性风险。到 2013 年底，全球共有 113 个国家建立了不同形式的存款保险制度（在法律上给存款保险制度明确的规定），除美国和捷克斯洛伐克外，大部分国家是在 60 年代以后逐渐建立起来的：其中有 8 个国家在 60 年代，9 个国家在 70 年代，19 个国家在 80 年代，36 个国家在 90 年代，41 个国家在 2000 年以后建立了存款保险制度。

除上述提及的已经建立明确的存款保险制度的国家外，还有很多国家实行的是事实上的存款保险制度。即没有在法律上给予存款保险制度以明确的定义，存在对存款人的暗示承诺，保证存款人的存款不会受到任何损失，体现为政府以前的行动或是政府官员对银行倒闭时采取措施的一种倾向性意见。经济学家在探讨这两种存款保险制度的存在形式时，将其区分为显性的存款保险制度和隐性的存款保险制度。由于隐性存款保险制度是一种政府主观救助形式，不存在明确的法律规范，在发生银行危机时，对所有类型存款的全额保险必然产生更严重的道德风险。

在已经建立存款保险制度的国家中，尽管其防范挤兑和抵御风险的目的大体一致，但是在具体的实施方式上还是有很大差异。

（二）存款保险基金设立的渠道

存款保险基金的设立通常有两种渠道：一种是事先设立保险基金，也被称为累计基金制，即向成员银行事先定期收取保费积累基金，此外政府也会根据保险基金的规模注入适当的资金。另一种是事后分摊费用制，即在某一成员银行破产后向其他幸存的成员机构强制分摊费用。两者的区别主要表现在：首先，累计基金制大多有政府的资金支持，而事后分摊制则通常是银行之间的相互保护。其次，累计基金制更为法制化，不确定性较小，而事后分摊制是由成员机构自己管理的，在制定和执行法令时缺乏政府机构的权威性，而且由于没有政府资金的支持，他们的作用和职责也受到限制。最后，两者提供的保险额不同。事后分摊费用制一般提供的保额较低，如奥地利、卢森堡、荷兰、瑞士和巴林提供的保额都低于人均 GDP，而累计基金制提供的保额则相对较高。在事后分摊费用制下，由于缺少稳定的保险基金的支持，在遇到银行挤兑时，存款保险体系很容易遭受破坏，奥地利、智利、法国、意大利、荷兰、瑞士和英国都曾经发生过类似事件。

（三）存款保险制度的运作机制

现有的存款保险制度从其保证人、管理和资金融通等方面有无政府参与来看，分为以下几种形式：①无条件的政府担保制度，即存款保险完全由政府管理和提供资金。这类制度会产生严重的道德风险，因而采取这种制度的国家极少。②政府控制但由独立的存款保险机构管理，存款保险资金至少部分来源于被保险机构。③以政府做后盾，由来自政府和银行的代表共同管理。④政府指令或者鼓励建立，但由银行或者其他存款机构所有、管理和进行融资。⑤纯粹的非官方存款保险制度，存款保险由商业化经营的保险公司提供，政府丝毫不加干涉。到目前为止，这种存款保险制度还不曾存在过。

上述五种形式中，第一、第二种属于公营存款保险制度，第三种属于公私合营存款保险制度，第四、第五种属于私营存款保险制度。在 IMF（2004）调查的 67 个经济实体中，13 个存款保险机构是私营的（挪威有一两个存款保险机构，均为私营管理），38 个是政府经营的，16 个是政府和私营合资的。调查还显示，私营的存款保险主要由银行家来管理，这些银行家一般也是公私合资经营存款保险机构董事会的成员，但通常不是公营存款保险机构的董事。政府管理的存款保险制度一般包括监管机构、财政部和中央银行的代表，这些人由于职位原因而成为存款保险机构董事会的当然成员。不管是私营的存款保险制度还是政府管理的存款保险制度，政府都应当提供资金支持。两种制度没有绝对的好坏之分，不管是以阿根廷和德国为代表的私营存款保险制度，还是以美国为代表的公营存款保险制度，迄今都运行良好。

（四）存款保险机构的职责范围

存款保险机构的职权范围，受存款保险基金的出资方式、存款保险资金的融资方式及其隶属关系的影响，Garcia（2000）将其分为狭义与广义的存款保险制度。狭义的存款保险机构通常被称为"出纳箱"式的保险机构，其职责范围主要是为会员机构小额存款人保险，立即赔付破产会员机构的投保存款人，最大程度地减少对经济的冲击。广义的存款保险机构的职责除包括对存款人的支付外，还有受托人的职责，即避免损失和尽可能地获得破产银行的证券资产，让破产成本维持在最低水平，为事后赔付争取更多资金；不仅如此，一些存款保险机构还在国家的金融安全网中起着重要的作用，它们行使一定的银行监督与管理职能，并且要与其他监管部门共享监管信息。因此，在这种情况下，存款保险机构通常会与其他银行监管者、货币当局以及其他相关部门密切配合，例如美国联邦存款保险公司（FDIC）。

（五）存款保险制度的承保范围

有关承保范围的内容较多，可以概括为承保限额、承保金融机构的资格、承保存款的种类等。

存款保险限额包括全额保险和有限保险。由于全额保险的道德风险问题严重，大多数国家鼓励有限保险，以便激励大额存款人和有经验的债权人监测和约束他们的银行。承保额度大小的比较，通常是以保险额度占一国人均 GDP 的比例来衡量。Garcia（2000）的统计结果表明，人均国民收入低的国家或地区的承保额要高于人均收入高的国家或地区。全球的平均水平为 GDP 的 2.4 倍，除欧洲外，其他大洲都高于此数字。对于有限承保的对象是单个存款账户还是单个存款人问题，国际上通行的做法是按照单个存款人承保，事实上，现在只有多米尼加共和国采用按单笔存款人承保（Lindgren 和 Garcia，1996）。

有关承保金融机构资格方面，大多数国家都将吸收存款的金融机构列为承保机构，而不仅限于吸收活期存款发放贷款的商业银行。一些国家或地区通常要求在本国或本地区经营吸收小额存款的外国银行分行和附属机构加入存款保险制度。出于保护本国居民的利益，一国或地区通常不承保国内或本地区银行在国外或外地吸收的存款。例如，加拿大的国内银行和附属机构、国内信托和贷款公司、外国银行附属机构都属于承保范围，本国银行的海外分支机构不给予承保；希腊对所有获准在本国经营银行业务的信用机构给予承保，但对邮政储蓄银行、存贷款基金和信用合作社不给予承保，本国银行的海外分支机构也给予承保。

（六）单一保费与差额保费

有关保费的计算方式，目前存在单一保费与差额保费两种方法。单一保费是根据银行的存款数额收取相应保费的制度。差额保费制度也被称为风险调整的保费制度，即根据银行资产的风险程度计算保费，理论上来说这种方法，可以完全克服由存款保险制度导致的道德风险。但在以下两个方面存在困难：首先，准确预测银行将给存款保险基金带来的风险程度存在技术障碍（Garcia，2000）；其次，被保险机构之间形成的交叉补贴问题，在保费的收缴不能够准确地体现出银行的风险时，必然出现风险程度不同的银行间的交叉补贴，即造成风险低的银行向风险高的银行的补贴，不利于银行间开展正常竞争。因此，差额保险制度的理想目标难以达到。而且，经济学家也建议在存款保险制度建立的初期宜采取"简单化"的保费征收方式，要待充分实践后，存款保险人员积累了较丰富的从业经验后，再选择差额保费制度。美国是首个采用差额保费制度的国家，差额保费制度提高了保费浮动的幅度，包括对最佳的银行以零基本点为基数，对最差银行以 27 个基本点（根据它们的资本充足率的监管评级的基础确定）为基数。20 世纪 90 年代以来，全球采用这种方法的国家和地区有显著增加趋势。

三、有关存款保险制度的实证检验

（一）存款保险制度的实践效果

从美国 1933 年建立存款保险制度以来，存款保险制度在全球的开展经历了 80 多年，制度的实践与完善几乎是在同步进行。一般来说，在存款保险制度建立后的 10～20 年，金融体系能够稳健运行，也就是说存款保险制度能够为金融系统提供一个稳健运行的安全期间，之后不同国家金融体系的运行效果存在较大差异，现实世界的金融运行效果是对制度有效性的最好说明，经济学家根据存在存款保险制度国家的金融与经济运行效果的数据，从不同的侧面对存款保险制度的宏观与微观经济效果进行着检验与实证。

传统上，建立存款保险制度的主要目的是保护存款人的利益，并尽量降低由存款人挤兑引发的金融危机发生的可能性。然而实践结果表明，有很多国家在建立了存款保险制度后依然发生了非系统性甚至是系统性的金融危机，还有一些国家在建立存款保险制度之前没有发生过严重的系统性金融危机，却在建立了存款保险制度后发生系统性金融危机，上述事实令人疑惑，即以避免金融危机发生为目的建立的存款保险制度为什么没有有效地阻止金融危机的发生。详细考察全球的金融危机发展情况，我们可以看出，大多数国家的金融危机（处在危机期间建立存款保险制度，制度建立后危机还要延续一段时间）是在存款保险制度建立的 10 年或 20 年后才发生，即存款保险制度经常为金融系统的稳健运行提供一个安全期间。美国的存款保险制度是一个制度运行较好的案例，自 1933 年建立存款保险制度，近半个世纪的时间里，美国金融系统一直保持良性运转，银行倒闭和破产的数量始终维持在合理的水平上，因而也为美国的经济提供了一个难得的发展阶段。直到 20 世纪 80 年代，由于存款保险制度的过度保护，储贷危机爆发。

就存款人的利益保护方面来看，存款保险制度确实起到了保护存款人的作用，稳定了存款人对银行乃至一国信用体系的信心，因此也解决了存款人的挤兑问题。与此同时，在 20 世纪 70 年代后期，单纯的挤兑风险基本消除，导致银行业出现系统或非系统性危机的原因更多地来自银行资产质量薄弱，不再是银行挤兑。

在存款保险制度的保护下，银行经营者的倒闭威胁越来越小，存款人以及其他债权人受存款保险制度的监管替代作用的影响，缺少对银行资产风险状况的监督激励，因此银行经营者甚至股东的道德风险倾向性很强，加上近二三十年来，金融行业的竞争加剧也为银行经营者扩大风险经营提供了理由。因此，现实的结果让更多的人在金融危机与由存款保险制度导致的道德风险之间建立了联系，认为频繁发生的金融危机与存款保险制度有关。

美国联邦存款保险公司前主席威廉·斯德曼（Willian Seidman）曾经这样说："存款保险就好比核电站，设计与操作得当，可以获益，一旦失控，其造成的伤害可波及整个国家。"正确地面对存款保险制度时，由存款保险产生的道德风险无法回避，关键是如何设计存款保险制度以尽量减少道德风险的负面效应，同时有效的存款保险制度还需要其他相关的制度与之合理配合。

（二）存款保险制度的实证检验

有关存款保险制度的银行治理效果的实证分析，经常集中于存款保险制度对存款人治理作用的影响、存款保险制度设计对金融业的稳定性、金融发展等的影响。

1. 存款保险制度部分替代存款人治理作用

普遍认为，道德风险问题内生于存款保险制度，在存款保险制度下，存款人的利益由存款保险机构保障，缺少监督、约束银行经营行为的动力，银行的经营者的过度风险承担倾向明显，这就是我们通常所说的道德风险问题。而对道德风险存在性的实证检验经常是以存款保险制度对存款人市场约束的替代作用和管理者的风险激励效果作为分析的对象（有关管理者的风险激励效果分析是本书第四章的重点内容，在此不做论述）。

对存款人约束行为的考察经常以银行利息支出和银行（特定的某家银行或者整个银行业）存款变化为指标，因为存款人在获悉银行存在较大风险时，能够选择的治理方式通常是要求银行提供更高的利息以及从银行撤出存款。

（1）利息成本角度。从这个角度反映存款人对银行风险的敏感性实证分析的结果通常都是一致的，即银行风险的增加会增加银行的利息成本支出，本条件下所研究的存款类型不受存款保险制度的保护，或者是被限额保护。Brewer（1986）、Hannan 和 Hanweek（1988）以及 Brewer 和 Mondschean（1994）的实证都显示，在美国[1]，当银行的风险增加时，被部分保险（Partal Insured）的金融工具（如 CDs）的利息支出明显增加。对于 CDs 这种债务工具来说，Ellis 和 Flannery（1992）认为，CDs 的持有者会根据股票市场信息对银行业或特定的某家银行风险情况做出判断，因此 CDs 的价格中包含银行风险因素，他们通过检验也证实了这一点，即 CDs 的收益能够反映出对银行特有风险的市场预期。

---

[1] 这方面的实证分析多数以美国的银行数据为样本，在美国，10 万美元以上的存款不会获得保险，因此包括 CDs、大额存款以及其他类型的一些债务工具不在存款保险保护之列，因此将银行利息支出中区分出被保险存款与未被保险存款两部分，确定存款性质与利息支出变化之间的关系，是体现银行风险与存款人约束力之间关系的有效方法。

（2）银行存款数量变化角度。当存款人预期衰退即将来临并达到一定程度时，就会提款以避免因银行倒闭而造成损失。除了提款，存款人还有另外两种选择：一是将存款从一家银行转移至其他被认为更安全的银行；二是用存款购买安全性较高的有价证券。前者表明存款人只是担心一家或者少数几家金融机构可能倒闭，存款转移只是在不同银行间的重新组合；后者则说明，出于对整个银行业信心的不足，提款人很有可能放弃之前的投资方向，转而将存款投放于其他投资途径，二者将影响到银行业的存款结构和证券市场的价格，但是不会对整个金融体系的存款水平产生影响。如果以现金的方式持有存款，并且成为大部分存款人的选择，则存款将会从银行体系流出，对于银行来说，将被迫出售其资产，以保持其流动性，而这一行为会对原有的金融服务和生产过程产生影响，部分原有的金融服务和生产过程将中断，而多数银行同时采取这种策略，则直接影响经济的运行，同时导致金融宏观调控的指标货币供应量下降，宏观调控失效，诱发信用紧缩，并引发极大的社会代价（Gorton，1990）。

Martinez Peria 和 Schmukler（1998）发现，在阿根廷、智利以及墨西哥银行存款数量与银行风险呈负相关关系；并且发现，在智利，由于存款保险制度的严格执行，未被保险的存款人对银行风险实施了有效率的监管。

Calomiris 和 Wilson（1998）以纽约城市银行 20 世纪 20 年代和 30 年代的银行数据为样本，证明了存款者完全可以依据银行的风险状况识别银行的好与坏，并将资金转移到安全的机构。Similary 和 Kane（1987）指出，在 1995 年俄亥俄州存款保险基金（Ohio Deposit Guarantee Funds，ODGF）陷入危机时，俄亥俄州被转移的资金，要以经过 ODGF 保险的机构为条件。Park 和 Peristiani（1998）证明了，在 20 世纪 80 年代，在美国储蓄与贷款协会的存款余额中，预期违约率与存款增长呈反比状态，储贷机构的风险越高存款的增长越小。

Demirgüç – Kunt 和 Huizinga（2000）建立了一个包括 43 个国家 1990～1997 年银行层面的数据集，通过利率变化和存款增长两个变量估计存款者的约束能力。实证的结果表明，显性的存款保险制度可以减少银行的利息支出，并且导致银行的利息支出与银行风险和流动性之间呈现出不显著的敏感性（存款人治理缺位）。

2. 存款保险制度的宏观效果表现

在发展中国家，由于制度环境的不健全，即使是设计良好的存款保险制度的有效实施也会受到限制。Leaven（2001）从 14 个国家的银行股票市场价格中估算出该国每年政府对银行的暗补，以此为样本，他发现存款保险成本有很强的国别特征，补贴最高的国家经常是 GDP 水平很低且环境不好的国家。理论上来说，以风险为基础的存款保险的"准确"定价可以消除银行的风险过度承担问题，但是这种存款保险定价是不可能的（Chan，1992）。尤其在发展中国家，由于存在政治和管理上对存款保险制度的干预，存款保险费的准确定价更无法实现。上述不同国家的银行层面的实证结论说明存款保险制度如何设计直接影响银行的风险承担行为。即使是在发达国家，存款保险制度依然具有对存款人约束力的替代作用，而监管效果的提高有赖于监管制度的更好设计与执行。

Demirguc - Kunt 和 Detragiache（2000）根据世界银行数据中的存款保险制度特征数据，实证分析了 1980 ~ 1997 年，经历了 40 次银行系统性危机的 61 个国家。其结论是：监管环境的质量是银行稳定性的决定性因素，存款保险制度作用的发挥，也依赖于环境质量，因此缺乏监管效力的制度环境会导致存款保险制度对银行体系的负面影响。

Cull 等（2000）通过时间序列分析，以 58 个国家数据为样本，分析存款保险制度对金融发展的贡献。他们所选择的国家主要分布于非洲、拉丁美洲等制度环境不好的地区，这些学者发现显性存款保险制度可以使微观金融活动更加活跃，促进金融业的发展。这也是对存款保险制度宏观效果的演进性分析。

上述实证结果说明，尽管道德风险问题具有内生性，但经济学家对存款保险制度依然持乐观态度，根据一国的基础制度环境，合理设计存款保险制度，协调配置制度资源，存款保险的积极作用能够有效发挥。本书写作的主要目的也是要实现在现有的制度框架下，完善存款保险的制度建设，在既定监管目标下，促进银行自身治理的完善。本章第二节将系统分析存款保险制度的银行风险激励效果，并由此分析存款保险制度对银行治理产生的作用，为制定更完善的激励相容的存款保险制度提供理论准备。

第二节　存款保险制度的风险激励分析

一、存款保险的保费定价与风险激励

存款保险制度从建立之初就面临着风险激励的指责，而合理保费定价是降低银行经营者风险激励的有效途径。Merton（1977）是最早将银行风险水平引入保费定价的学者，并建立了著名的存款保险期权定价模型。

Merton 认为，在存款保险制度下，存款保险机构为被保险的金融机构提供了一种卖出期权（也被称为看跌期权，Put Option），期权的持有者拥有在未来某一时期执行特定价格（Exercise - price）的卖出权利。卖出期权的价格由被保险银

行资产的市场价值及事前与存款保险公司订立的保险合同的保险价值决定。在执行存款保险合同前，若银行资产的被保险价值小于银行资产的市场价值，银行则不执行期权，因为此时执行期权银行不会从与存款保险机构签订的合同中受益。另外，银行的资产价值没有明显下降也说明银行的经营尚且稳定，没有违背股东以及银行利益相关者的利益，因此是一种好的结果，存款保险公司不会因为存款保险合同的签订而遭受损失；相反，若银行资产的被保险价值小于银行资产的市场价值，银行执行期权合同，此时银行资产价值损失的部分可以由存款保险合同保障，相当于没有资产经营盈余，而由其风险经营行为造成的银行资产损失则转嫁到了存款保险机构，因此是一种坏的结果。

从 Merton 的风险转移模型可以知道，银行与保险公司签订的保险合同是一种事前行为，银行在支付了保费后，便将保费支出作为一种沉淀成本计入损益账户，其后的经营行为与保费的支出没有显著联系，因此缺少对银行经营风险的约束，在银行资产状况较差的情况下，节俭的银行经营者可能会为获得更高的收益改变目前的收益状况而奋力一搏，投资于风险更高但收益高的资产；而对于那些本来就偏好风险（或败德）的经营者来说，扩大风险经营是其必然的选择。

Merton 通过运用期权定价模型寻找存款保险的最优定价，同时建立了存款保险内在风险激励的基本分析框架。为了使存款保险期权的价值最大化，被保险银行总是选择最具风险的投资组合。因此，任何风险水平的资产组合对于银行股东来说都具有同等效果。

对于具有较大专有价值的银行，产生于存款保险的期权价值相对较小。但如果把专有价值看作是管制与市场结构的函数，并假定在短期内相对稳定，则专有价值依然不足以改变银行资产组合的风险（Park，1997）。

在 Merton 之后，很多学者也在致力于对存款保险制度下银行风险激励的研究，并基于 Merton 的分析框架，如 Marcus 和 Shaked（1984）、Furlong 和 Keeley（1989）、Keeley（1990）等。期权定价模型表明，银行股东的预期财富是与资产风险相关的单调的增量函数。尽管银行破产会为股东带来损失，但只要破产的概率为正，那么银行期权价值的最大值就是承担最大风险的资产组合。对于具有较高的专有价值（Charter Value）[1] 的银行，由存款保险制度生成的期权价值相对较小。然而，如果将专有价值视为监管与市场结构的一个函数，并假设其在短期内相对稳定，则专有价值仍然不足以改变银行投资组合的风险水平（Park，1997）。

下面，我们对现有的单一费率存款保险制度和差别费率存款保险制度可能引

---

[1] 是一种无形资产价值，包括声誉、垄断租金、规模经济和信息优势、稳定的客户群等。专有价值随着银行破产而丧失，又称因银行被关闭而丧失的所有潜在收益。

发的风险激励问题，在模型中加以阐述。

二、单一费率存款保险制度的管理者风险激励

这里，我们采用一个两期静态模型分析在单一费率情况下，存款保险制度的风险激励效果[①]。在 $t=0$ 期，银行向存款保险机构支付的保费为 P；在 $t=2$ 期，银行破产并清算，由于存款已经被保险，存款人得到全额赔偿。为简单起见，假定无风险利率为零。在此条件下，资产负债表如表 3-1 所示。

表 3-1　银行资产负债表

t = 0				t = 1			
资产		负债		资产		负债	
贷款	L	存款	D	贷款偿付	$\widetilde{L}$	存款	D
保费	P	股东权益	F	保险支付	$\widetilde{S}$	清算价值	$\widetilde{V}$

由资产负债表可得：

$$\widetilde{V} = \widetilde{L} - D + \widetilde{S} \tag{3-1}$$
$$\widetilde{S} = \max(0,\ D - \widetilde{L}) \tag{3-2}$$

将存款由 $t=0$ 期数据替换，可得：

$$\widetilde{V} = F + (\widetilde{L} - L) + [\max(0,\ D - \widetilde{L}) - P] \tag{3-3}$$

由式（3-3）可知，银行股东权益价值为初始价值、贷款价值增加值和存款保险机构净补偿三者之和。

假设 θ 为贷款成功的概率，$(1-\theta)$ 为贷款失败的概率，贷款失败的贷款价值为 0。此时，银行股东的预期利润 π 为：

$$\pi = E(\widetilde{V}) - F = (\theta X - L) + [(1-\theta)D - P] \tag{3-4}$$

假设存款保险费率 P 是固定的，银行在可选择的可行集中的融资项目时的特征为 $(\theta,\ X)$。在净现值相同的项目中，$(\theta X - L)$ 值相同，因此银行将选择成功概率 θ 最低，即风险最高的项目。

三、差别费率存款保险制度的管理者风险激励

在道德风险和不完全契约条件下，分析存款保险制度的管理者激励有效

---

① ［美］哈维尔·弗雷克斯、让·夏尔·罗歇：《微观银行学》，西南财经大学出版社 2000 年版，第 243 页。

性①，需要从一个具有代表性的银行开始。建立一个三个时间点的两期模型。当 $t=0$ 期，银行通过筹集存款和股本筹集资金。由存款保险机构为其存款提供保险，银行支付相应的保费 π。所有相关契约以及当中包含的价格，均以 $t=0$ 期可获得的合同机会以及可获得的信息为准，在 $t=0$ 期签订契约并定价。按照理性预期方式确定银行融资索取权的价格，包括存款利率和股权的价格。所有相关合同的签订和定价均为 $t=0$，根据 $t=0$ 确定可用信息和可用的合同机会。银行融资债权价格（存款利率和股权价格）根据合理预期确定。

在 $t=1$ 期，出现了投资机会。为简单起见，假设存在两类投资机会：①安全零风险和非负净现值（NPV）贷款机会；②能够用参数 q 表示的具有潜在风险的贷款机会。风险贷款支持的项目回报率可能高（H）或低（L），并且 $H>I>L>0$，q 为获得高回报的可能性。当 $t=1$ 期，投资为金额 I。在 $t=1$ 时，投资于无风险或有风险贷款时，银行管理者观察到参数 q 的水平。但是包括存款人和监管机构（政府）在内的外部人士无法观察参数 q 的数值。这样就排除了以 q 为参数签订合同的可能性。但是，所有相关方都知道 q 在 $[0,1]$ 区间内均匀分布。由于银行经理对数值 q 有信息优势，因此银行内部人士能够决定投资风险的选择。

银行需要金额的数量为 $(I+\pi)$，在 $t=0$ 期，支付存款保险的费用来自于以存款（债权）和股权方式进行投资获得收益。为简单起见，假设存款为纯贴现债权，并承诺在 $t=2$ 期支付 f。在这个框架中，对银行存款保险费的准确定价可以按照理性预期方式确定 π。

$t=2$ 期，贷款到期，收回本金。假定 T 为最终现金流量，在 $t=1$ 期，如果进行的是无风险投资，收益就等于 I，如果在 $t=1$ 期进行的是风险投资，则依赖于 H 或者 L 的最后产出。银行向存款人支付 F 和 T 二者的最小值，存款保险机构为 F 和 T 两者之间的差额提供担保。假设所有存款都已经被保险覆盖，管理者薪酬制度促使对它们的激励与股东的激励一致。

假设对于给定的阈值 $q^c(0\leqslant q^c\leqslant1)$，当 $q\geqslant q^c$ 时，以风险资产为投资对象，当 $q<q^c$ 时，以无风险资产为投资对象，投资政策被定义为 $[q^c]$。给定 q 是在 $[0,1]$ 区间均匀分布的，当投资政策为 $[\tilde{q}]$ 时，形成的最终现金流分布为 H 的可能性为 $\dfrac{H}{2}[1-\tilde{q}^2]$，$I$ 的可能性为 $\tilde{q}$，L 的可能性为 $\dfrac{L}{2}[1-\tilde{q}]^2$。可以得到由于投资政策 $[\tilde{q}]$ 产生的最终现金流 $V(\tilde{q})$：

① John, Kose Anthony Saunders, Lemma W. Senbet. A Theory of Bank Regulation and Management Compensation [J]. The Review of Financial Studies, 2000, 13 (1): 95 – 125.

$$V(\tilde{q}) = \tilde{q}I + \frac{L}{2}[1 - \tilde{q}]^2 + \frac{H}{2}[1 - \tilde{q}^2] \qquad (3-5)$$

现金流的标准偏差（风险）为 $\sigma(\tilde{q})$，很容易看到 $\tilde{q}$ 的变化是从 1 ~ 0，而 $\sigma(\tilde{q})$ 的变化是从 $0 \sim \frac{(H-L)^2}{4}$。$\tilde{q}$ 与 $\sigma(\tilde{q})$ 之间是严格单调（递减）的，并且是一一对应的。$V(\tilde{q})$ 的变化范围是 0 ~ 1，最大化 $V(\tilde{q})$ 的帕累托投资政策 $[\hat{q}]$ 为：

$$\hat{q} = \frac{I - L}{H - L} \qquad (3-6)$$

$$V(\hat{q}) = \hat{q}I + \frac{L}{2}[1 - \hat{q}]^2 + \frac{H}{2}[1 - \hat{q}^2] \qquad (3-7)$$

式（3-7）表示出在完全信息条件下，$V(\hat{q})$ 是完全合同能够达到的最高值。

然而，由于存在信息不对称，当存款融资水平高到使银行投资的现金流不足以偿还存款人时（即 $L < F$），根据股东利益行事的银行管理者将实施风险超过 $[\hat{q}]$ 的投资政策，从而激励银行管理者的风险转移。

对于承诺偿付 $F \geq 0$ 的存款，银行经理将实施投资政策 $q(F)$，$q(F)$ 由式（3-8）给定：

$$
\begin{aligned}
q(F) &= \hat{q} & \text{当 } F \leq L \\
&= \frac{I - F}{H - F} & \text{当 } L < F < I \\
&= 0 & \text{当 } F \geq I
\end{aligned}
\qquad (3-8)
$$

在 $L < F < I$ 范围内，所需股权资本的更高水平（相应的 F 的更低水平）导致管理者投资政策 $[q(F)]$ 的更低的风险水平以及更高的银行价值水平 $V[q(F)]$，即：

$$\frac{\partial \sigma(q(F))}{\partial F} > 0, \ 且 \frac{\partial V(q(F))}{\partial F} < 0 \qquad (3-9)$$

超出最优水平的风险承担是由于风险转移造成的，超出最优水平的风险承担数值为 $\Delta\sigma(F) \equiv \sigma(q(F)) - \sigma(\hat{q})$，价值损失为权益资本的函数 $\Delta V(F) \equiv V(\hat{q}) - V(q(F))$。由收益分布的不同而导致的风险资产的收入分配不同 $\hat{q}$，通过资本金要求对银行激励的监管，使得银行有足够的自由，可以根据其独特的风险 $\sigma(\hat{q})$ 的投资机会集来寻求投资行为。因此，监管者的直接干预，迫使所有银行承担相同的风险水平，但并不是最佳的，因为银行有不同的投资机会集和不同的最大值。

在道德风险存在的情况下，考虑到银行相对于 $F(F < H)$ 的资本化水平，具有公平定价和收入中性的存款保险费计算如下：

$$\pi(F) = q(F)(F-I)^{+} + \frac{1}{2}(1-q(F))^2(F-L)^{+} \qquad (3-10)$$

其中，$(x)^+$ 代表 max $(0, x)$。$\pi(F)$ 完全由资本化水平和投资机会集的可观察参数 $\{I, H, L\}$ 确定。

从以上对单一保费与差额保费制度的风险激励分析可知，目前实践中普遍运用的存款保险制度部分地解决了银行治理中由于存款人治理缺失而导致的风险问题，但是还存在以下弊端：

一方面，对于资本充足率最佳的银行来说，现行的存款保险制度即使是差额存款保险也存在风险转移（即 $\Delta\sigma(F) > 0$）。另一方面，对于任何的银行资本化水平，风险转移激励的程度关键依赖于银行投资机会集的特征，而不同投资机会的风险难以被外部人观察。因此，公平、中性和精算准确的存款保险定价也难以确定。

存款保险制度仍然具有很强的风险转移激励。在上述模型中，对于任何水平的风险债权，当 $F > L$ 时，$q(F) < \hat{q}$。

四、存款保险制度的激励扭曲

通过上述的模型分析，我们可以很清楚地获得银行治理中由存款保险制度造成的激励扭曲。罗斯·莱文[1]认为，或明或暗的存款保险事实上在一些方式上改变了公司治理的股权和债权渠道。

首先，存款人的监控激励不足。从上述的模型分析中我们知道，存款保险制度下的存款人始终会获得一个既定的收益 F，它与银行的风险状况无关，尽管目前大多数国家都取消了全额保险代之以对单个存款人的部分保险，但是存款保险制度作为保护金融安全的一种网络安排，存款保险制度给予存款人很强的银行稳健信念，在存款人收益与银行风险之间不存在关联时，存款人的监控激励必然不足。

其次，管理者风险转移动机显著。正如前文我们在模型中分析的，差额存款保险制度依然存在对管理者的风险转移激励，当 $F > L$ 时，$q(F) < \hat{q}$。当金融机构运营良好时，经营者将尽力保全该机构的良好态势；然而，一旦金融机构清偿力下降、资本受损，那么经营者将有可能采用风险很大的"赌博"策略，存款保险的实施恰好为这一做法提供了更大的机会，使其高风险策略避免市场约束和存款人监管，而把潜在损失强加于存款整个保险体系。

最后，股东利益取向与管理者的利益取向趋同。在没有存款保险的情况下，所有者与债权人之间的关系十分紧张。金融机构所有者将承担以出资额为限的责

---

① 罗斯·莱文：《银行的公司治理》，中国人民大学出版社 2003 年版。

任，不得不将风险控制在一定的范围内。存款保险期权则将风险和财务杠杆的关系淡化了，鼓励银行吸收存款，从而银行存款与资本之比 F 扩大，同时从存款供给的角度来看，在存款保险制度下，存款人拥有安全并有收益且具有良好收益性的资产投资形式，F 增加也存在其合理性，F 的扩大是存款保险制度产生的间接效果；由式（3-9）可知，银行价值 $V(q)$ 随 $q(F)$ 的增加而减小，而风险水平 $\sigma(q)$ 随 $q(F)$ 的增加而增加，因此在银行的债权比例很大时，银行股权价值下降，股东的治理动机倾向于与管理者一致。然而，也有学者（Rolnick，1993）认为，所有者为保全其自有资本，即使在存款保险的保护下，也不会贸然行事，如果再加入金融机构的特许权价值，银行的冒险动机就更小了。倒是在有些时候，存款保险将鼓励所有者采取欺诈和其他非法手段对金融机构实施"掠夺"，从而产生三个方面的负面影响：①金融机构将失去其在保险基金的利益和投资，而保险基金就是它们初始出资建立的，为此不得不支付更高的保费以补充基金的不足；②为了应付来自问题金融机构为吸引存款而引发的恶性价格竞争，银行不得不对存款支付较高的利率，而对贷款征收较低的利率，存贷利差的缩小将导致经营良好的金融机构的利润和资本水平下降；③问题金融机构所持有的问题贷款或不良资产将导致金融体系信贷质量下降，从而引发损失和破产。

五、日本和美国存款保险制度的治理效果比较

（一）日本的存款保险制度

日本的存款保险制度创建于 1971 年，同年 4 月公布了《存款保险法》，并于 7 月设立了存款保险机构，《存款保险法》和存款保险机构的设立标志着日本正式确立了其存款保险制度。日本《存款保险法》规定，存款保险机构设立之初，其资金来源通过日本政府、日本银行以及民间金融机构一同出资设立。

从保险对象来看，在设立之初，日本的存款保险制度的保险对象主要目标是银行、信用合作社和信用金库。经过十几年的实践，金融外部环境不断发生改变，要求金融监管也需要随之做出调整，以提升监管能力和水平，日本存款保险制度决定在 1986 年 7 月，将劳动金库也纳入被保险对象。又经过十几年的发展，到 2000 年 5 月，日本再次修改《存款保险法》，并将合作性金融机构的总部也纳入被保险对象。①

日本的存款保险制度在承保限额上经历过调整，从 1974 年前的 100 万日元

---

① 在日本的存款保险制度成立之初，由于农业生产合作社、渔业生产合作社、水产加工业生产合作社等机构的性质不同于一般性的金融机构，因此没有被列入存款保险制度的被保险机构范围，但是随后，出于对农业生产合作安全性意识的加强，根据《农林水产业生产合作社存款保险法》（1973 年 9 月公布并实施）的规定，于 1973 年 9 月成立了农林水产业生产合作社存款保险机构，该机构独立于存款保险机构。

调整到从 1974 年 6 月至 1986 年 7 月的 12 年内的执行 300 万日元的承保限额。并规定，保险的范围界定在存款人已经支付保险存款费的范围之内，而超出的部分则无法获得存款保险机构的赔偿，只能有存款保险人自己承担损失。尽管明确的存款制度体系已经确立，但是日本的存款保险制度的实施却效果不好。在最开始的 10 年中，存款保险机构只有 10 个雇员，由于缺乏研发能力，相关产品的设计和开发都要依赖于日本银行；此外，在制度的执行过程中，存款保险限额一次又一次地放宽，也预示着存款保险机构所产生的监管效力的下降，事实上在此后的一段时间，存款保险机构经常作为政府救助的支出机构，而其本应发挥的对银行的监管和破产救助能力却没有体现出来。公众将钱存入银行，不是银行倒闭时，可以从存款保险机构得到赔偿，而是认为在日本政府对金融业的大力保护下，日本金融业作为一个产业，不会倒闭，日本政府会实施典型的"护送船团"模式，确保银行体系的安全。

1986 年 7 月，日本修订了《存款保险法》，将每个存款人的保险金额从 300 万日元增加到 1000 万日元，并将保险费率从 0.008% 提高到 0.012%。1994 ~ 1995 年，木津信贷组合、东京协和、东京安全和兵库银行等许多大银行的倒闭，标志着日本"护航舰集团"体系的消亡。有必要对破产制度及其相关的存款保险制度进行重构。因此，1995 年存款保险机构从业人员增加到 300 人，存款保险基金增加到 17 万亿日元。

但是，受到严重的银行不良债权和破产风险的影响，存款保险制度的建设出现困难。一年后，日本政府不得不冻结原有的存款限额保险制度，实行五年期存款临时全额保险，以维护人民对银行体系的信心。2002 年和 2003 年，日本政府采取措施逐步取消对所有存款账户的全额保护。截至 2005 年 3 月 31 日，日本银行的活期存款、普通存款和特别存款已得到充分保护。定期存款、存款保险机构为存款及其在银行的利息提供每人不超过 1000 万日元的保险。自 2005 年 4 月以来，无息活期存款账户得到了全面保护。为保证银行结算功能的稳定，日本政府于 2005 年 4 月决定推出一个新的综合性保护存款账户，即"支付和结算存款"。

（二）美国的存款保险制度

美国是世界上第一个建立存款保险制度的国家。1829 年，纽约州成立了银行安全基金，这是世界上最早的存款保险计划。在纽约州之后，其他五个州也相继建立了这样的基金。到 20 世纪初，由于保费不足，国家存款保险机制大部分自动失效。

受 1929 ~ 1933 年大危机的影响，美国国会采取了多项措施，包括《格拉斯—斯蒂格尔法案》（1993 年），旨在保障银行安全。根据该法案，设立了美国联邦存款保险公司（FDIC），为商业银行提供存款保险，从而开创了现代存款保险制度的新时代，建立了世界上第一个存款保险制度，并且覆盖全国所有银行。

目前，FDIC 是美国最重要的存款保险机构。除此之外，美国的存款保险体系还包括为储蓄和贷款协会提供存款保险的联邦储蓄和贷款保险公司（FSLIC）和为信用合作社提供存款保险的国家信用合作社股份保险基金（NCUIF）。20 世纪 80 年代至 90 年代初，受美国储蓄信贷协会危机的影响，根据《金融机构改革、复兴和实施法案》，FSLIC 破产。联邦存款保险公司成功地为联邦储蓄和贷款保险公司提供存款保险，并成立了独立的、临时联邦政府处置机构（RTC），负责相关储蓄信贷机构的存款保险、监管和监督体系的重建。1995 年 12 月 30 日，RTC 提前关闭，FDIC 接管剩余工作。联邦储蓄和贷款保险公司破产暴露了存款保险制度中存在的严重的道德风险。为了完善存款保险制度，美国国会于 1991 年通过了《联邦存款保险局改进法》（FDICIA），该法包括即时纠错法、最低成本方案、弱化 TBTF 效应、引入风险定价体系、保持保险资金规模等。1996 年，国会通过了《存款保险基金法》（DIFA），以确保银行保险基金（BIF）和储蓄贷款协会保险基金（SAIF）之间的存款保险定价没有主观争议。2002 年，美国国会通过了《联邦存款保险改革法》，将银行保险基金（BIF）和储蓄贷款协会保险基金（SAIF）合并，以存款保险基金（DIF）替代，为扩大存款保险基金，提高其监管的有效性。

（三）美国和日本的存款保险制度对银行治理效果比较

总的来说，美国和日本的存款保险制度，对其国家所处的不同的经济发展阶段和不同的宏观经济运行过程中发挥了积极作用。然而，由于两国存款保险制度之间存在的巨大差异，以及两国经济运行的不同阶段与特质之间的差异，存款保险制度对银行治理的效果也存在显著差异。下面从美国和日本的存款保险制度的差异出发，分析其对银行治理效果上的差异。

首先，美国和日本关于存款保险制度的保费征收方式存在差异。自 1993 年开始，美国对已经与联邦存款保险公司签约的银行以及其他金融机构，即联邦存款保险公司承保范围的机构征收以银行资产的风险为基础的保费。与美国的存款保险制度不同，尽管日本的存款保险制度也历经多次修改，但日本的存款保险制度并没有将存款保险的征收费率与银行资产的风险程度挂钩，只将其纳入保费征收制度。而存款保险费率是否与银行资产的风险水平相关联，是反映存款保险制度银行治理效果的最重要方面，因为基于风险的存款保险费收取方法是将银行的资产风险与银行必须支付的保险费挂钩。风险越高，银行支付的保费就越多，具有控制银行风险的功能。虽然我们也讨论了完善的风险存款保险费收取方法的定价难点，但这种定价方法是抑制银行经营者风险转移行为的有效方法，也是一种激励相容的监管方法。此外，通过保费的差异化，管理不善的银行成本增加，差额保费也随之转移。银行经营状况的信号对债权人和股东的影响更大。在具有相当的风险监管能力后，一国的存款保险的保费收取方式，应当以资产风险指标作为定价依据，尽管也存在定价困难问题，但相对于缺乏风险定价的保费征收，更能体现监管的治理效果。

由此可知，在保费征收方面，与日本单一的保费征收方式相比，美国以风险为基础的保费征收方式具有更好的治理激励效果。

其次，存款保险覆盖范围不同。1991年以前，虽然美国的存款保险制度也有"大到不能倒"（TBTF）的大银行保护政策的倾向，也就是说，大银行的债权人有大量的全额保险，但由于美国大多数银行都是小银行，所以"大到不能倒"的保险政策的效果并不明显，对存款人的保护通常是有限的。而1991年颁布的FDICIA，以及在其之后修改的相关法案，也都在逐步削弱大而不能倒效应。依据近期FDIC（2019）发布的存款保险季度数据测算可知，美国存款保险制度实际有效保险覆盖率约为60%。

从表3-2、表3-3中可以看出，美国存款保险的承保范围明显低于日本的承保范围。而实际上，日本的银行存款中绝大部分比例被保险或者完全保险，根据Garcia（2003）[1]的调查，日本的实际有效承保额为100%。Tsuru（2003）的研究也说明，存在于日本银行系统的"大而不能破产"预期不利于存款人实施治理。

由于日本债权人的风险敞口头寸很小，基本上不存在存款损失风险，因此日本银行债权人治理动机与美国银行债权人治理动机（也包括其他限额承保的国家）相比，债权人的治理动机不足。

表3-2　美国的银行存款结构　　单位：10亿美元，%

统计时点	被保险存款总额	超出保险限额的存款总额	存款总额	未完全保险账户余额比例
2018 Q4	7522	5137	12659	40.58
2018 Q3	7377	4991	12368	40.35
2018 Q2	7355	4926	12281	40.11
2018 Q1	7336	4970	12306	40.39
2017 Q4	7158	4971	12129	40.98
2017 Q3	7102	4864	11966	40.65
2017 Q2	7050	4778	11828	40.40
2017 Q1	7082	4774	11856	40.27

① ［加］吉莉安·加西亚：《存款保险制度的现状与良好做法》，中国金融出版社2003年版。

续表

统计时点	被保险存款总额	超出保险限额 的存款总额	存款总额	未完全保险账 户余额比例
2016 Q4	6918	4775	11693	40.84
2016 Q3	6818	4689	11507	40.75
2016 Q2	6675	4568	11243	40.63
2016 Q1	6663	4493	11156	40.27
2015 Q4	6519	4434	10953	40.48

资料来源：FDIC 季度统计数据（2018 年年报）。

表 3 - 3　日本的银行存款结构①　　　　　　单位：亿日元,%

统计时点	存款总额	完全保险 存款总额	完全保险账户 余额比例	未完全保险账户 余额比例
2011 年	956099.8	866095.7	90.6	9.4
2012 年	982638.2	888600.6	90.4	9.6
2013 年	1020971.4	920952.6	90.2	9.8
2014 年	1055989.3	948730.5	89.8	10.2
2015 年	1094152.9	979676.6	89.5	10.5
2016 年	1146613.1	1024091.8	89.3	10.7
2017 年	1203498.5	1069500.9	88.8	11.8

资料来源：Dicj Annual Report 2017/2018 April 2017 – March 2018.

最后，存款保险救助资金的来源与渠道不同。

在日本，尽管存款保险制度已经建立了几十年，但在最初的二十几年中，几乎没有发挥实质性作用，存款保险机构的建设过于简单。在出现银行危机时，存款保险机构的救助资金主要来源于政府，日本的存款保险机构实质上是日本政府救助银行的附属机构，存款保险机构缺乏监管银行并实施救助的能力。如发生在20 世纪 80 年代的部分中小信用合作组织濒临破产事件、1992 年的三和银行兼并东洋信用金库事件，以及 1998 年的北海道拓殖银行和山一证券破产清算事件等，救助的资金都直接或间接地来自政府。一贯的政府救助，不利于激励银行进行严格的风险管理，这也是造成日本银行业长期资产质量不良的主要因素。

在美国，存款保险机构的保险基金来源也一度严重依赖政府资金，如 20 世

---

① 本存款数据为期末余额。

纪 80 年代末 90 年代初的储贷危机，联邦储蓄贷款保险公司的救助资金严重不足，最终由政府承担了巨大的破产损失。在意识到保险基金在维护存款保险制度当中的重要作用后，美国政府加强了存款保险基金建设，例如，美国 2002 年通过的《联邦存款保险改革法》将银行保险基金和储蓄贷款协会保险基金合并，组建单一的存款保险基金，加强了存款保险机构自身的资金积累能力，并为有效的资金管理与运用提供了条件，确保了存款保险制度有能力在监控银行风险、维护金融体系稳定过程中发挥了实质性作用，降低了在危急时刻政府介入的可能性。

总的来说，尽管美国与日本的存款保险制度都存在缺陷，但是相对于日本的存款保险制度，美国存款保险制度在保费征收方式、保险基金建设以及保险限额等方面都更加合理，作用于银行的监管治理效果也更积极。因此，相对而言，美国的存款保险制度的银行治理效果更好。

第三节　存款保险制度的新构想

一、激励理论在存款保险制度设计中的应用

（一）激励相容的银行监管理念

让·雅克·拉丰（Jean - Jacques Laffont）和让·泰勒尔（Jean Tirole）被认为是一般性激励理论的创建者。一般认为，被规制者拥有关于产品质量、运营成本、风险分布等方面的私人信息，并且总是有积极性隐瞒这种信息，因而规制者很难获得精确的有关信息，达成规制的目标，这就是规制中的"激励问题"。

不对称信息集是激励理论的假设条件。现实的社会经济与阿罗和德布鲁所构建的完全信息型经济社会有很大差异，完全信息只能存在于经济学的理论当中，不完全信息的社会才是真实的社会，但这并不是在否定阿罗和德布鲁的一般均衡理论，基础理论经常来源于对现实社会的抽象与简化；然而，理论的发展与演进的过程就是要不断地修正原始的假设，使之更接近现实社会，也更具有实践指导价值，而信息经济学、规制经济学的发展正是对传统经济学的有益补充。

在对银行业的监管中，同样存在导致"激励问题"的两个基本条件：当事人目标函数的不一致和信息的不对称。首先，银行与监管者的目标函数不同。作为被规制的商业银行，是微观经济领域中的一般性主体，追求利润的最大化；相反，作为规制者的银行监管者，从金融稳健运行和追求社会福利最大化角度出

发，必须要考虑银行这一特殊行业风险经营的宏观经济影响，而且还是银行破产与倒闭的最终买单人，因此严格评估商业银行的各种风险，确保商业银行能够具有有效的清偿能力和资产流动性成为监管部门的职责。其次，二者之间存在着严重的信息不对称。相对于监管者，被监管的银行拥有更可操控的经营信息与专业经验，因而具有隐瞒经营风险的能力和动力。因此，按照激励原理，最优的监管机制设计就是把这二者的目标函数结合起来考虑，不能单纯从监管的目标出发设置监管措施，而应当参照金融机构的经营目标，将金融机构的内部管理和市场约束纳入监管的范畴，引导这两种力量来支持监管目标的实现（巴曙松，2003）。这也是激励相容机制设计核心思想。

（二）兼顾银行治理目标的存款保险激励机制缺乏

为了减少存款保险导致的道德风险，存款保险制度的设计思想，从最初以保护存款人防止挤兑风险为目的设计存款保险制度，正在向控制道德风险、减小规制成本方面转变。存在差异的存款保险制度设计在世界范围的广泛实施，为改善存款保险制度设计提供了宝贵实践经验，就目前的存款保险制度实践情况来看，存在很多良好的做法与建设性的改革方案，如改变全额保险为部分保险，实施相互保险，对被保险机构的性质加以区别，政府、金融机构的同业存款等都不在被保险范围内［Garcia（2000）对此进行了全面、系统的总结］，改变自愿投保为强制性投保等。此外，如建议监管机构并入市场信息，扩大存款人等银行的利益相关者的治理能力等制度建议，银行破产后的立即处理程序等，都是被采纳或者即将被采纳的积极的政策建议。

在上述侧重降低道德风险的良好做法与建议当中，我们可以看出激励相容的规制思想逐渐显现，以保险额度的确定为例，多数国家采取的是限额保险，并且是以单个存款人的个人名义在一国银行系统记录的存款总量来衡量被保险的额度，这种严谨的限额保险制度，避免了存款人在不同银行开设多个小于保险最高额度的账户，以及由此造成的实际的全额保险。在这种制度设计下，银行发生挤兑风险时，存款人一般会获得被保险存款的绝大部分，大多数国家的保护限额约为一国人均 GDP 的 4 倍（除欧盟成员国），如美国以 10 万美元为界，超出保险额度部分的损失就要由存款人自己来承担，因此这种制度是在满足存款人存款大部分的安全需要的同时，尽可能地激发存款人的治理动机，因此是一种激励相容的制度安排。再如，风险调整的存款保险费率也是将银行的风险纳入银行经营成本的一种激励相容的机制设计。

但是，就目前存款保险制度中，激励相容的设计思想更多地体现为银行监管的安全性目标，即控制银行风险目的，兼顾银行系统运行效率促进银行治理激励的存款保险机制设计很少。由于没有将银行的治理目标纳入银行监管机制设计，通常单纯地从监管的安全性角度设计监管机制，即便是激励相容性质的机制设计，也很容易与促进银行治理的目标相偏离，由此创造出来的机制即使被采纳，其最终也将是无效率的，或者是高成本的。

造成兼顾银行治理目标的存款保险激励机制设计缺乏的主要原因在于，长期以来理论界对银行监管依据的认识局限。我国学者蒋海等（2002）[①] 认为，以金融系统内在的脆弱性、金融危机的传染性以及金融行业的自然垄断性作为政府监管依据的观点不正确，金融监管的依据应该是信息的不对称性以及契约的不完全性，金融的脆弱性、传染性等都是信息不对称性和契约不完全性这一根源的外在表现。由信息不对称和契约的不完全所导致的结果是银行风险的扩大，这实质上是银行经营者道德风险行为的表现。建立在新古典经济学基于对金融脆弱性和传染性的金融监管，由于缺少对市场失灵、金融危机等成因根源的把握，采取的应对措施经常是建立广泛的而且是逐渐扩大的金融安全网络防范系统，宽泛保护助长了银行经营者的风险偏好，尽管在目前的银行监管中风险监管也是监控的主要目标，但是在没有对产生风险的根源加以控制的前提下的风险监管，其对风险的控制将始终不能达到实效。因此，银行监管不论是存款保险还是其他的监管手段，要达到控制风险的目的，纠正银行经营者的道德风险问题，必须将银行治理目标纳入银行监管目标中，将银行的风险问题内部化，正确激励银行的经营者，实现以监管促治理，以治理促监管，从而获得银行监管与银行治理之间的有效协同。

（三）银行治理的存款保险激励机制设计的必要性

下面我们用一个简单的博弈模型，来分析缺少以银行治理为激励目标的存款保险制度设计所导致的均衡结果。

我们将存款保险机构和被保险的银行作为此博弈的参与人。假定存款保险机构要求每家银行必须控制其股权资本比例（股权/资本），避免在银行经理过度风险经营时侵蚀银行价值，我们假定存款保险部门将这一比例确定为20%，低于这一水平将造成整个银行系统乃至金融系统的不稳定。并且监管当局如果努力履行自己的监管职责，是可以保持金融稳定的。假设银行也有两种选择：遵守监管规则或违反监管规则，即将股权资本比例保持在20%以上或以下。银行遵守监管获得的单位资产风险净收益为 R，违反监管获得的单位资产风险净收益为 $R+r$，r 为超常收益；如果银行违反监管被发现后，将受到存款保险部门的处罚，单位资产罚金为 F。由于存款保险机构与银行之间的信息不对称性，银行具有完全信息，而存款保险机构并不确切知道银行是否遵守监管，只能通过现场或非现

---

① 蒋海、钟琛、齐洁：《对金融监管理论基础及其政策的反思》，《经济科学》2002 年第 4 期。

场调查数据对其是否违规进行概率上的判断。假定判断银行遵守监管的概率为 ξ，则银行违规的概率则为 $1-\xi$。在该概率条件下，存款保险机构面临是对金融机构进行重点监管还是采取听之任之的宽容战略，如果存款保险机构要对银行进行重点监管仍需要做进一步的调查工作并可能实施相应的惩罚措施，需要支付重点监控成本 C；如果采取宽容战略则不需要支付监管成本，但是一旦金融市场出现比较大的动荡，存款保险机构则会受到批评和谴责。假定存款保险机构得到固定的低报酬 I，如果对银行违规存款保险机构进行了处罚并得到了较好纠正，监管当局受到好评和奖励的收益为 θ；如果出现了金融动荡，则受到批评和谴责的成本为 η。它们之间的博弈情况如图 3-1 所示。

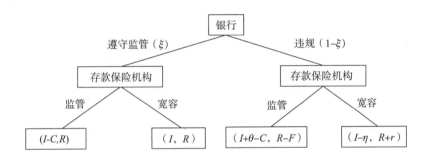

图 3-1 不对称信息条件下存款保险机构与银行部门的博弈树

该博弈中，存在两个精炼贝叶斯纳什均衡：①当存款保险机构实施重点监管战略的净收益大于采取宽容战略的净收益时，存款保险机构将选择实施重点监管战略，即 $\xi(I-C)+(1-\xi)(I+\theta-C)>\xi \times I+(I-\eta)$，当 $\xi < (\theta+\eta-C)/(\theta+\eta)$ 时，存款保险机构的最优战略选择是实施重点监管，在银行知道监管者选择重点监管战略时，其最优选择是遵守监管规则，该博弈存在唯一均衡，即存款保险机构努力进行监管，银行遵守监管。②当 $\xi > (\theta+\eta-C)/(\theta+\eta)$ 时存款保险机构的最优战略选择是宽容，在银行知道监管当局选择宽容战略时，其最优选择是不遵守监管规则，该博弈存在唯一均衡，即存款保险机构宽容，银行违规。③当 $\xi = (\theta+\eta-C)/(\theta+\eta)$ 时，①、②同时存在。

随着信贷支持和国家保护力度的提高，金融体系发生动荡的可能性相对较低，并且金融监管不透明。一方面，很难准确衡量和判断存款保险机构的努力程度及其绩效。也就是说，θ 和 η 两者都很低。另一方面，存款保险机构实施有效监管难度更大，即监管成本 C 更高，因此监管机构选择容忍度的净效益一般高于选择进一步监管的净效益。在这种情况下，监管当局会选择容忍（或懒惰）策略。目前存款保险机构与银行之间的博弈均衡主要是第二种均衡，即存款保险机构容忍和银行违规。

为了进一步理解银行为什么会选择违规战略，仍有必要对银行之间的博弈关系进行分析。银行之间一方面存在着比较密切的业务合作关系，另一方面也存在着较强的竞争关系。这里我们暂且不考虑它们之间的合作关系，只考虑双方的竞争博弈关系。一般而言，银行会在股权资产比例、资产的流动性、风险性与收益性之间做出合理的选择。可以认为，银行为了避免过度投机可能导致流动性困难甚至被清算的危险，会在追求收益最大化的同时有效地控制风险。但银行之间的激烈竞争及其内部治理结构缺陷，往往诱发投机行为，一方面增加资本杠杆率，即降低股权资本比例；另一方面会将资产配置到风险较高的领域或项目上，以获取较高的投资收益。

在银行监管中，表现为银行违规行为。假设市场上只有两家银行 A 和 B，当市场透明度较低且存款保险机构选择容忍策略时，银行不太可能被发现不符合监管要求。如果双方都遵守监管规定，A 的净收益为 R_A，B 的净收益为 R_B；如果双方都违反规定，A 的净收益为 $R_A - C$，B 的净收益为 $R_B - C$；如果 A 遵守规则，B 违反规则，则 A 的净收益为 $R_A - C_B$；如果 B 遵守规则，A 违反规则，则 B 的净收益为 $R_B + C_B$；如果 B 的净收益为符合监管规定，A 违反规定经营，A 的净收入为 $R_A + C_A$，B 的净收入为 $R_B - C_A$。总的来说，由于双方股权资本比例低导致金融体系不稳定而导致的成本 C 是潜在的和间接的。由于维持较高的股权资本比例，以及由此造成成本增加，并导致市场份额减少，导致 C_A 或 C_B 损失是现实的和直接的，因此 C_A 或 C_B 对两个竞争对手都高于 C，所以 $(R_A - C) > (R_A - C_B)$，$(R_B - C) > (R_B - C_A)$。它们的博弈支付矩阵如图 3-2 所示。

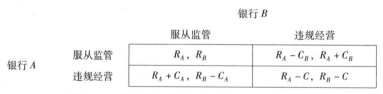

图 3-2　监管过程中银行间的博弈支付矩阵

该博弈中，无论银行 B 选择何种战略，银行 A 的最优战略选择都是违规经营；而无论银行 A 选择何种战略，银行 B 的最优战略选择也是违规经营，因而该博弈存在唯一的纳什均衡，即银行 A 与银行 B 同时违规经营。可见，信息不对称条件下存款保险机构的宽容必然导致银行部门普遍的违规经营和监管失灵。

因此，在金融市场缺乏透明度且存款保险机构缺乏有效监管激励及对银行采取宽容态度时，银行部门中将会出现所有银行同时违规经营的激励和监管失灵

"囚徒困境"带来的金融不稳定将会发生。

通过上述对存款保险部门和银行之间以及在存款保险制度下银行与银行之间的竞争性博弈分析发现，缺乏激励机制的存款保险制度设计，会导致银行的违规经营，银行的经营者会有意扩大银行的杠杆比率，在资本不足的情况下，扩大银行的经营风险必将导致银行的破产与倒闭。更坏的结果是，存款保险机构出于自身利益的考虑，为减少监管成本，会对银行的风险经营采取默许的态度，放任银行的违规行为。监管者宽容式的监管态度可以让银行系统在短期内保持稳定，但是隐藏在其背后的将是更大规模、危害更强的金融危机大爆发，并由此带来巨大的社会成本。

因此，存款保险制度作为银行的监管手段之一，其制度设计必须以激励相容为原则，将银行的经营管理目标融合进监管目标中去。正如美联储前主席格林斯潘所指出的，所谓"激励相容监管"，是指"符合而不是违背投资者和银行经理利润最大化目标"的监管。

二、存款保险的治理激励机制设计构想

（一）以完善的资本监管促存款保险制度建设

1. 单纯实施存款保险制度不足以控制银行风险

根据本章第二节的分析，单一费率的存款保险具有使银行在相同净现值投资机会集中选择风险最大投资项目的激励；浮动费率存款保险在风险资本监管条件下仍然会导致银行管理者的风险转移激励，这种激励与银行的资本结构直接相关，当杠杆比率较高时，银行管理者进行选择的资产风险大于帕累托最优的风险承担。

对两种方式进行比较可以看出，固定费率的存款保险可以看作所有银行增加了同一比例的存款成本，类似于存款利率相同幅度的增加。因此，不会对银行之间的相对盈利能力产生影响，只是部分隔离了债权人对银行的治理动机。浮动费率的存款保险体现了根据银行风险和经营状况施加不同成本的动机，虽然不能完全消除银行管理者的风险转移激励，但是通过保费的差别化一方面增加了经营不佳银行的成本，另一方面这种差别保费作为传达银行经营状况的信号对债权人和股东造成了更大影响。

由此可以看出，浮动费率存款保险是一种很好的机制。还应该看到，一方面浮动费率存款保险依然存在风险转移激励，这种激励由于银行杠杆性的存在，仅依靠存款保险制度本身无法解决。另一方面，浮动费率的存款保险的收入中性和公平问题难以解决。原因在于根据式（3-10）得出的保险费率与银行投资机会以及杠杆比率直接相关，由于信息不对称和贷款风险问题的存在，监管者无法预期银行投资的真实收益，因此难以根据该方程求得保险费率。

根据上述比较分析我们认为，为控制银行系统风险而设计的存款保险机制产生的风险转移激励需要通过其他机制加以解决。

2. 以资本监管弥补存款保险制度的不足

通过上面的分析，将现有的存款保险制度的治理负效应归纳为以下几个方面：①抹杀存款人的治理动机；②产生对 F 扩大的激励效应，即扩大银行资本负债的杠杆比率；③激励银行经营者扩大经营风险；④银行股东的治理动机不足。

观察上述关于存款保险的制度缺陷，除①以外，其他三个方面都直接或者间接地与银行的资本结构相关。其中，②、④两点与银行的资本结构直接相关，因为 F 的扩大代表银行资本负债的杠杆比率扩大，而股东的治理动机不足表明银行的资本结构中股本量不充足，股东缺少治理动机；③对经营者的风险承担激励则是在银行的杠杆比率扩大的情况下发生的。因此，控制银行的资本结构，对银行的资本实施监管是弥补存款保险制度缺陷的重要手段。

资本监管就是对银行资本的数量和质量进行监管，其中要明确资本的定义、资本充足率标准以及计算资本充足率的方法。对于资本的定义，1988 年的《巴塞尔协议》要求，银行的资本包括核心资本和附属资本两部分，其中核心资本是指银行的股本、非累积优先股和公开储备，附属资本包括公开储备、资产重估准备、准备金、债务资本工具以及次级长期债务。其中附属资本的数量不能超过核心资本的100%，而在核心资本中股本是其中的核心部分，是银行资本的基础。严格控制股本的数量可以实现资本监管中控制股东风险的目的，激励股东的治理能力。另外，《巴塞尔协议》中规定，以银行是否持有8%的风险资本来判断银行资本充足率，其中包含了对资本数量及其计算方法方面的要求，由于存款保险制度具有侵蚀资本数量、扩大银行经营风险的动机的负面作用，因此对资本进行数量和质量上的要求，是对存款保险制度缺陷的弥补。也有学者在这方面进行了专门的研究，Sharp（1978）证明了以风险为基础的资本需求与以风险为基础的存款保险费率在消除逆向激励效果方面具有同等的效果，这一结论的引申含义是，如果单纯对存款保险费率进行正确的定价就能够消除道德风险，那么就没有必要实施资本监管。但是，Flannery（1991）指出，当存款保险机构不能准确地观察银行风险时，这两种交替的定价机制就不再是等同的了，认为这两种工具的混合使用，能够使私人部门收集信息错误率最小化。

资本监管的执行机构通常是一国的银行监管部门，监管的方式包括现场稽核和非现场稽核，具有对银行资产负债表、损益表等体现银行经营状况的记录实施审查的权力，相对于存款保险机构对银行的监管更加充分，因此可以降低监管方与银行之间的信息不对称。

（二）将管理者薪酬结构参数纳入存款保险定价机制

由于存在信息不对称和契约的不完全性，银行的经营者拥有关于银行经营状况的私人信息，存在道德风险问题。通常情况下，股东通过设计经营者的薪酬激励方案，具有约束银行经营者行为的能力，然而在存款保险制度下，由于股东也具有与经营者同样的利益取向，因此依赖银行股东的内部治理存在困难；同时，作为银行监管方的存款保险机构与银行之间也存在着严重的信息不对称，银行的经营者具有隐瞒银行资产真实风险躲避监管的能力，因此，依赖监管机构的外部治理也是不充分的；而且依据公司治理理论，最有效的治理应该来自公司内部，因为不论是股东还是公司的债权人与内部员工等内部治理主体，其对信息的掌握都要超过包括监管者在内外部的治理主体，普通的公司治理理论同样适用于银行业。

为了解决上述银行治理当中的矛盾，我们依据激励相容思想，建议将银行管理者（主要是指银行的高级管理者）的薪酬结构参数纳入存款保险定价机制当中，通过合理的存款保险定价机制设计，解决股东治理以及银行监管者对银行治理不充分的问题，并充分激发银行内部治理潜力，以更好的内部治理促进银行的发展，并且实现监管目标。

主要设计思想：管理者根据其自身利益进行的风险选择能够被存款人和规制者等外部人正确预期，这种风险承担预期可以被考虑进银行签订的存款保险价格条款中。因此，对于任何水平的银行资本充足状况，银行高级管理层薪酬结构的激励特征可以被用于存款保险定价。通过这一机制，银行股东将选择最佳的管理者薪酬结构，进而促使管理者实施无风险转移的帕累托最优投资决策的最佳结构。

第四章 资本监管与存款保险制度相结合的治理激励机制研究

第一节 银行资本结构与股东风险偏好

一、信息不对称条件下的银行资本结构

一般来说，资本结构是指企业的自有资本占总资产的比重，企业可以通过扩充股本金以及发放债券等方式改变资本结构。受融资成本、税收以及破产制度等的约束，理论上来说，企业可以选择最优的资本结构。银行具有普通企业性质，因此资本结构理论适用于银行业。

（一）资本结构理论概述

1. MM 理论

资本结构的理论基础是 Modigliani 和 Miller（1958）提出的 MM 定理。MM 定理认为在无税收和资本市场完全的条件下，任何公司的市场价值独立于资本结构之外，是其期望收益以期望收益率资本化得到的。只有投资的预期收益率大于平均资本成本时，才会使公司的市场价值增加。但是当存在税收时，不同类型的融资方式产生的平均成本会不同。通常债务融资的资本成本小于股权融资的资本成本。具体关系表示如下：

$$\rho = \rho' - \tau(\rho' - r)D/V \tag{4-1}$$

其中，ρ 为存在债务股权杠杆公司的平均资本成本，ρ' 为非杠杆公司的平均资本成本，τ 为所得税税率，D 为债务投资数量，r 为债券利率，V 为公司的市场价值。

从式（4-1）可以看出，当股权融资的成本高于债券利率时，杠杆公司

的平均资本成本低于非杠杆公司的平均资本成本，且两者之间的差距随着债权融资比例的增加而扩大。这一模型实际暗示了一个完全负债的最优资本结构。

2. 最优资本结构理论

斯科特（1976）对 MM 理论的假设进行了扩展，提出一个公司估价的多期限模型，认为在假定破产是可能的且资产的二级市场不完善的条件下，公司可能存在唯一的最优资本结构。假设一级资本市场是完全的，但二级市场不完全，在二级市场出售的资产价格会低于不破产时的资产价格。斯科特认为，当债券被完全担保时，增加负债总是最优的；当存在部分无担保债券时，存在唯一的最佳资本结构。在最佳资本结构这一点上，由于公司支付利息而产生的税收边际节约等于由于支付利息而提高破产概率导致的边际破产成本增加。因此在存在破产可能性的情况下，MM 理论提出的负债增加的价值会被破产成本的增加而抵消。在存在为避免公司破产而进行重组的情况下，如果重组成本低于破产成本，最优资本结构点上，负债水平会提高。

詹森和麦克林（1976）考察了仅使用普通股和债券融资的公司的外部融资和经理人持股的比例以及外部融资中股票与债券的比例。他们认为即使在完全的资本市场条件下，只要存在委托—代理问题，就会产生代理成本，并且代理条件下的最优相对于无代理问题时的最优效率会降低。代理成本越高，效率损失越大。具体来说，代理成本包括监控成本、约束成本和剩余损失。当边际代理成本等于融资成本时实现最优的外部融资比例。在公司规模和外部融资规模既定的情况下，债务融资和股份融资的边际代理成本相等时实现最优的外部股权—债权融资比例。

（二）银行资本结构的特殊性

根据资本结构理论，当存在税收、破产成本和代理成本的情况下，公司存在最优的资本结构。银行资本是资本在银行这一特殊企业的表现形式，同样具有一般资本的性质，即是银行开业和运营的必要条件，或者说是银行为获取剩余收益而进行的预付，其关键作用是吸收意外损失和消除不稳定性。但是由于银行业的特殊性，银行的资本结构存在特殊性，通常表现出比其他行业高得多的资产负债比率。

银行是一个以流动性负债为风险性贷款融资作为主营业务的特殊行业，银行的资本结构表现为一种高杠杆性，即银行的自有资本相对于银行资产或负债规模很小。银行的资产业务并不依赖于银行的自有资本，在缺少金融安全网保护的环境下，银行的自有资本在满足正常的营业需求以及风险缓冲需求外，持有必要的资本准备实际上是一种银行表明自身公信力的行为，即向存款人以及其他债权人表明银行具有抵御暂时的流动性风险的能力,以便获得充足且稳定的存款。因而,在没有外部强制性的资本要求情况下,而且不存在存款保险等金融安全网的保护下,银行会自觉地持有一定量的资本,其主要作用是为暂时的流动性风险提供缓冲资金、满足正常的营业需求以及维持社会公信力,除此之外,更多的持有资本对银行来说是一种资金的浪费,银行会尽量减持资本金。然而,在目前各国普遍存在的广泛的金融安全网保护之下,存款人在获得了保险机构的保护后不再关心银行的资本与资产状况,认为将剩余资金存入银行部门是一种合适的选择,银行在金融安全网的保护下获得了存款人信任,因此不需要再为维持公信力储备资本;与此同时,在金融安全网的保护之下,银行面临的倒闭风险也在降低,以抵御暂时风险为目的的资本储备也可以大大减少。因此,在上述两方面因素的共同作用下,银行资本结构必然更加特殊,负债比例更高,资本杠杆比率更大,银行资本结构中的资产负债比例高于最优水平。以美国的资本比率的历史为例,随着政府不断介入,银行的资本充足率不断下降,1840 年,银行资产中的股权比率超过 50%,在其后的 100 年中,这一比率不断下降,至 20 世纪 40 年代,资本充足率降至 6% ~ 8% 的水平并一直保持到现在。

根据斯科特(1976)的观点,允许银行破产的情况下将存在最优的债权股权比例,而且随着边际破产成本的增加,银行债权的比例将下降。破产成本产生的原因是资产的二级市场的不完全性。但是由于银行资产的信息不对称问题通常较其他行业更为严重,以及存款保险制度的存在,银行破产通常是在银行资产的真实价值远远低于其负债价值时才会发生,例如日本的银行监管制度要求,当银行的资本充足率为 0 时银行破产,但是由于计算资本充足率时,银行管理者有能力隐瞒风险而使计算的资本充足率高于真实情况。银行破产导致的损失成本往往由监管机构承担,而不是由银行股东承担。因此,破产成本因素并不能导致银行股东降低资产负债的杠杆比率。

(三)信息不对称下银行的资本结构假象

如上所述,银行的资本结构存在特殊性,对于银行的债权人、存款人以及监管者在内的外部人来说,这是一个共有的信念,即外部人都知道在金融安全网的保护下,银行的自有资本一定会低于正常水平,但是银行资本储备相对于正常水平到底低多少,通过对银行账面资本的检查是否就能够获得银行资本的真实状况,为回答上述问题,必须首先分析银行的信息不对称程度,进而获得更真实的银行资本结构状况。

一般来说,由于银行的委托—代理关系复杂,银行的信息不对称性更强。银行的信息不对称性主要存在于以下几种关系之中,即银行经营者与银行借款人之间，银行的经营者与股东、监管者之间，银行股东与监管者之间等。

第一，银行经营者与银行借款人之间存在信息不对称性，表现为银行经营的风险属性，银行通过对贷款的事前、事中与事后调查等手段降低与借款人之间的信息不对称，但信息的不对称性始终无法完全消除，这也是形成银行更强的信息不对称性的根源。第二，银行在与借款人建立起信贷关系后，相对于股东、银行监管者掌握更多的关于借款人的信息，而这些信息很难被外部观察到，因此成为被银行经营者控制的内部信息，形成银行经营者与股东、监管者之间的信息不对称。第三，存在银行的经营者与股东之间的信息不对称，尽管相对于监管者，股东能够获得更多的银行内部信息。通过对银行信息不对称问题的分析，可知银行的经营者具有控制银行内部信息的能力，而且银行的经营者还可以通过资产转换等方式掩盖资产的风险程度，以此制造并扩大银行的信息不对称程度，形成银行资本结构的假象。此外，股东在银行资本结构不好时，具有扩大银行经营风险的倾向，失去监控经营者的治理作用，因此更有利于经营者隐瞒银行信息，构造银行资本结构正常假象，增加监管难度。这也是为什么很多银行直到在进行破产清算时才发现，真实的资本数值已经为0甚至为负。有关股东风险转移激励问题将在下面展开分析。

二、资本结构的风险激励与股东行为

(一) 一个风险资产选择模型

下面通过建立模型说明在信息不对称和有限责任条件下，银行股东存在的风险偏好转移问题。

假设存在银行股东与包括存款人在内的所有外部人之间的信息不对称。在时间 $t=0$ 时，银行通过筹集存款和股权进行融资。在 $t=1$ 时，出现了两类投资机会，安全的零风险和非负净现值的贷款机会。在 $t=1$ 时的投资要求是金额 I。风险贷款支持的项目的回报可能是高的（H）或者是低的（L），并且 $H>I>L>0$，q 是获得高回报的可能性。银行股东能够在 $t=1$ 时观察到参数 q，而包括存款人在内的所有外部人无法观察参数 q 的值，也无法准确获得关于 H 和 L 的信息。参数 σ 表示股东和存款人之间的信息不对称程度。具体来说就是存款人依据银行信息披露和其他渠道获得的信息确定以后在银行存款的金额，由于银行股东拥有隐瞒风险的能力，存款人处于信息劣势。假设存款人未来增加的存款金额为 F，则：

$$F(\sigma)=\frac{L}{1-\sigma} \tag{4-2}$$

即存款人根据对银行投资的较低收益的判断来决定未来存款数量，但是由于

信息不对称参数 σ 的存在，预期较低收益水平为 $F(\sigma)$。信息不对称参数 σ 可以被视作银行股东对风险的隐瞒程度。假设银行股东能够准确预期 $F(\sigma)$。

假设对于给定的阈值 qc，$0 \le qc \le 1$，在 $q \ge qc$ 时投资于风险资产，在 $q < qc$ 时投资于无风险资产的投资政策被定义为 $[qc]$。在信息完全的条件下，银行股东的投资决策将是在 $qH + (1-q)L \ge I$ 时，投资于风险资产。由此可以得到完全信息条件下最优的投资政策 $[\hat{q}]$ 为：

$$\hat{q} = \frac{I - L}{H - L} \tag{4-3}$$

然而在信息不对称和有限责任条件下，银行股东为在持续经营条件下获得最大收益将选择在 $qH + (1-q)[F(\sigma) + L] \ge I$ 时，投资于风险资产。原因是银行股东预期到当投资回报为 L 时，也能获得数量为 $F(\sigma)$ 的未来存款。

由于 $\sigma > 0$，所以最佳投资策略为：

$$q(F) = \frac{I - F - L}{H - F - L} \qquad \text{当 } F < I \text{ 时}$$
$$= 0 \qquad \text{当 } F \ge I \text{ 时} \tag{4-4}$$

（二）资本结构的股东风险激励

1. 在信息不对称和有限责任情况下，银行股东具有风险转移偏好

比较式（4-3）与式（4-4），银行股东在完全信息情况下与信息不对称并且有限责任条件下，投资于高回报的概率 q 不同，$q(F) > \hat{q}$。因此，在后一种情况下，银行股东具有风险转移偏好。

2. 银行资产负债的杠杆比率越高，银行股东风险偏好程度越高

在投资金额 I 给定的情况下，存款人未来存款金额 F 可以视作银行的资产负债杠杆参数。F 越大，银行存款相对于股权的比重越大，进而资产负债比率越大。因此从式（4-4）可以得出，银行资产负债的杠杆比率越高，银行股东风险偏好程度越高。

3. 不对称信息程度越高，银行股东风险偏好程度越强

从式（4-4）中还可以得出，当 $F + L < I$ 时，$q(F) < \hat{q}$，即不对称信息条件下，银行股东的风险偏好较完全信息条件下更高。当 $F(\sigma)$ 为单调递增函数，因此 σ 越大时，$F(\sigma)$ 越大，并且 $q(F)$ 越小，即银行股东的风险偏好程度越高。不仅如此，当 σ 足够大，使得 $F + L \ge I$ 时，银行股东风险偏好程度最高，无论风险程度如何都将投资于风险资产。

（三）信息不对称条件下的股东道德风险

银行股东道德风险的发生存在一定的条件。在通常情况下，股东也希望经理人能够稳健经营，他们希望保全资产，并能实现利润的最大化，所以此时股东的银行治理效果是合适的，他们会要求董事会和管理层采取有效手段严格管理和控

制风险，降低风险损失。然而，在有限责任和存款保险条件下，当银行风险造成的损失较大时，股东为保持银行的持续经营，将有隐瞒真实风险的动机。银行的资本是抵御风险的第一道防线，绝对数字较大的资本存量并不一定能够说明银行有足够的能力抵御风险，因此，我们要定义风险调整净资产，即银行账面净资产减去账面未反映的但被股东预期或者知道却有意隐瞒的潜在风险损失。经风险调整的银行净资本，在资本账户体现为正时，有可能为 0 甚至为负。当风险调整净资产接近 0 甚至低于 0 时，银行股东相当于完全利用债务经营，此时银行股东具有极高的风险偏好。

三、股东风险偏好与资本监管的导入

(一) 监管机构是促进股东治理的唯一主体

通常情况下，股东为获得稳定的收益会对经营者的风险行为进行干预。但是，正如前面分析的那样，在资本状况不好或者银行资产风险很大时，股东具有很强的风险偏好，并且形成与经营者一致的利益取向；此外，银行股东经常较为分散，缺少控制力的股东治理能力差、动机弱，治理效果不显著。因此，当银行风险扩大时，股东治理只能起到消极作用。在银行的治理中股东是最主要的治理主体，在股东不能够发挥有效的治理作用时，我们分析银行治理当中的其他治理主体的治理效果。在银行治理结构中，除股东外，还包括存款人、债权人以及监管当局。

1. 存款人的治理效果

我们在前面已经讨论论过，在信息不对称条件下，分散的小额存款人没有能力和动力分析银行的资产负债状况，容易产生"搭便车"与"挤兑"问题。在存款保险制度建立后存款人的治理动机就更不明显，因此存款人对银行的治理能力与动机都很弱。

2. 债权人的治理效果

我们这里所指的债权人是不包含存款人在内的银行债权人，如银行债券、次级债等的持有者。一般情况下，债权人的治理较股权人更严格，因为债权契约规定了固定的债权人收益，银行经营者投资与预期收益更高的风险资产并不能给债权人带来额外收益，因此债权人通常具有明显的风险规避倾向。鉴于债权的风险规避倾向，经济学家建议，选择合适的风险程度指标，在风险程度较高时，让债权人替代股权人介入银行治理以控制银行风险。债权合同中也经常明确列明债权人有在银行经营不善实施使公司控制的权利。但是，由于银行股东和经营者可以资产转移等方式隐藏账面风险，因此，在没有被特许可以调查银行账户时，债权人很难对银行实施直接控制。

在债权人以及存款人治理不利的情况下，监控银行风险的责任转向银行监管当局。相对于债权人与存款人，由于监管者可以动用法律和行政手段监管，具有强制性，而且扩大银行风险只能带来更大的监管成本与社会成本，因此监管者具有更强的银行治理能力与动机，并应该在银行治理当中发挥积极的作用。但是，监管部门作为银行的外部利益相关者，即使具有强制力，相对于股东监管部门与银行之间的信息不对称性更强，并且作为银行部门的监管者面对的是众多的银行个体，不可能对每家银行实施直接治理，因此作为监管者在银行治理当中的作用应该是如何促进银行治理，而不是在银行缺乏内部治理主体时替代治理。监管者为促进银行的内部治理，首先应该发挥股东的内部治理能力，为此，控制银行的资本充足率包括控制股本金比率的资本监管就是促进股东治理的有效途径。

（二）以资本监管控制股东的风险偏好

根据上面的分析，过高的杠杆比率将增加银行股东的风险偏好，为限制这种不利影响，实践中资本充足率管制对银行的最高资本杠杆比率实施了限制。目的就是要控制股东的风险偏好，体现为银行资本金中股本所占比重的要求。目前世界上主要国家正在实施的《巴塞尔协议（1988）》的规定：银行资本与其加权风险资产的比重不得小于8%。资本包含核心资本和附属资本两部分，其中核心资本是指银行的股本、非累积优先股和公开储备，附属资本包括公开储备、资产重估准备、准备金、债务资本工具以及次级长期债务。在银行的资本组成中核心资本是基础，而股本又是核心资本的基础。因此，对资本的监管体现出控制银行股东风险的明确意义。

（三）资本监管降低了监管成本

资本监管主要通过对银行资本水平的监管达到控制银行风险的目的。有效的资本监管能够及时发现银行的资本状况，降低银行的破产救助成本。因为在存款保险制度下，银行的破产救助要由存款保险资金提供，在缺少关于银行资本充足率准确信息的情况下，容易造成对资本充足率不足银行的监管宽容，而这些银行一旦发生危机，必将产生巨大的救助成本，侵蚀存款保险资金，并容易破坏存款保险体系；如果能够对银行的资本充足率信息有充分的掌握，那么便能够及时对问题银行实施破产或救助，将银行的破产成本降至最低，这样就能够大大缩小由监管宽容造成的巨大的监管成本，并有助于银行间的公平竞争。此外，要求银行持有充足的资本可以促使其以自有资金承担损失，也是在降低政府的救助压力。

第二节 资本监管制度的作用与缺陷

一、资本监管的风险控制功能

对银行实施资本充足率监管是各国银行监管的重要内容。资本监管的初衷是根据银行高杠杆比率的特点，要求其必须持有某一最低比率的资本金，以确保当银行出现经营不善时对存款人的支付。同时，银行持有一定规模数量的资本金，也有利于强化对股权持有者的银行治理激励。

对银行的资本监管从最初的仅针对银行资产规模确定一定比率的资本充足要求，发展到对银行资产划分不同风险类别并根据风险类别确定的风险权重来计算银行的风险加权资产，对资本与风险加权资产的比例做出要求。最近的发展是以《巴塞尔新协议》为基准的，要求银行使用根据自身资产风险特征建立的内部风险计量模型计算风险加权资产，并在此基础上满足监管当局的资本充足率要求。

这里我们利用 Kim 和 Santomero 的模型分析资本充足率要求对银行风险的约束作用[1]。

模型假设：

（A1）银行是各自市场的价格接受者。

（A2）银行持有资产 n 以及一笔收益为联合正态分布的存款。第 i 个资产预期收益为 u_i，方差为 σ_i^2。存款的预期成本为 u_0，方差为 σ_0^2。

（A3）银行是风险规避的单期预期效用的最大化者。银行严格拟凹的目标函数 U 被定义为均值为 E，标准偏差为 σ 的股权资本收益[2]。风险偏好用相对风险规避参数 Γ 来测算。

（A4）银行监管的利益在于"安全而良好"的银行体系并因此努力通过资本

---

[1] Daesik Kim，Anthony M. Santomero. Risk in Banking and Capital Regulation [J] . The Journal of Finance，1988，5（9）.

[2] 当 K 为初始财富时，R 为股权资本的随机收益，V 为效用函数，目标函数 $U(E, \sigma)$ 可以使用泰勒展开推导：

$$E[B(K+R \cdot K)] = E[V(K) + V'(K) \cdot (R \cdot K) + 1/2V''(K) \cdot (R \cdot K)^2 + O^3]$$
$$= V(K) + V'(K) \cdot K \cdot \{E(R) - 1/2 \cdot \Gamma \cdot [E(R)^2 + \sigma^2]\}$$
$$= U[E(R), \sigma]$$

E 为预期算子：

$$\Gamma = -K \cdot [V''(K)/V'(K)]$$

充足率管理限制银行破产的可能性。

（一）简单资本监管下的银行资产选择

资本监管的目的是以资本作为银行遭遇暂时性风险的缓冲器，而简单的资本充足率管理容易造成银行的选择风险更高的资产组合方式。

下面我们分析不考虑资产风险特征情况下资本充足率要求对银行资产选择机会集的影响。

不考虑银行资产风险特征的资本充足率要求意味着银行的股权资产比率必须超过最低资本充足率要求，假设股权—资产比率为 k，因此存款—股权比率为 $(1-1/k)$。通过解约束条件下的风险最小化方程（4-5）可以得到银行的效率边缘曲线（见图4-1）。

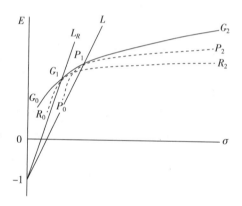

图4-1　资本监管对破产概率的影响

注：$G_0 G_1 G_2$ 是整体边缘。$R_0 G_1 R_2$ 是资本比率为 k^R 时的效率边缘。$P_0 P_1 P_2$ 是资本比率 $k^* < k^R$ 时的效率边缘。L_R 是资产组合集合，包括 G_1：(E_R, σ_R)，破产概率 $\alpha > 0$。L 为资产组合集合，包括 P_1：(E^*, σ^*)，破产概率 $\beta > \alpha$。

$$\min_{\underline{X_1}} \frac{1}{2}\sigma_k^2 = \frac{1}{2}\underline{X}'V\underline{X} = \begin{bmatrix} 1-1/k, & \underline{X_1}' \end{bmatrix} \begin{bmatrix} \sigma_0^2 & \underline{V_1}' \\ \underline{V_1} & \underline{V_2} \end{bmatrix} \begin{bmatrix} 1-1/k \\ \underline{X_1} \end{bmatrix} \quad (4-5)$$

服从：

$E_k = (1-1/k) u_0 + \underline{X_1}'\underline{U_1}$

$1/k = \underline{X_1}'e$

$\underline{X_1} > 0$ 并且 $0 < k \leqslant 1$

在此：

（1）u_0 和 σ_0^2 为存款成本的均值和方差。

（2）$\underline{U_1}$ 为资产收益 $[u_i]$ 的 $n \times 1$ 阶矢量矩阵，$i = 1, \cdots, n$。

（3）V_1 为存款成本和资产收益之间协方差 $[\sigma_{0i}]$，是一个 $n \times 1$ 阶矩阵；V_2 为资产收益 $[\sigma_{ij}]$ 的方差—协方差矩阵，是一个 $n \times n$ 阶矢量矩阵，被定义为正值。

（4）X_1 被定义为第 i 项作为股权资本比率的资产持有 x_i 的 $n \times 1$ 阶矢量矩阵，并按照短期销售限制 $X_1 \geq 0$。

（5）e 为前（$n-1$）项元素为 1、第 n 项元素为 0 的 $n \times 1$ 阶矢量矩阵。因此 $X_1'e = 1/k$。

（6）E_k 和 σ_k 为每股资本收益的预期价值和标准偏差。

这一最小化问题解决定了效率组合边缘在（E，σ）的空间和每一效率组合 X_1' 的权重。

对式（4-5）解的考察指出，当 k 增加（杠杆越小），解的效率边缘在（E，σ）空间向左下方移动，而更高杠杆的边缘在（E，σ）空间向左下方移动并且更高杠杆的边缘从下方与更低杠杆的边缘相切。当式（4-5）允许 k 的完全弹性时，整体边缘曲线 $G_0G_1G_2$ 是各种水平 k 的效率曲线的包络线。从图 4-1 中可以看出，当股权资本比率从 k^* 上升至 k^R 时，效率曲线从 $P_0P_1P_2$ 向下移动至 $R_0G_1R_2$。每条边缘线分别从下方的 P_1 和 G_1 接触到整体边缘 $G_0G_1G_2$。当沿整体边缘向上移动时，潜在的组合与更高的预期股权收益 E 以及更低的 k 是风险更大的组合。

银行实际上根据投资机会集进行的组合选择将依赖其效用函数。严格拟凹的目标函数 U（E，σ）保证了银行资产组合选择问题的唯一解。该解由银行收益和风险之间的边际替代率（MRS）[1]：$-U_E/U_\sigma = \Gamma \cdot \sigma/(1 - \Gamma \cdot E)$，与沿推导得出的效率边缘的边际转换率（MRT）的均衡来确定。集合 $[E(\Gamma)$，$\sigma(\Gamma)$，$k(\Gamma)$，$X_1(\Gamma)]$ 描述了最佳解的特征并且依赖于银行的风险规避参数 Γ。在缺少资本监管的时候，整体边缘线对于一家银行来说是可行的。让我们假设用由风险规避参数 Γ 的银行引致的资产组合为图 4-1 中的 P_1：$[E^*(\Gamma)$，$\sigma^*(\Gamma)$，$k^*(\Gamma)]$。

将银行破产定义为银行股权资本被完全侵蚀的事件，即 $E \leq -1$。当股权收益为正态分布，破产概率 p 可以被任何（E，σ）确定并且满足：

$$prob[E \leq -1] = prob\left[\frac{E-E}{\sigma} \leq \frac{-1-E}{\sigma}\right] = p \tag{4-6}$$

因此，

---

① 从假设条件 A_3 的脚注可得：$MRS = \dfrac{U_{E(R)}}{U_\sigma} = -\dfrac{\partial E[V(\cdot)]/\partial \sigma}{\partial E[V(\cdot)]/\partial E(R)} = \dfrac{\sigma}{(1/\Gamma) - E(R)}$。

$$E = -1 - \Phi(p) \cdot \sigma \text{ 并且 } -\Phi(p) = \frac{E+1}{\sigma} \tag{4-7}$$

其中，$\Phi(\cdot)$ 为累计标准正态分布函数的反函数。由于破产概率只考虑分布的低值端，因此 $\Phi(\cdot)$ 总为负。更大的 $\Phi(\cdot)$ 的绝对值代表所选组合的更低的破产风险。组合 P_1，(E^*, σ^*) 的破产风险为 β，满足 $-\Phi(\beta) = (E^* + 1)/\sigma^*$。

式（4-7）也提供了用图形比较不同组合风险的方便工具。它表示连接 $E = -1$ 和一个所选的组合 (E, σ) 的斜率为 $-\Phi(p) = (E+1)/\sigma$ 的直线。因此，如果一个组合形成了比另一组合更陡的线，前者比后者的破产风险更小。

假设监管者希望通过 α 设定 $prob$ [$E \leqslant -1$] 的上限来控制银行破产的可能性。根据正态性假设，破产标准概率 $prob$ [$E \leqslant -1$] $\leqslant \alpha$ 被转换为：

$$E \geqslant -1 - \Phi(\alpha) \cdot \sigma \tag{4-8}$$

在图 4-1 中，根据监管者的破产标准和被划分为安全（良好）的银行只有在 L_R：$E = -1 - \Phi(\alpha) \cdot \sigma = -1 - [(E^R + 1)/\sigma^R] \cdot \sigma$ 左边才是可以接受的。然而，组合 P_1 由于斜率比监管者参考线更平坦而没有满足该标准，这家银行因此被归类为风险银行。

为获得破产标准，监管者强制执行资本比率要求。监管者设定资本比率 k^R 为商业银行持有的最低股权资本比率，k^R 是使 $R_0 G_1 R_2$ 在点 G_1，(E^R, σ^R) 与整体边缘 $G_0 G_1 G_2$ 相切的银行股权—资产比率。这样做的目的是希望当 $k \geqslant k^R$ 被约束时，银行将选择 G_1 而不是在 $G_1 G_2$ 上的组合。然而，由于仅仅规定了股权—资产比率，这种资本充足率要求使效率边缘不仅被限制于 $G_0 G_1$，而且使在 $G_1 R_2$ 上的组合仍然可行。当银行选择 $G_1 R_2$ 上的组合时，满足了资本比率要求，但没有满足破产标准。实际上，任何风险规避参数小于使银行的 MRS 等于 G_1 点的 MRT 的关键值 Γ^C 的银行将选择沿 $G_1 R_2$ 选择组合。这些银行将选择风险更高的资产组合以抵消强制的低杠杆比率要求以至于监管者无法实现破产风险 α 约束效果。

（二）基于风险的资本监管银行风险控制改进

基于资产风险的资本监管通过明确地考虑每笔资产的不同风险特征，将银行资产纳入几个风险类别，并且对每类资产赋予风险权重以决定用于保留以防止破产的最低股权资本。

设 $\underline{a}$ 为监管者设定的风险权重矢量，银行为持有的风险资产规模与预期风险权重的乘积应不超过资本规模，即：

$$\underline{a}' X_1 \leqslant 1 \tag{4-9}$$

设"理论正确"的风险权重为 $\underline{a}^* = [a_i^*]$。监管者希望确定银行的经营处于图 4-2 中 L_R：$E = -1 - \Phi(\alpha) \cdot \sigma$ 左边区域，监管者目标能够通过设计一系列权重 $\underline{a}^*$ 获得。

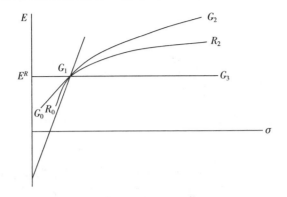

图 4 – 2　限制破产风险的必要和充分条件

注：$G_0 G_1 G_2$ 是整体边缘。$R_0 G_1 G_2$ 是以资本比率 k^R 为条件的效率边缘。$E^R G_3$ 是对与破产约束相关的预期向上的约束。

依据"理论正确"的风险权重，资本监管必须消除 $G_1 G_2$ 和 $G_1 G_3$ 间的区域。在没有资本监管的条件下，$G_1 G_2$ 和 $G_1 G_3$ 间的区域是可行的，而简单的资本比率监管 $k \leqslant k^R$ 成功地消除了在 $G_1 G_2$ 和 $G_1 R_2$ 间的区域，但是没有在 $G_1 R_2$ 和 $G_1 G_3$ 间的区域。如果基于风险的资本监管成功地消除了在 $G_1 G_2$ 和 $G_1 G_3$ 间的目标区域，任何试图选择 $E > E^R$ 组合的具有风险的银行就只能选择组合 $G_1(E^R, \sigma^R)$。

在这一条件下，银行股东的收益可以表示为：

$$E^R \geqslant E = \left(1 - \sum_{i=1}^{n} x_i\right) \cdot u_0 + \sum_{i=1}^{n} x_i \cdot u_i \qquad (4-10)$$

当监管者实施风险权重 a 时，为了在组合中包括一单位的第 i 项资产，银行应该持有至少 a_i 单位的股权资本，也意味着能够使用 $1 - a_i$ 单位的存款。同时，用于支持一单位第 i 项资产的股权资本的预期收益应该被 E^R 限制。因此，风险权重 a_i 应满足：

$$u_i \leqslant (1 - a_i) \cdot u_0 + a_i \cdot E^R = u_0 + a_i \cdot (E^R - u_0) \quad i = 1, 2, \cdots, n \qquad (4-11)$$

a_i 应该被设定以至于第 i 项资产的收益能够覆盖存款融资成本，$(1 - a_i) \cdot u_0$，并且股权资金的收益不超过每单位股权投资 $a_i \cdot E^R$。

从式（4 – 11）解 a_i 可得，对于所有的资产 i，有：

$$a_i \geqslant \frac{u_i - u_0}{E^R - u_0} \qquad 如果 \ u_i - u_0 > 0$$

$$a_i = 0 \qquad 如果 \ u_i - u_0 \leqslant 0 \qquad (4-12)$$

在这些权重下，通过开发单一资产或者几种资产的组合预期股权收益 E 不能超过 E^R。因此，对于所有 i，"理论正确"的风险权重 a_i^* 应该为：

$$a_i^* = \frac{u_i - u_0}{E^R - u_0} \qquad 如果 \ u_i - u_0 > 0$$

$$a_i^* = 0 \qquad 如果 \ u_i - u_0 \leq 0 \qquad\qquad (4-13)$$

二、资本监管的实践

(一)《巴塞尔资本协议》的监管模式

《巴塞尔协议》的出台起源于德国赫尔斯塔银行（Herstatt Bank）和美国的富兰克林国民银行（Franklin National Bank）的倒闭。这两家著名的国际性银行的倒闭使监管机构开始全面审视拥有广泛国际业务的银行监管问题。从 1975 年 9 月第一个《巴塞尔协议》发表到 2004 年 6 月《巴塞尔资本协议 II》出台，再到 2010 年《巴塞尔资本协议 III》，时间跨度长达 50 年。几十年来，《巴塞尔协议》的内容不断丰富，所体现的监管思想也不断深化。

1975 年 9 月，也就是赫尔斯塔银行和富兰克林银行倒闭的第二年，第一个《巴塞尔协议》出台。这个协议极为简单，核心内容就是针对国际性银行监管主体缺位的现实，突出强调了两点：①任何银行的国外机构都不能逃避监管；②母国和东道国应共同承担的职责。1983 年 5 月，修改后的《巴塞尔协议》基本上是前一个协议的具体化和明细化，没有实质性差异：总体思路都是"股权原则为主，市场原则为辅；母国综合监督为主，东道国个别监督为辅"。[①] 那时各国对国际银行业的监管都是各自为政、自成体系，充分监管的原则也就无从体现。《巴塞尔协议》的实质性进步体现在 1988 年通过的《统一资本计量和资本标准的国际协议》（以下简称《巴塞尔协议》）。

从监管模式上来看，1988 年的《巴塞尔协议》中关于资本的分类和风险权重的计量标准的规定是影响各国资本监管模式的核心内容。

第一，资本的分类。在协议中，有关资本分类的规定是，将银行的资本划分为核心资本和附属资本两类，两类资本之间存在着明确的界限和各自不同的特点，其中核心资本是指银行的股本、非累积优先股和公开储备，附属资本则包括公开储备、资产重估准备、准备金、债务资本工具以及次级长期债务。核心资本应占整个资本的 50%，附属资本不应超过资本总额的 50%。这一协议更加突出银行资本在监管中的重要意义，因此也影响了全球的银行业经营从注重规模转向注重资本、资产质量。

第二，资产的风险权重。有关资产的风险权重计量标准的规定是，按照资产类别、性质以及债务主体的不同，将银行资产负债表的表内和表外项目划分为

---

① 江曙霞：《银行监督管理与资本充足性管制》，中国发展出版社 1994 年版。

0%、20%、50%和100%四个风险档次，风险权重划分的目的是为衡量资本标准服务，有了风险权重，协议所确定的资本对风险资产8%（其中核心资本对风险资产的比重不低于4%）的目标标准比率才具有实际意义。

《巴塞尔协议》明确了资本的含义、资产的风险权重以及风险资产的目标比率，为国际银行业的资本监管提供了统一的标准。统一标准的确定增强了国际银行业风险管理的意识，并促进其风险管理朝着国际统一的方向努力。

在推进全球银行监管的一致化和可操作性方面，《巴塞尔协议》可以说具有划时代的意义。从当时的经济金融环境看，20世纪80年代初的国际银行业，由于受债务危机影响，信用风险给国际银行业带来了相当大的损失，银行普遍开始注重对信用风险的防范与管理。具体来说，《巴塞尔协议》在国际银行界建立了一套国际通用的、以加权方式衡量表内与表外风险的资本充足率标准，极大地影响了国际银行监管和风险管理的进程。《巴塞尔协议》发布以后，其国际影响力不断扩大，巴塞尔银行监管委员会也不断根据市场环境的变化对这一协议进行了一些调整（如1996年推出的《资本协议关于市场风险的补充规定》），使得《巴塞尔协议》及其相关文件成为影响最为广泛的国际性监管原则之一。目前，全世界已经大约有100个国家采纳了《巴塞尔协议》的风险和资本管理框架。

尽管1988年的《巴塞尔协议》历经多次修改，但是由于金融创新的发展以及旧协议对风险等问题的认识存在局限性，还存在很多不足之处，主要包括以下几点：

首先，注重信用风险的管理，缺少全面风险管理制度的建设。旧协议未提出对于信用风险、市场风险和操作分析的全面管理，至于这三类风险的计量应建立哪些模型、模型中应选择哪些参数，以及相应的资本金要求又如何设计等问题，几乎都没有涉及。此外，在旧协议中，银行始终处于被动地位，银行危机的产生主要由借款人的风险引起，银行风险的规避取决于监管当局对其资本金计提方法和计提数量的监督，并不注重当事人主体能动作用的发挥，也没有对银行提出如何适应市场以及如何主动接受市场约束的问题。

其次，风险权重的设定缺乏灵活度。这实际上是一个企业风险权重歧视问题，且与国家风险权重歧视交织在一起。对于非OECD成员国对银行、政府超过一年的债权，对非公共部门的企业债权，无论其信用程度如何，风险权重均为100%；而由OECD成员国对金融机构担保的债权则一律为20%。此外是风险权重的级次过于简单且不合理，仅有0%、20%、50%、100%四个档次，没有充分考虑同类资产的信用差别，也就难以准确反映银行面临的真实风险。美国经济学家俄特曼（2001）根据美国非金融机构所发债券的数据，运用蒙特卡洛模拟实证研究后得出的结论也证实了这一点。

再次，缺乏对金融形势变化的适应性。旧协议从一开始就注意到了表外业务的潜在风险，也提出了对照表内项目确定表外资产风险权重的做法，但随着金融新业务的推出和银行组织形式的更新，旧协议的涵盖范围和监管效果都难以让人满意。最典型的是银行资产证券化和银行持有债券、金融控股公司的广泛建立以及银行全能化等，由此不仅引发逃避或绕开资本金管束的问题，而且引发了信用风险以外的市场风险。

最后，存在对国家信用风险的歧视性。旧巴塞尔协议及后来的补充原则虽然重新确定了经合组织成员国的资产风险权重，但对非OECD成员国的风险权重歧视仍未解除。这一方面造成国与国之间巨大的风险权重差距（多为100%），致使信用分析评判中的信用标准扭曲为国别标准；另一方面则容易对银行产生误导，使其对OECD成员国的不良资产放松警惕，而对非OECD成员国的优质资产畏惧不前，从而减少银行的潜在收益，相应扩大银行的经营风险。此外，这一规定仍然遵循静态管理理念，未能用动态的观点看待成员国和非成员国的信用变化。

（二）《巴塞尔新资本协议》的监管改进

新协议草案的改善之处具体表现为：

1. 使资本水平更真实地反映银行面对的风险

新协议草案对信用风险的衡量提出了标准法和内部评级法两种方法（内部评级法又进一步分为初级法和高级法）。标准法需要借助外部评级机构确定资产风险权重，计算最低资本要求；内部评级法采用银行内部评级，确定资本要求。区分初级和高级内部评级法两个阶段，循序渐进地增加对资本计量的准确性，力求适用于各类银行；监管当局对银行内部评级体系的科学性和准确性做出评估、认定。

2. 使资本水平更全面地反映银行面对的风险

银行资本除了要反映信用风险外，还要同时反映市场风险与操作风险；确定资本水平要充分考虑各种风险缓释技术（抵押、担保、表内冲销、信用衍生工具等）的影响；评估资产风险权重及资本水平时，考虑抵押（质押）品价值及质量、担保人信用和能力等。

3. 区分监管资本和经济资本

经济资本是根据资产的风险状况确定的资本，但计量起来比较困难，因此即使计算出经济资本也要接受检验和认可。

4. 强调激励银行改善内部控制

资本确定标准中增加内部评级因素；允许符合条件的银行采用内部评级系统确定资本风险权重；符合条件的银行采用更高级的内部评级法确定资产权重和资

本水平。

三、现代银行风险管理的主要内容和手段

根据《巴塞尔资本协议》的定义，银行的风险主要包括信用风险、市场风险与操作性风险。

（一）银行信用风险管理

1. 信用风险的定义

信用风险是指由于借款人没有能力或者没有意愿履行债务合同而造成还款违约的可能性。虽然近年来银行资金的投向表现出明显的多元化趋势，但是信贷资产仍占银行资产总额的主要部分，信用风险也一直是银行面临的最主要风险。

2. 信用风险管理

银行对信用风险的监控主要包括事前、事中和事后三个阶段。事前监控是指银行在事前对企业投资项目进行的风险评估以及对企业的信用评审，从而避免企业的逆向选择。事中监控是指银行在贷款后对借款企业资金使用及经营状况的监控，避免道德风险的发生。事后监控是指银行对企业经营成果的确认。如果企业陷入危机，则对企业前景进行判断，决定是否对企业采取扶持性或惩罚性措施。

传统银行信用风险管理主要采用定性分析和定量分析相结合的方法。其中定性分析占有核心地位，定量分析主要用于对借款人财务数据的分析。银行通过对借款企业经营和财务状况、信誉程度以及担保条件的分析进行贷款决策；在合同期间对借款企业进行持续监控，并对贷款质量进行分类，计提准备金防范预期风险。传统信用风险管理存在的主要问题是过于依赖定性分析，没有考虑不同资产信用风险之间的相关性。

现代银行风险管理重视风险计量和资产组合风险管理。现代银行信用风险的计量主要包括违约概率、违约损失率、违约敞口和债务期限四个风险因子。其中，违约敞口是指信用敞口中面临违约风险的部分；违约概率是指债务人不履行还款义务的可能性；违约损失率是指发生违约时债务面值中不能收回部分所占的比例；而由于债务期限越长，债务在到期之前面临的不确定性越大，其风险就越大。信用风险计算的基础是对客户和债项的信用评级，各个不同的风险等级对应不同的违约概率与违约损失率。

银行信用风险损失包括预期损失和非预期损失两部分。预期风险是指事前估计到或期望的违约损失，等于违约概率、违约损失率和违约敞口的乘积，在短期内为常数，银行根据预期风险计提风险准备金。非预期风险是指在事前未能估计到的违约损失，是由于风险因子的波动以及违约事件的相关性造成的，银行通过满足必要的资本金数量来缓解未预期风险。

由于不同资产间风险的相关性，不仅单项资产的风险变化会影响银行总体风险，而且资产结构的变化即使不影响单项资产的风险程度，但是如果存在资产间的相关性的变化，银行总体风险程度也会不同。银行信用风险管理实践中已经发展出几种比较成熟的方法可用于计量资产组合的信用风险，主要有 CreditRisk$^+$ 模型、KMV 模型、CreditMetrics 模型和 CreditPortfolio View 模型等。

（二）银行市场风险管理

1. 市场风险的定义

根据巴塞尔银行监管委员会的定义，市场风险是指银行交易账户中的利率风险、股票风险以及整个银行所有的外汇风险和商品风险。总的来说，市场风险是一种价格风险，当市场价格发生不利变动时，市场风险就出现了。

造成银行市场风险的主要原因是银行资产与负债的价格在选择权、波动幅度以及期限上的不匹配。当银行贷款定价在合同期内固定，而存款利率可浮动时，如果合同期间用于支持贷款的存款利率上升，就会导致银行收益下降甚至亏损，因此产生市场风险。如果银行贷款和存款的利率均可随市场价格浮动，但是两者之间的波动幅度不同，利差也会出现变化。对于期限的不匹配，传统银行管理将其视作流动性风险，但是从收益波动角度来看也属于市场风险。通常情况下，银行资产和负债的期限难以做到完全匹配，而不同期限的资产与负债的市场价格波动幅度是不同的。在合同期内，如果银行资产和负债期限匹配程度发生改变，银行市场风险敞口也将变化。

2. 市场风险管理

传统的银行市场风险管理主要通过资产负债管理来实现。资产负债管理通过测算资产负债缺口，根据对市场价格变动的预期计算风险程度，并在此基础上实施限额管理。资产负债管理的缺点是难以准确估计市场价格的波动，难以计量不同资产之间价格变化的相关性，并且难以对银行权益类金融产品的市场风险进行管理。

现代银行的市场风险计量是以风险值（VaR）的测算为基础的，通过分析市场价格波动要素，如利率、汇率等及其相关性，计算给定置信区间和期限内的资产市场价格波动程度以及资产组合市场风险。

《巴塞尔协议》规定的市场风险监管模型与银行内部模型的原理相同，主要是对银行采用的具体方法以及置信区间和期限的设定加以规定。此外，针对中小型银行历史数据的质量和数量有限，计量能力不足的弱点，制定了标准法。标准法通过规定不同资产的风险权重计算银行市场风险状况，并据此要求银行满足最低的市场风险资本金。

在计量风险的基础上，与信用风险管理相似，银行通过对不同种类的资产和业务设定最高市场风险限额来实施风险控制，对于可预期的风险采用准备金拨备的方式计入成本，并以相应规模的资本数量缓冲非预期风险部分。

（三）银行操作性风险管理

1. 操作性风险的定义

传统银行管理经常将操作性风险宽泛理解为除信用风险和市场风险以外的所有其他风险。但是由于这种定义过于宽泛，并且难以依据风险因素进行计量，因此现代银行风险管理中倾向于使用更加狭义的操作性风险概念，操作性风险被明确锁定在内部操作失误和内外部事件影响两个层面上。

英国银行家协会对操作性风险的定义最具代表性，并被巴塞尔银行监管委员会采用。该协会认为，操作性风险是指由于内部流程、人员行为和系统失当或失败，以及由于外部事件而导致直接和间接损失的危险。

2. 操作性风险管理

银行操作性风险近年来变得越来越重要，其中非常重要的原因之一是银行运营更加依赖于包括会计系统和业务系统在内的操作系统。由于更多银行的运营依赖全球性的集成系统以及电子银行业务的增长，自动化技术的使用导致了部分操作性风险的来源从过去的手工操作转变为系统失灵，并且导致外部欺诈和系统安全问题。

银行操作性风险的防范主要依赖完善的内部控制，完善的内部控制使商业银行风险管理具有良好的基础平台，是有效实施银行操作性风险管理的主要手段。商业银行内部控制是商业银行为实现经营目标，通过制定和实施一系列制度、程序和方法，对风险进行事前防范、事中控制、事后监督和纠正的动态过程和机制。1997 年，巴塞尔银行监管委员会在《有效银行监管的核心原则》中提出："最重大的操作风险在于内部控制及公司治理机制的失效。"在操作性风险控制实践中，国际先进银行一般通过对风险事件的分析发现风险要素，并且根据不同业务涉及的风险要素制定相应内部控制措施。

在操作性风险的量化管理方面，国际银行业从 20 世纪末期刚刚开始付诸实践。其中最重要的原因是《巴塞尔新资本协议》涵盖了操作性风险管理的内容，要求对操作性风险进行资本覆盖。《巴塞尔新资本协议》提供了基础指标法、标准法和内部计量法三种风险计量选择。基础指标法要求银行基于总收入的一定比例计算操作性风险资本。标准法使用财务指标和平均的业务量指标来计量风险资本。标准法将银行业务分为 8 个标准的业务类型，并分别设定了每一类业务的财务指标或业务量指标，并设定相应比例系数，指标与相应系数的乘积即为该业务线面临的操作性风险资本要求。内部计量法要求银行利用内部和外部的历史数据，计量特定操作性风险与具体事件联系的相关概率及损失程度。

（四）银行经济资本管理

Merton（1977）将投资视为资本所有者投入资本购买的看涨期权。在企业市值增加时，股权所有人权益增值；反之，股权所有人以所投入资金为限承担损失。这种损失与收益的不对称性在客观上会助长资本所有者的冒险倾向。高的资本投入在一定程度上减轻了损失和收益的不对称性，有助于降低资本所有者的高风险偏好。这也与我们在第三章得出的银行资产负债的杠杆比率越高，银行股东风险偏好程度越高的结论一致。银行资本的重要性不言而喻。

1. 银行监管资本和经济资本

出于抵御银行风险的需要，各国银行监管当局普遍制定了银行资本比率的最低要求，这一资本要求被称为监管资本。随着《巴塞尔资本协议》的出台，协议规定的资本充足率监管已经成为银行风险和资本管理的基本模式。自 1988 年第一个《巴塞尔协议》公布以来，该协议历经多次修改，监管资本的含义在不断丰富，到 2003 年的《巴塞尔协议》讨论稿为止，监管资本中包含了除原有的信用风险资本外的操作风险和市场风险两种监管资本要求。

另外，银行也出于自身管理的需要实施经济资本管理。经济资本又称风险资本，是指银行内部用以缓冲未预期风险损失的权益资本。经济资本既不同于会计账面资本，也不同于监管资本。会计账面资本反映的是银行拥有的实际资本水平，而不是应该拥有的资本水平。监管资本是监管机构从外部监管角度规定的银行应持有的最低资本水平。虽然经济资本与监管资本具有风险缓冲作用，但经济资本是银行管理者从内部来认定和管理这种缓冲资本，反映了银行治理的要求。

经济资本管理的根本目标是控制一定置信水平上的非预期损失，而对于预期损失则通过提取拨备来缓冲。对于更高的置信水平，对经济资本的数量要求也更高。由于银行风险通常随期限的延长而增加，因此经济资本也对应一定的期限范围。

2. 银行经济资本管理

银行经济资本是一个管理会计概念。一方面，经济资本被用于风险管理需要，对非预期风险进行缓冲；另一方面，资本是有成本的，经济资本的投入需要满足底线回报率。底线回报率是资本所有者实现最低满意程度的风险回报率，反映了风险和收益之间的匹配情况。因此，积极主动地管理经济资本对于银行经营目标的实现十分重要。

银行经济资本管理首先是对非预期风险的计量过程，通过计算不同业务的非预期风险，配置相应数量的资本数额；其次银行经营过程中可以依据产品风险状况进行定价，确保经济资本的收益能够满足底线回报率；再次如果银行实际资本数量有限，就需要对设定风险限额，防止银行承担的实际风险超出资本所能覆盖的程度；最后经济资本管理也是银行经营绩效评估的重要前提。银行经营的目标是确保其他利益相关者在利益的基础上实现股东利益的最大化，而银行风险缓冲作用是否有效直接影响到各方利益。

四、资本监管制度存在的主要问题

从上面的分析可以看出，基于风险的资本监管希望通过资本比率和资产风险权重的设置直接限制银行风险，从而避免银行破产造成对存款人利益和金融体系稳定的不利影响。但是，由于不完全市场和信息不对称的限制，上述最优结果在实践中难以实现。

（一）限制了银行的投资机会

在前面的模型分析中，我们假设银行是市场价格的接受者，这意味着银行存款市场以及贷款市场均为完全竞争的。但是实践中，不仅由于存款人与银行以及银行与贷款人之间的信息不对称造成市场的不完全性，而且由于监管机构对银行产品市场和经营区域的限制而使市场的不完全性进一步加剧。产品市场约束将银行限制在现存资产的一个子集。对银行经营的地理区域的限制使银行无法实现地理位置的多元化。这些限制意味着银行不是价格的简单接受者，不同银行可以利用产品优势、信息优势和区域优势对价格施加影响，这种对价格的影响虽然是市场不完全的结果，但客观上为银行减少因信息不对称产生的风险提供了一种有效手段。这种影响使不同银行的效率曲线不同，因此无法推导出所有银行效率边缘曲线的包络线，从而获得最优的收益风险空间。

（二）最优风险权重难以选择

前述的模型假设监管者具备银行投资机会的风险的充分信息。但是实践中二者之间的信息不对称十分严重，不仅如此，银行与借款人之间也存在严重的信息不对称，并因此导致银行收益的不确定性。因此，由监管者直接对银行风险资产确定理论正确的风险权重也是不现实的。

由于上面讨论的两种局限性，单纯通过风险资本监管为所有银行确定同样的风险资本比率实际上限制了银行的投资机会集。基于风险的资本监管与简单的资本监管其实都无法确定银行的最佳收益和风险组合。更有效的方式应该是在通过风险资本监管直接控制银行风险的基础上，采用合理的监管机制增强银行自身的风险治理激励。

五、日本和美国银行资本监管制度的治理效果比较

仍以日本和美国为研究对象，分析这两个国家监管制度的治理效果。

（一）日本的银行资本监管制度

日本于1993年3月决算期之后开始实施国际通行的《巴塞尔资本协议》规

定的银行资本充足率要求。从 1998 年 3 月决算期开始，日本将银行市场风险纳入自有资本比率管制范围。但是日本对银行资本充足率的要求远低于国际通行的 8% 的要求，《银行法》仅要求经营国际业务的银行有义务将风险资产的自有资本比率维持在 8% 以上。

1994 年 2 月，银行被允许建立核销专门账户。专门账户建立的条件包括：①借款企业经营不善，或者借款企业由于自然灾害或者商业萧条经历了严重损失。这种情况下，建立专门账户需要得到日本税收机构的批准。②借款人申请破产进入清算和重组程序。这种情况下，银行可以自主决定核销贷款总额的 50%。当违约真正发生时，可以核销其余部分。除了根据上述要求划转入专门账户的贷款之外，银行还可以根据需要增加转入金额，但是不能在税前扣除，并且必须在税收机构备案。

日本银行监管对银行自有资本充足率的要求较国际通行的 8% 的标准更低，《日本银行法》仅要求经营国际业务的银行有义务将风险资产的自有资本比率维持在 8% 以上。日本的国际活跃银行的资本充足率在近 10 年的平均值为 11.87%，而非国际活跃银行的资本充足率的平均值为 10.55%（见表 4-1）。但是在理解表中关于日本银行的资本充足率数据时，必须注意其标准与国际通行标准的差异性。日本金融厅规定银行可以将递延纳税资产纳入核心资本计算，但是规定计入核心资本的递延纳税资产总金额不得超过银行预期未来五年利润的总和。递延纳税资产主要是贷款损失准备。而在美国，计入银行资本的递延纳税资产总额不得超过核心资本总额的 10% 和一年银行利润二者中的较低金额。由于在日本银行资本结构中递延纳税资产比重很高——在大型银行资本中比重超过50%，而在其他银行中比重也超过 25%，因此如果在银行资本中不考虑递延纳税资产，日本银行的资本充足率将低于 8% 的水平。

表 4-1　日本银行的资本充足率状况

单位:%

银行类别 \ 年份	1998	2000	2002	2004	2006	2008	2010	2012	2014	2016	均值
国际活跃银行	11.02	11.05	10.50	11.78	11.89	12.07	12.12	12.10	12.90	13.30	11.873
国内区域性银行	6.70	9.57	8.52	9.57	10.13	10.15	11.89	12.07	10.98	9.87	9.945
国内小型区域性银行	6.90	9.23	10.68	11.43	11.65	11.95	12.75	12.93	12.32	11.78	11.162

资料来源:《日本银行 2016 年年报》。

日本资产的分类标准也比国际标准更宽松。长期以来，日本银行都十分重视房地产抵押对贷款的作用。一方面在贷款分类中，抵押贷款是一个重要的风险缓解因素。但这些抵押品存在价值的波动，如果拉长时间周期，其波动的范围就更大。例如，20 世纪 90 年代初房地产泡沫的崩溃，导致房价下跌了 2/3。另一方面银行获得的存款通常是短期的，银行产品管制自由化后，平均贷款期限增加，导致银行资产结构与负债的期限结构严重不对称，从而导致流动性不足。另外，即使房地产价格不发生波动，以房地产为基础的抵押品是全价值的，但其流动性一般较弱，当借款人还款能力不足时，即使抵押物变现，也会给银行带来严重的流动性风险。例如，本章中的分析，更低的资本充足率会迫使股东提高资产—权益杠杆率，从而增加了股东和管理者转移风险的动机。

（二）美国的银行资本监管制度

在美国，监管机构对银行的资本监管非常严格。银行资产风险的划分标准，不仅注重贷款的可偿还性，还强调还款的及时性。因此，贷款担保方式并不能作为银行贷款的风险缓释因素，而更重视借款人现金流量（美国银行的资产结构和资产质量状况见表 4 - 2）。其初衷是美国监管机构认为，银行贷款主要为企业提供短期资金，不包括长期资金，而企业的长期资金来源应当以股权市场为主。因此，贷款的还款来源也应主要以企业的业务收入的现金流量偿还。该方法降低了银行通过贷款转期的方式掩盖不良资产，以及有可能发生的贷款流动性隐性下降的问题，减轻了银行的流动性风险。在此基础上，所形成的银行风险信息更加准确，有利于监管机构对银行资产实施风险监管，也有利于股东治理的实施。

表 4 - 2　美国银行资产结构和资产质量状况　　单位：亿美元，%

资产结构＼年份	2012	2013	2014	2015	2016
总资产	14135	14730	15273	15976	16601
现金	831	831	890	947	1043
证券	1915	2105	2272	2434	2656
政府基金及证券回购	1053	1155	1215	1253	1287
贷款及租赁	9152	9252	9397	9679	10351
交易账户资产	1184	1387	1499	1663	1264
不良贷款比率	0.63	0.74	0.92	0.94	0.77

资料来源：美国 FDIC 银行统计数据。

美国的银行监管在处理银行风险管理成本方面更加灵活。与日本不同，美国银行业监管机构没有严格限制向银行提供贷款损失准备金。包括一般准备、专项准备。一般准备金的比例为贷款余额的 1%，根据贷款风险提取专项储备。美国银行可根据风险评估结果，自主提取准备金。从 2006 年底开始，大型银行还可以使用新资本协议规定的内部评级方法，自主地进行风险衡量。

美国监管机构没有为准备金设定固定的税前扣除率。证券交易委员会、联邦存款保险公司和货币审计署采用灵活的方法确定准备金的税前扣除率。该方法考虑的主要因素有基于变化的贷款组合历史违约经验、贷款潜在损失、到期日及其构成、总资产价值、表外信用风险、经济环境、贷款政策和程序等。银行监管机构最终确定准备的充分性，并据此确定税前扣除的比例。这些措施使美国银行的风险管理成本更能反映实际的风险状况。

（三）日本和美国银行资本监管制度的治理效果比较

通过对日美银行风险资本监管的比较与分析可以看出，相对于比美国银行的资本监管要求，日本银行风险资本监管要求更为宽松。在这种软约束下，不仅体现在资本充足率的要求上，也体现在资产分类的实质性差异上。日本银行监管部门的贷款分类要求，强调依照被贷款企业的经营状况确定资产分类，主要是基于破产的可能性，而不是企业以正常经营收入能够按时偿还贷款的能力为依据。表 4 - 3 比较了日本和美国银行的贷款分类标准。

表 4 - 3   日本和美国银行贷款分类标准比较

贷款类别	日本	美国
正常	正常债务人的债权：被认为经营状况良好，财务内容没有特别问题的债务人债权	借款人能够严格履行合同，有充分把握偿还贷款本息
关注	需要注意的债务人债权：对贷款条件存在问题的债务人、履行偿债义务有问题的债务人、经营陷入亏损或经营状况不稳定的债务人所拥有的债权	尽管目前借款人没有违约，但存在一些可能对其财务状况产生不利影响的主客观因素。如果这些因素继续存在，可能对借款人的偿还能力产生影响
次级	有破产可能的债务人债权：对那些虽然目前没有破产，但是经营困难，被认为今后极有可能陷入破产的债务人的债权	借款人的还款能力出现了问题，依靠其正常经营收入已无法保证足额偿还贷款本息
可疑	事实上已经破产的债务人债权：对尽管事实上没有出现法律上、形式上的破产，但是经营状况极度艰难，被认为已经没有重组的可能，经营实际上已经陷入破产的债务人的债权	借款人无法足额偿还贷款本息，即使执行担保，也肯定要发生一定的损失

续表

贷款类别	日本	美国
损失	破产债务人的债权：债务人受到破产、清算、公司整顿、公司重组、民事重组、票据交换所停盘交易等处置，经营陷入破产局面，对诸如此类的债务人的债权	采取所有可能的措施和一切必要的程序之后，贷款仍然无法收回

根据本章前面的分析，目前银行风险资本监管存在的主要问题在于：由于信息不对称和市场竞争不完全，银行面临着不同的投资机会组合，更重要的是，根据银行风险状况确定的风险权重不够准确。资本充足率的比例限制，应与银行破产概率直接相关，这不仅与破产银行的实际数量相关，而且还应考虑到银行的破产损失情况和对现有银行的风险影响状况。根据前面的讨论，资本充足率较低的银行对管理者转移风险具有较强的激励作用，这可能导致因资本充足率较低而倾向于投资高风险项目的恶性循环。

第三节　资本监管与存款保险相结合的治理协同机制设计

一、银行管理者薪酬结构的激励作用分析

（一）传统薪酬结构的长期激励无效

通常情况下，银行的所有者会与银行的管理者签订一份合同，并在合同中确定管理者的薪酬条件和结构。之后，根据合同的限制管理者选择使自己的收入最大化的行为方式。在商业活动中，存在一些随机的客观事件，是事前无法预料的，这些客观随机事件与银行的管理者行为共同决定了银行的绩效水平。由于存在信息的不完全性，所有者难以确定银行管理者的真实努力水平对银行收入水平的影响程度。但是，所有者可以当前观察到的银行的收入，而非银行的远期收入水平，根据事前签订的薪酬合同将其兑现给管理者，因此存在道德风险。

银行收入直接关联于随机事件和管理者的努力，表示为 $y = a + \varepsilon$。其中，y 是银行的收入，a 是管理者的努力，随机事件对银行收入的影响为 ε。ε 服从正态分布，且 $E(\varepsilon) = 0$，$V(\varepsilon) = \sigma 2E$。

管理者的行为方式能够对银行的短期收入和长期绩效产生重要影响。在一定

时期内，较高的短期收入可以通过管理者隐瞒风险等手段实现。但从长期看，这种行为会严重损害银行的长期绩效。同时，管理者为长期绩效所进行的努力（如为加强风险管理能力雇用更多的风险管理人员以及进行与风险相关的研发投资等）会增加短期经营成本，但是对于长期收益来说却远远高于其产生的成本。

设在 t 时期，银行的短期收入函数为：

$$y_{t,s} = a_t + S_s a_{t,s} - L_s a_{t,l} + \varepsilon \tag{4-14}$$

银行在 t 时期的长期收入函数为：

$$\begin{aligned} y_{t,1} &= a_t + S_s a_{t,s} - S_l a_{t,s} - L_s a_{t,l} + L_l a_{t,l} + \varepsilon \\ &= y_{t,s} - S_l a_{t,s} + L_l a_{t,l} \end{aligned} \tag{4-15}$$

其中，管理者维持银行日常经营的常规努力为 a_t，管理者的短期努力和长期努力分别为 $a_{t,s}$ 和 $a_{t,l}$。银行管理者的短期行为能够产生对银行短期收入和长期收入的影响系数分别为 S_s 和 S_l，$0 < S_s < S_l$。银行管理者的长期行为对银行短期收入和长期收入的影响系数分别为 L_s 和 L_l，$0 < L_s < L_l$。

假定薪酬收入为 w，努力成本为 $c(a)$。传统的薪酬体系主要以固定收益制为基础，即经营者的收入与其经营业绩无关。经营者的收入是预先规定的一个固定值，其收入形式如下：

$$W = W_0 \tag{4-16}$$

经营者收益：

$$x = w_0 - c(a) \tag{4-17}$$

经营者收益的确定性等值：

$$CE = E(x) - \frac{1}{2}rV(x) = w_0 - c(a) \tag{4-18}$$

假设经营者的成本 $c(a) = \frac{1}{2}a_t^2 + \frac{1}{2}a_{t,s}^2 + \frac{1}{2}a_{t,l}^2$（这一假设与前一部分的假设相同）。要求 CE 最大化，只要使 $\frac{\partial CE}{\partial a_t} = \frac{\partial CE}{\partial a_{t,s}} = \frac{\partial CE}{\partial a_{t,l}} = 0$，可知 $a_t^* = a_{t,s}^* = a_{t,l}^* = 0$。

可以看出，在固定收入下，经营者的辛勤劳动会使其私人成本增加，但经营者的收入不会因为辛勤劳动而增加。因此，经营者的辛勤劳动将导致个人收益的减少。对于理性的经营者来说，不付出更多的努力是理性选择。从而，包括一般努力、长期努力和短期努力在内的一系列系数均为零。

（二）期限结构优化的现代银行管理者薪酬结构

将短期与长期激励相结合的做法，是现代银行薪酬管理的常见做法。其目的是限制银行经营的风险滞后性导致的管理者的短期行为倾向，鼓励管理者努力工作，最大限度地提高股东的利益。我们能够证明，为避免经理人的道德风险行为，将与固定工资、短期银行收入等相关的津贴，与股票相关长期的绩效期权组成的管理者薪酬结构对道德风险问题，具有较强的约束力。

假设银行期权价格等于长期收益，即 $y_{t,l} - w$。管理者薪酬的组成为：

$$w = s + \alpha y_{t,s} + \beta \max[0, y_{t,l} - w - E] \qquad (4-19)$$

其中，管理者薪酬中固定工资部分为变量 s，α 为津贴占银行短期收入的比例，β 为可执行股票期权占银行总股本的比例，股票期权的执行价格为 E。

当 $y_{t,l} - w - E \geq 0$ 时，银行管理者可以通过行使期来获得收益。此时管理者薪酬为：

$$w = s + \alpha y_{t,s} + \beta(y_{t,l} - w - E) \qquad (4-20)$$

将式（4-14）和式（4-15）代入式（4-20），可得：

$$w = \frac{1}{(1+\beta)}\{s + (\alpha+\beta)a_t + [(\alpha+\beta)S_s - \beta S_l]a_{t,s} + [\beta(L_l - L_s) - \alpha L_s]$$
$$a_{t,l} + \beta\varepsilon - \beta E\} \qquad (4-21)$$

为方便起见，假设管理者成本函数为：

$$c(a) = \frac{1}{2}a_t^2 + \frac{1}{2}a_{t,s}^2 + \frac{1}{2}a_{t,l}^2 \qquad (4-22)$$

由管理者薪酬的确定性出发，管理者可以将其行为最大化如下：

$$a_t^* = \frac{\alpha+\beta}{1+\beta}$$
$$a_{t,s}^* = \frac{\alpha S_s + \beta(S_s - S_l)}{1+\beta}$$
$$a_{t,l}^* = \frac{\beta(L_l - L_s) - \alpha L_s}{1+\beta} \qquad (4-23)$$

从式（4-23）可以看出：$a_t^* > 0$，并且当 $\alpha \leq \min\left[\frac{\beta(S_l - S_s)}{S_s}, \frac{\beta(L_l - L_s)}{L_s}\right]$ 时，能够保证 $a_{t,s}^* < 0$ 且 $a_{t,l}^* > 0$，即管理者将积极采取普通行为和长期行为，避免短期行为。

因此，在普遍运用的薪酬结构下，将银行的管理者薪酬与银行短期收入以及长期绩效进行比例的合理确定，可以有效地激励管理者的长期行为。从国际先进银行实践来看，以经济增加值（EVA）为核心的绩效管理和基于 EVA 绩效考核结果的薪酬激励方法与本书提出的薪酬模型基本一致。

二、资本监管与存款保险结合的治理协同机制模型

由于信息不对称的存在，资本监管与存款保险制度作为外部治理手段，监管部门希望达到的直接控制银行风险的目标是不现实的。银行的监管者应在通过有效的激励约束机制设计，而非直接控制银行风险，降低银行的风险转移动机，并

促进银行自身的治理动机提升。下面的模型，旨在建立一个外部监管与内部银行治理相结合的模型，既能避免银行资产选择限制，又能有效地避免银行管理的风险转移，强化银行管理者的风险约束。借鉴 John 等（2000）模型，建立了将管理者的薪酬结构参数纳入存款保险机制的监管模型。

由于道德风险的存在，存款人和监管者都无法看到银行管理者的投资风险选择，所以契约是不完整的。然而，对于一个给定的薪酬结构，存款人和监管者等外部人，可以正确地预测管理者基于自身利益的风险选择。这种风险承担预期，可以纳入由银行与存款保险机构之间签署的存款保险价格条款中。因此，对于不同资本充足率水平，银行高级管理层的薪酬结构的激励特征都可以用于存款保险定价中。

在本模型中，存款保险定价机制加入管理者薪酬结构参数。目的是通过这样的机制设计，银行股东将确定最佳的管理者薪酬结构，并促使管理者在不转移风险的情况下实现帕累托最优投资决策结构，进而促使管理者实施无风险转移的帕累托最优投资决策的最佳结构。

本模型的参数所包含的含义，与第二章的存款保险费率浮动时的模型、本章关于银行管理者薪酬结构模型保持一致。假设银行投资机会选择与界定条件，与本章第二节相同，管理者薪酬结构与本节相同。管理者不仅能够获得固定的现金工资，$s \geq 0$，并且在银行股价超过 E 时，获得数值为 $\beta[y_{t,l} - w - E]$ 的期权收益。除此之外，银行的管理者还可以通过银行的近期收入获得津贴 $\alpha yt, s$。假设银行在投资未收回之前，各期收入主要由利息收入组成，由于利息收入已经在投资时由贷款合同确定，不会在短期内出现波动，因此银行的短期收入 yt, s 也相对稳定。这里我们假定它为固定值，设为 $\gamma = \alpha yt, s$[①]。管理人的期权收益只能在股权价值实现后才能得以实现，管理的价值实现是在股票价格对自身有利的情况下，通过持有银行股权的方式来实现的。假设在合同期内，管理者持有期权的收益占银行股权价值增加的一定比例 β，而股权价值的增加部分为投资收益部分与收入之间差额，也即为有利条件下的股权收益。为方便起见，管理者合同由 $\{s, \gamma, \beta\}$ 表示，假设 $y_{t,l} - w - E \geq 0$ 且对管理者支付的固定工资部分来自银行经营的现金流，因此最终现金流 $T = \{I, H, L\}$ 是支付给银行管理者固定支付 s 后的剩余部分，此外银行管理者还可以根据银行的短期收益获得津贴。

管理者将实施投资政策 $[q^m]$，这一政策对于他在给定的薪酬合同是最佳的，同时假设 $I - F - \gamma \geq 0$。也就是即使无风险资产被选择，股权也有收益。给定上述条件，经理只有在 q 满足下述条件时从事风险项目：

---

① 在实践中，国际先进银行通常使用的管理者津贴为固定值，由董事会根据银行年度经营计划确定。

$$q[\gamma + \beta(H - F - \gamma)] \geq [\gamma + \beta(I - F - \gamma)] \qquad (4-24)$$

由此可得管理者实施的投资政策 $[q^m]$ 为：

$$q^m = \frac{(1-\beta)\gamma + \beta(I-F)}{(1-\beta)\gamma + \beta(H-F)} \qquad (4-25)$$

由式（4-25）可以得到 $[q^m]$ 的如下性质：

（1）对于任何 $\gamma > 0$ 且 $\beta < 1$，$q^m > q(F)$，也就是说投资政策比经理人利益与股东利益完全一致时的风险更小。

（2）$q^m(\gamma)$ 随 γ 增长而增长，也就是说越高的津贴，投资政策越保守。

（3）$q^m(\beta)$ 随 β 增长而下降，也就是说管理者通过执行期权获得的股权比重越高，投资政策风险越高。

由式（4-25）得出的投资政策 $[q^m]$ 是理性预期的，银行股东会由于投资政策 $[q^m]$ 的扭曲而蒙受损失 $V(\hat{q}) - V(q^m)$。因此，在 $t=0$ 的情况下，股东为了实现自身的利益最大化，他们会在 $t=0$ 时，选择能够促进银行管理者选择 $q^m = \hat{q}$ 的：满足选择帕累托最优的投资策略 $[q^m]$ 的薪酬结构。

如果 F 给定，那么股东会根据 F 的水平，所选择的 γ 和 β 即管理者薪酬参数能够形成投资政策 $[\hat{q}]$。实际上，对于不同的 F 水平，股东在确定薪酬结构时，将做出薪酬结构的最佳选择，以满足帕累托最优的投资政策。做出投资政策 $[\hat{q}]$ 选择的薪酬结构 $\{s, \hat{\gamma}, \hat{\beta}\}$ 参数需要满足以下关系：

$$\hat{\gamma} = \frac{\hat{\beta}(F-L)}{1-\hat{\beta}} \qquad (4-26)$$

式（4-26）中，最优的 $\hat{\gamma}$ 和 $\hat{\beta}$ 不是唯一确定的，两者的关系表现为 $\hat{\beta}$ 越大 $\hat{\gamma}$ 越大，即较高的股权比例需要较高的津贴相匹配。一方面，如果出现很高的津贴 γ 和很低的股权比例 β，则经理的投资选择存在过于保守的可能，也就是 $q^m > \hat{q}$。另一方面，如果津贴 γ 很低而股权比例 β 很高，经理就会有风险转移，也就是 $q^m < \hat{q}$。

假设银行短期收入为确定值 $\bar{y}$，由式（4-26）以及本章第一、第二节有关资本结构的股东风险激励讨论可以得出：

$$\frac{F-L}{\bar{y}(1-\beta)} \leq \min\left[\frac{S_l - S_s}{S_s}, \frac{L_l - L_s}{L_s}\right] \qquad (4-27)$$

因此，只要 β 足够大，就可以限制管理者的短期行为并鼓励其进行长期努力。

为保证银行股东做出最优的薪酬结构 $\{s, \hat{\gamma}, \hat{\beta}\}$ 选择，可以通过在存款保险费率的设计中纳入定价公平和收入中性的要素。接下来，比较不同存款保险费率对最优投资政策 $[\hat{q}]$ 选择的影响。

首先假定 π 是独立于 $F > 0$ 和 $\{s, \gamma, \beta\}$ 的，银行股东认为导致股权价值最大化的投资策略选择时能够获得最佳的薪酬结构。即在 q 满足如下条件时，股权价值最大化的投资政策为 $q(F)$，投资于风险项目：

$$q[H-F]^+ + (1-q)[L-F]^+ \geq [I-F]^+$$

相应的投资政策为 $[q(F)]$，即：

$$q(F) = \frac{I-F}{H-F} \tag{4-28}$$

因此，根据前述的存款保险费率制定，银行股东选择最优的薪酬结构 $\{s, \gamma, \beta\}$，当 $\gamma=0$，$\beta>0$ 时，存在对管理者风险转移激励过程。

其次根据上述分析，将银行的管理者薪酬结构纳入存款保险的定价方案中，并推导相应的保险费率 π^m：

$$\pi^m = q^m(F-I)^+ + \frac{1}{2}(1-q^m)^2(F-L)^+ \tag{4-29}$$

q^m 由式（4-26）得出。

由于 π^m 即保险费率是银行资本结构 F 的函数，也即银行投资机会集 $\{I, H, L\}$ 和管理者薪酬结构参数 γ 和 β 的函数。尽管存在契约的不完全性和道德风险，在式（4-29）中 $[q^m]$ 是银行经理，在给定管理者薪酬结构和银行资本金的条件下，根据其自身利益最大化而开展的投资政策选择。由此得出与管理者薪酬参数和资本结构相关联的存款保险费率，可以使监管机构通过实施投资政策 $[q^m]$ 影响银行管理者做出正确的风险选择。

综上所述，通过存款保险定价中纳入管理者薪酬结构参数，可以确保银行股东、管理者以及监管者的行为趋于一致性。

三、治理激励机制的效果分析

构建模型后，下面我们进一步分析纳入治理参数后的监管机制对银行治理的影响效果。

（一）降低了管理者的风险激励

通过第三、第四章对存款保险制度和资本监管的分析可知，存款保险制度具有内生的道德风险问题，而资本监管在获得了控制股东风险转移效果的同时，由于信息不对称的存在，无法有效控制银行的资产选择。有效的监管必须通过激励的方式进行。由于银行的投资风险选择通常由管理者控制，而其风险承担行为依赖于由股东规定的薪酬方案，因此具有风险控制激励的管理者薪酬结构是控制风险的有效手段。通过对作为目前国际银行业最佳实践的管理者薪酬方法进行分析，可知这种包括股票期权薪酬结构有利于控制银行风险。通过机制设计，将存款保险的保费定价加入管理者薪酬结构参数，以促进监管者与管理者、股东之间的一致利益，在激励管理者风险控制前提下实现了监管目标。

（二）增强了股东的治理动机

资本监管以及资本监管与存款保险制度的协同机制设计，从两个方面增强了股东的治理动机。

首先是资本监管的股东治理激励作用。通过对银行资本的严格监管，将银行的风险与股东的资本相联系，从而限制了股东的道德风险行为，并激励股东控制银行的过度风险承担。

其次是资本监管与存款保险相结合的协同机制设计的股东治理激励作用。在资本监管的框架下，股东控制银行风险的动机更加明显，协同机制的设计促使股东设计最优的管理者薪酬结构，以便降低银行的存款保险的保费支出成本，最大化银行利润，因此股东的风险控制动机体现在为管理者设计的薪酬结构中，而有效的薪酬结构能够激励管理者长期努力动机，降低短期获利动机，因此保费定价最小化的薪酬结构实现了对银行治理的促进，同时控制了银行的风险转移行为。

（三）无法完全解决流动性风险问题

银行的流动性风险主要源于银行资产与负债的期限结构不匹配而造成的支付危机。尽管《新巴塞尔协议》体现了全面风险管理的思想，将风险控制的范围扩大到信用风险、市场风险和操作风险的风险管理。但是，流动性风险管理还没有成为资本监管的重点。

存款保险制度为存款人提供了存款安全性的信念，因而避免了在出现流动性危机时储户的盲目挤兑行为，但是由于存在信息不对称，对于银行业的流动性问题，存款保险制度不能完全解决。例如，在出现系统性风险情况下，如通货膨胀或汇率的剧烈波动，相对于获得存款的安全性，存款人更愿意保全存款的价值，因此挤兑危机会不可避免地发生。另外，存款保险制度的有效性也在于存款人对该制度体系的信心，例如，美国 1987 年的储贷危机就是在存款人对联邦存款保险系统失去信任的情况下发生的挤兑危机（Cook 和 Spellman，1994）。

从存款保险制度处置危机的对策上来看，主要是通过建立存款人的金融稳健运行信心，在存款人发生损失时给予补偿，以此在事前建立起存款人对银行系统稳健运行的信念，从而消除存款人挤兑动机。而存款保险基金也主要是用于银行倒闭的事后清偿，而非防范有清偿能力银行的暂时流动性危机。因此，对于具有清偿能力但存在流动性风险的银行，为其提供暂时的流动性支持并不应该是存款保险机构的职责，事实也证明存款保险机构过度支援只能造成银行系统更严重的道德风险，而且不利于存款保险体系的正常运作。

为解决银行的流动性风险问题，实施由中央银行执行的最后贷款人制度（LOLR）是一种合适的选择。

综上所述，根据本章的分析可以得出以下结论：

第一，以资产负债业务作为主营业务的银行具有特殊的资本结构，资本资产的杠杆比率很高。而且，在缺少资本监管要求时，银行更愿意以负债方式融资，在银行资产组合风险很高时，股东具有风险转移倾向。资本监管是控制银行股东风险转移激励的有效方式，通过控制资本当中的股权资本比例，实现股东风险控制激励。

第二，《巴塞尔协议》为国际银行业提供了一种资本监管框架，其提出的以风险调整的计量资本充足率方法成为世界各国普遍接受的资本监管模式。虽然这种以资本监管为主导的监管模式，在控制银行风险方面作用效果十分显著，但是信息不对称的存在，由监管部门确定银行资产的风险水平，也存在自我局限和人为主观判断问题，容易出现对正确的风险权重判断失实的问题，因此资本监管的最佳效果不能得到充分体现。

第三，通过设计资本监管与存款保险相结合的治理激励机制，在资本监管激励股东风险控制动机前提下，将管理者的薪酬结构参数纳入存款保险的保费定价中，由股东设计的最优的管理者薪酬方案，能够体现出股东的风险控制治理动机以及降低保费支出的利润最大化动机，最优的银行管理者薪酬结构激励管理者为长期绩效付出努力，以实现银行监管的安全目标与效率目标。

第五章 最后贷款人制度的 治理激励机制研究

导致银行经营出现困难甚至造成金融和社会系统危机的原因除了资本充足率管理所覆盖的信用风险、市场风险和操作性风险因素外，银行的流动性风险也必须得到重视。不同于由商品价格、市场利率与汇率等组成的市场价格波动因素造成的损失，银行的流动性风险主要源于银行资产与负债的期限结构不匹配而造成的支付危机。

当银行出现流动性风险时，如果缺乏足够的流动性支持，就会导致对部分储户提款的支付危机。由于信息不对称，单家银行的支付危机可能会产生蔓延式的影响，从而导致银行业的系统性风险。

最后贷款人制度是提供银行紧急流动性支持的重要方式，也是非常重要的银行监管手段。最后贷款人制度的实施界限和实施条件具有重要的监管意义，对银行的道德风险行为具有重要的激励（正的或者负的）作用。本章我们将建立具有治理激励作用的最后贷款人制度模型，解决最后贷款人制度的实施界限和实施条件问题。

第一节 最后贷款人制度及其面临的困境

最后贷款人理论是巴格浩（1873）首先提出的。他认为，在一定条件下，当银行出现流动性困难时，可以借助中央银行获得融资融通支持，从而使中央银行承担了最后贷款人的角色。本节将分析最后贷款人制度在处置银行流动性风险问题中的基本作用及最后贷款人理论面临的主要困难。

一、银行业的流动性风险问题

（一）银行业的流动性风险

1. 单家银行的流动性风险

单家银行流动性风险主要源于银行资产与负债的期限结构不匹配。商业银行主要从事吸收存款和发放贷款业务，通常会将不同期限的存款投资于不同期限的贷款。如果存款期限结构与贷款期限结构不匹配，如在某一时点到期存款的数量超过银行持有现金与到期贷款规模之和，就会造成无法支付部分到期存款的问题。因此，商业银行应重视流动性风险管理。

不仅如此，随着科技的进步以及金融管制的逐步放松，日益激烈的市场竞争使得现代商业银行产品日趋多样化和复杂化。为满足客户的流动性需要，许多银行产品具有期限的选择性，如银行定期储蓄存款虽然拥有名义期限，但储蓄条款中通常规定储户有权在损失部分利息的前提下提前支取，由此商业银行流动性风险管理的复杂性也大为提高。

若存款人认为某家银行倒闭的可能性很大，他们将很快取走所有存在这家银行的存款。因为存款人缺乏信心，而这种心理对于很多存款人来说都是相似的，那么这一行为就会首当其冲地在这家银行内部传染，没有这种心理的存款人也会受到部分存款人的提款行为的影响，并怀疑该银行的稳健性，随之提款。随着存款人提款量的不断增加，银行无法通过正常持有的准备以应对大量的提款支付要求，因此面临倒闭。

2. 银行业的系统性的流动性风险

由于信息不对称，在个别银行出现挤兑问题时，除非有措施能够有效地恢复公众的信心，否则公众对银行倒闭的恐惧心理将增加。这种恐慌心理会像瘟疫一样，跨过单个银行，在整个银行体系中不断传染、蔓延，并产生连锁反应：一家银行的倒闭，使存款人开始怀疑其他银行也存在倒闭风险，其他银行也成为挤兑的对象。而此时，多家银行同时遭受挤兑，银行的倒闭风险已经不再由单个银行的健康情况决定了。

在金融恐慌时期，还会出现银行之间的流动性争夺，金融机构首先会争相收回贷款，导致存款从其他银行流出，增加其他银行倒闭的可能性。许多银行机构陷入流动性困境，从而造成整个银行业的流动性危机。由单家银行流动性问题导致的银行业流动性风险是银行流动性风险的外部性影响结果。

（二）存款保险条件下依然存在银行业流动性问题

为避免出现流动性危机时储户的盲目挤兑行为，各国通常向存款人提供存款保险，确保在银行破产时，储户被存款保险覆盖的存款额度不受损失，对于解决储户挤兑行为产生了显著的效果。即便如此，在银行业的流动性问题方面，存款保险制度依然无法完全解决。

1. 系统性原因造成的银行流动性问题

银行在经营过程中除了面临非系统风险外，还必须面对系统性风险。对于非系统风险，银行可以利用分散的投资加以规避。而对于系统性风险，银行却十分被动。当出现由于通货膨胀或者汇率的剧烈波动造成的系统性风险时，存款人的普遍做法是提取现金购物或者兑换外币，由此导致了银行流动性问题。

由于存款保险制度的支付以存款本金和利息（许多国家的存款保险仅限于对本金的偿付）为限，无法补偿系统性风险给储户带来的损失，因此在这种条件下存款保险制度无法避免存款人的挤兑行为造成的银行流动性风险问题。

2. 完全存款保险条件下存款人的提款动机

完全存款保险制度对存款人的本金和利息给予了完全保险，但是仍然不能完全避免存款人的提款动机。在各国的监管实践中，银行的破产程序通常较其他行业的公司更为复杂。监管机构在确认银行资不抵债后，银行进入破产程序，破产程序主要包括银行资产价值的确认、银行债务的确认、寻找接管方、债务支付等。通常情况下这一周期需要较长时间（美国的破产支付程序是个例外，存款人能够在很短时间内获得存款保险公司的偿付）。

从宣布银行破产到存款人获得支付期间，存款人无法获得存款保险公司的赔偿，因此产生流动性成本。存款人出于担心无法获得必要的流动性，会在预期到银行破产之后采取挤兑行为。在完全存款保险制度下，银行流动性问题依然存在。

3. 部分存款保险条件下的存款人信心危机

部分存款保险条件下，存款保险仅覆盖部分存款本金和利息，存款人依然存在数量不同的风险敞口。在信息不对称条件下，风险敞口引起的存款人对存款损失和流动性风险的担心会引发类似没有存款保险情况下的银行流动性问题。不过，随着存款保险覆盖存款比例的增加，这种流动性问题会相对缓解。

被存款保险覆盖的存款人的行为与完全存款保险条件下的存款人行为一致，将因承担银行破产期间的流动性风险而可能采取极端的挤兑行为。

二、最后贷款人制度是解决银行流动性问题的重要手段

由于银行缺乏流动性会产生严重的外部性，存款保险制度却不能提供有效的解决办法，因此有必要提供必要的救助措施，为出现银行流动性问题提供应急流动性支持。一般来说，由中央银行实施的最后贷款人制度是提供这种流动性支持的重要机制。

（一）最后贷款人制度的适用范围

在进一步讨论最后贷款人制度之前，我们必须明确导致银行流动性缺失的原因，这些原因主要包括两类：银行流动性管理不佳和市场冲击导致的系统性风险。最后贷款人制度应该为上述两种原因导致的银行流动性问题提供流动性支持。而对于由银行的投资失误导致的支付能力缺乏，则应该对其实施破产，不能够作为最后贷款人支持的系统性的紧急流动性缺乏范围。如丹麦的《银行法》规定，中央银行可以在流动性危机中临时帮助银行，但无力偿债的银行除外。

1. 单纯的流动性问题的解决

对由于银行流动性管理不善导致的流动性问题，如果提供必要的短期流动性支持，这些流动性问题能够得到很好的解决，并且不会给银行造成显著损失。在平稳度过资产负债缺口阶段后，到期银行资产的数量将超过到期负债数量，银行能够偿还借入的流动性资金，因此不会造成支付危机。但如果在危机发生时缺乏必要的流动性支持，不但会导致单家银行破产，产生破产成本，还会导致危机的蔓延，进而扩大为系统性风险。

对于这类流动性问题，应该由最后贷款人制度提供短期的流动性支持。但是必须注意的是，最后贷款人制度并不是能够随意获得的，这种流动性支持必须具备一定的激励作用，促使银行改善流动性管理。

2. 解决系统性冲击造成的流动性问题

对于由通货膨胀和汇率剧烈波动等宏观因素导致的银行流动性冲击，应该由最后贷款人制度提供流动性支持。一方面，调控宏观经济，避免发生系统性风险是一个国家政府防范重要金融风险的底线，也是政府的经济职能之一，政府需要承担一定责任，避免由于系统性风险诱发的银行流动性危机。另一方面，与前面一种流动性问题不同，系统性冲击导致的流动性危机发生时，银行很难从其他机构获得资金支持。作为银行短期流动性资金的重要供应方的银行同业市场借贷在系统性风险发生时规模急剧紧缩，原因是所有银行都存在着类似的流动性缺口。对这种银行流动性冲击，最后贷款人制度应该提供必要的紧急流动性支持。

系统性风险的另一个来源是单家银行流动性问题引发的蔓延式危机。由于这种流动性冲击具有明显的外部性特征，而政府是解决包括外部性问题在内的市场失灵主体，理应承担起救助职能。

（二）最后贷款人制度的银行监管作用

最后贷款人制度的主要作用是在银行发生流动性冲击时，为其提供流动性支持。但是对于银行来说，应当了解这一制度并非被动实施的，通过其实施界限和实施条件约束，最后贷款人制度具有重要的监管意义，是一种重要的银行监管手段。在实践中，通常将最后贷款人制度归入救助性监管措施。

1. 实施界限的监管作用

正如前面提到的，最后贷款人制度的实施界限是向由于单纯管理原因而面临流动性冲击和系统性流动冲击的银行提供短期流动性支持，而不对缺乏支付能力的银行提供贷款。

最后贷款人制度实施界限的监管作用主要体现在：有效的最后贷款人制度能够区分缺乏流动性的银行与缺乏支付能力的银行，因此降低了银行逆向选择的危害。

2. 实施条件的监管作用

最后贷款人制度的实施条件主要是指中央银行提供流动性支持的利率设计。有效的利率机制能够提高银行的事前流动性管理努力程度，从而最大限度地避免流动性危机。

银行流动性管理是银行管理中一项重要的日常工作，但是在最后贷款人制度存在的情况下，银行经常忽视对流动性的管理，而是寄希望于万一出现流动性冲击时依靠最后贷款人提供的流动性支持。最后贷款人制度的设计中可以考虑纳入银行流动性管理参数，从而将流动性支持的条件和价格直接与银行流动性管理质量相关联，从而形成事前的有效激励。

（三）最后贷款人制度的实施

1. 最后贷款人制度的实施主体

从各国的实践来看，最后贷款人既有由中央银行担当的，如丹麦；也有由存款保险公司担当的，如美国。由中央银行担当最后贷款人存在一定弊端，因为这会影响中央银行的货币供给量控制，可能破坏中央银行货币政策的整体性和一致性。但是，由存款保险公司实施最后贷款人制度也存在一定问题：一方面，存款保险的目的在于补偿存款人因银行缺乏支付能力而造成的损失，而不是银行的暂时流动性问题；另一方面，存款保险公司无法满足由于系统性风险造成的银行流动性需求。

考虑到中央银行能够通过再贴现业务等手段快速便捷地满足银行的紧急流动性需要，并且有能力支付应对系统性流动冲击的货币需求，因此由中央银行作为最后贷款人的实施主体更为恰当。为减轻对中央银行货币政策造成的影响，虽然中央银行是最后贷款制度的实施主体，但是存款保险公司应该对中央银行的贷款提供担保。本章第二节和第三节将讨论具体的实施机制。

2. 最后贷款人制度的实施手段

实施最后贷款人制度的主要手段是中央银行的再贴现。一方面，作为中央银行宏观调控的重要手段，通过再贴现率调节货币供应量。另一方面，也能发挥最后贷款人制度的激励约束作用。此外，再贴现具有灵活性的特点，便于缺乏流动性的银行及时地获得资金支持。《中国人民银行法》明确指出，中国人民银行向商业银行和其他金融机构提供再贷款的目的是解决其短期资金短缺的问题，补充其短期流动性缺乏。

三、最后贷款人制度面临的困境

最后贷款人制度已经实施了很长时间。Bagehot（1873）的经典观点认为最后贷款人政策至少需要满足三个条件：①贷款只能提供给有支付能力的机构，并需要良好的担保；②贷款必须执行惩罚利率，因此银行不能使用这些资金进行当前的业务运营；③中央银行应该在事前明确能够向有支付能力并能提供足够担保的银行提供无限制的借款。

但是在实践中，对 Bagehot 关于最后贷款人制度的经典观点存在严重争议，最后贷款人制度的实施也因此陷入了困境。

（一）流动性与支付能力问题的区分

Bagehot（1873）的经典观点认为最后贷款人制度需要保证贷款只能提供给有支付能力的机构，并且中央银行应该在事前明确能够向有支付能力并能提供足够担保的银行提供无限制的借款。

但在实践中，很难区分银行的流动性短缺和流动性危机。最后贷款人制度的原则是为银行提供流动性工具，但仅限于流动性短缺，而非存在流动性危机的银行。然而，实际情况是，监管机构很难明确界定流动性危机与流动性不足之间的差异。事实上，由于缺乏流动性，银行在缺乏支付能力的情况下，风险敞口的暴露往往是以流动性不足的表现形式被外界了解的。在此之前，银行通过吸收存款来维持流动性并隐藏损失。一般客户或者非专业人士不会怀疑一家没有出现流动性不足的银行已经处于资不抵债的状况。而流动性缺乏一旦被发现，银行的资不抵债程度可能已经非常严重了，并面临随时破产的可能。

（二）银行道德风险问题

中央银行提供的旨在保护银行的稳定与安全、维持和恢复社会公众信心的最后贷款人制度在消除金融恐慌的同时，如果缺乏有效激励，又会导致银行的道德风险问题。

如果一家银行在出现流动性危机时可以期望央行给予低成本的流动性支持，就会产生道德风险。由于知道会获得救助，银行会放松对流动性风险的管理。由于信息不对称以及存款保险制度的存在，银行存款人缺乏对银行实施积极治理的能力和动机。同样地，银行管理者也会出现道德风险倾向。部分银行尤其是那些将自己视为对于监管机构来说非常重要、规模很大且破产影响巨大的银行，认为在出现挤兑、现金流动性不足等危机问题时，中央银行不会坐视其倒闭或者破产，相反会提供帮助，包括贷款便利等的救助措施。而对于这类银行来说，中央银行救助就成为其可以确信的风险转移机制，在这种情况下，银行就会放松风险约束，从而追求那些高风险、高收益的项目，因为回报是归银行所有，而当问题出现时，却由中央银行或投资者承担损失，这必将加重银行体系的不稳定。

更为严重的情况是当银行真实的资本充足状况极差时，银行股东也会产生道德风险激励。正是由于银行的道德风险行为缺乏有效的监督和控制，银行股东和管理者在银行经营面临严重困境以至于缺乏足够的支付能力时易于采取被称为"垂死一搏"的投机行为，利用信息优势，通过伪装成缺乏流动性的银行，获得外部资金支持，投资于风险较高的项目，以求得最后的一线生机。但是这种投机性的投资成功概率很低，预期净现值为负，因此会进一步造成社会损失。

（三）"太大而不能破产"政策的实施手段——存款保险还是最后贷款人制度

通常情况下，最后贷款人制度的实施对象是发生暂时流动性危机的银行，而不是缺乏支付能力的银行。但是，对于"太大而不能破产"的银行发生的支付能力危机，最后贷款人制度的适用性却存在争议。

出于担心规模太大的银行破产产生的外部性影响，当大型银行出现支付能力危机时，各国银行监管当局通常会避免实施对大型银行的破产，而是对其进行救助，这就是"太大而不能破产"政策。但是，对于救助措施的实施主体却存在争议。一种观点认为大型银行出现危机的原因是缺乏支付能力，因此救助的款项应来自为补偿风险损失而征收的存款保险基金，救助措施的实施主体应该是存款保险公司。而另一种观点认为，随着银行同业市场的发展，大型银行的资金来源与中小银行不同，并不主要来自储户的分散存款，而主要由拆自其他银行的资金构成。大型银行因缺乏支付能力而陷入危机，如果不能快速获得流动性支持，向其拆出资金的关联银行就会陷入流动性危机。而存款保险机构的赔偿通常需要经过更加复杂的程序和较长的时限，难以满足紧急流动性需求。为避免产生大规模的流动性危机，最后贷款人就应对大型银行的支付危机提供紧急流动性支持。

（四）最后贷款人制度与银行同业市场的替代问题

Goodfriend 和 King（1988）提出，完全担保的回购市场允许中央银行提供充足的总量流动性，并且将对银行非担保贷款的责任留给了银行同业市场，因此赋予银行同业市场同行监督功能，引入了市场约束。这一理念认为，中央银行提供的流动性贷款应该是完全担保的，而银行同业市场的贷款应采取非担保形式，从而确定了最后贷款人制度与银行同业市场在提供紧急流动性支持功能上的分工。

但是我们应该看到，一方面，中央银行作为政权机构拥有改变贷款索取权优先性的权力。在存款保险制度下，中央银行可以以贷款优先索取权取代传统的以票据为抵押品的担保方式。因此中央银行有能力在实施最后贷款人制度方面发挥更加重要的作用。另一方面，当银行资产存在严重风险的危机时，由于需要支付很高的利差，银行同业市场的借贷会对银行施加惩罚。在信息不对称情况下，银行同业市场机制同样难以区分缺乏支付能力的银行和仅仅缺乏流动性的银行，为避免风险就会对两者施以同样的惩罚性利率，从而导致效率损失。

不仅如此，当出现系统性风险时，几乎所有银行都将面对相同的流动性问题，银行同业市场无法提供紧急流动性支持。为解决最后贷款人制度与银行同业市场的替代性问题，我们将在第二节和第三节进行深入分析。

第二节　最后贷款人制度的治理激励模型

本节我们将在扩展 Freixas 等（2004）模型①的基础上通过建立有效的治理激励模型解决最后贷款人制度面临的两种困境：①难以将流动性冲击与支付能力冲击相区分；②道德风险和"垂死一搏"是银行面临财务危机时的典型行为。

在本章第一节谈到，最后贷款人制度的一个重要动机是阻止系统风险。系统风险包括两个方面：一方面是蔓延，另一方面是宏观经济风险。由于单家银行的问题可能触发广泛的金融危机，而对单家银行的公共支持有助于阻止蔓延的发生。因此，我们将不考虑蔓延问题，而是集中讨论最后贷款人制度的激励方面。

一、模型的基本框架

我们考虑一个三期经济（$t=0$，1，2），其中利润最大化的银行提供存款合约，并投资于长期风险项目。在 $t=0$ 期，银行筹集股本金、存款，并进行贷款投资。在 $t=1$ 期，银行可能处于三种状态，设 $k=S$，L，N，即银行可能分别面对来自银行融资的长期项目的损失导致的支付冲击（$k=S$）；来自缺乏耐心的客户的不确定性提款导致的流动性冲击（$k=L$）或者没有冲击（$k=N$）。银行也表现为三种类型：缺乏支付能力、缺乏流动性或者正常状态。在 $t=2$ 期，投资回报在存款人和银行股东间分配。

（一）银行和存款人行为假设

正如 Diamond 和 Dybvig（1983）提出的，银行服务于大量的风险规避的存款人，由于存款人的消费需求时间具有特征性，他们需要流动性保险。假设无风险

---

① Xavier Freixas, Bruno M. Parigi and Jean – Charles Rochet. The Lender of Last Resort: A 21st Century Approach [R]. Working Paper, 2004.

利率为零，且存在保护所有存款的存款保险基金。存款保险由定价精算公平的保费支持。由于存款人完全由存款保险机构提供保护，提供给存款人的最优契约允许他们在任何时候提取初始存入的金额 D。在本模型中，被完全保险的存款人是完全缺乏银行治理动机的。虽然在部分存款保险制度下，银行中有相当比例的存款是由大型的未被保险的存款人持有的。然而，由于在许多危机解决实践中，大型存款人通常事实上被完全保险，因此我们可以假设只有一类存款人，他们被完全保险。

不考虑银行股东与管理者之间的内部代理问题，并且假设风险中性的银行经理（银行家）努力最大化银行股东的价值。假设存在一家监管机构，负责向银行家提供激励以使得其投资于安全稳健的项目。如果银行不能满足监管条件，监管机构可以在 $t=0$ 期拒绝银行注册，并且在发现银行缺乏支付能力后可以在 $t=1$ 期关闭银行。

在 $t=0$ 期，银行筹集金额 $D+E$（存款加股权），支付存款保险费 P，并且进行贷款投资 I。在 $t=0$ 期，银行的预算约束为：

$$I+P=D+E \tag{5-1}$$

假设在市场利率条件下存款供给是无限弹性的（为零），股权数量是固定的，存在完全的市场竞争，从期间 $t=1$ 到 $t=2$，银行同业市场可以以公平利率提供任何数量的贷款，不存在总流动性短缺，且投资的规模收益不变。在 $t=2$ 期，当投资成功时，总回报率为 $\overline{R}=R_1$；而在失败时，总回报率为 $\widetilde{R}=R_0$，$R_1>1>R_0>0$。

在我们的分析中，衡量监管是否有效的标准是缺乏支付能力的银行是否能被及时发现并关闭，或者即使缺乏支付能力的银行无法被监管者发现，监管者也能够提供有效的激励使其在 $t=1$ 期自动宣布破产。

（二）外部冲击情况

状态 $k=S$，L，N 是银行家的私人信息，冲击在 $t=1$ 期发生。状态 S（支付能力冲击）发生的概率为 β_S，此时银行家知道银行缺乏支付能力，即其投资在 $t=2$ 期成功的概率为零，此时银行的总投资回报率 $\widetilde{R}=R_0$。如果状态 S 没有发生，成功的概率为 p，但是银行可能遭受流动性冲击（状态 L），这种状况发生的非条件概率为 $(1-\beta_S)\beta_L$。在状态 L，银行因面对大规模提取存款而缺乏流动性，我们假设提款数额相对于银行资产的比例为 $\ell \equiv \lambda I$，$0<\lambda<1$。对于不能够满足存款保险要求的存款提取条件并缺乏流动性的银行，将被要求在 1 期进行清算。资产的清算价值为 $R_0 I$，与银行破产时相等。最后银行处于 N 状态（无冲击）的非条件概率为 $(1-\beta_S)\beta_N$，其中 $\beta_N+\beta_L=1$。

（三）银行家激励

假设银行家在贷款投资构成中的主要职责是：①在 $t=0$ 期筛选项目。即选择具有合理成功概率的项目。②在 $t=1$ 期监控项目。即确保借款人尽可能完成偿还义务。

监管者关闭缺乏支付能力的银行的行为将影响银行家的收益以及其筛选和监控贷款的激励。正如我们下文所提到的，给定规模收益不变的假设，这些激励由银行在不同状态下的预期收益率决定。令 $B_k^j \geqslant 0$ 代表银行家在 $t=2$ 期的预期收益率，在状态 $k=L, N$ 出现后，成功时 $j=1$，失败时 $j=0$。假设 $B_k^0=0$，因此 B_k^1 可以被简化为 B_k，$k=L, N$。令 B_S 代表银行家在状态 S 时的收益。

1. 银行家的筛选决策

在 $t=0$ 期实施筛选努力将耗费银行家 e_0 的成本，并且因此将支付能力冲击的概率限制在 β_S。而在银行家缺乏筛选努力时，支付能力冲击的概率提高为 $\beta_S + \Delta\beta$，$\Delta\beta > 0$。当且仅当事前实施筛选努力获得的收益超过不努力时收益，银行家才会实施筛选努力，即：

$$\beta_S B_S + (1-\beta_S)p(\beta_N B_N + \beta_L B_L) - e_0 \geqslant (\beta_S + \Delta\beta)B_S + (1-\beta_S - \Delta\beta)p(\beta_N B_N + \beta_L B_L) \qquad (5-2)$$

简化可得：

$$p(\beta_N B_N + \beta_L B_L) \geqslant \frac{e_0}{\Delta\beta} + B_S \qquad (MH_0) \qquad (5-3)$$

我们称式（5-3）为 $t=0$ 期的道德风险约束（或者筛选约束）。

2. 银行家的监控决策

在 $t=1$ 期实施监控努力将耗费银行家成本 e_1，并且确保银行投资的成功概率为 p。缺乏监控努力，成功的概率将下降为 $p(1-\delta)$，$0<\delta<1$。当且仅当满足下面条件时，银行家将在状态 k，$k=L, N$ 后实施监控努力，即：

$$pB_k - e_1 \geqslant p(1-\delta)B_k \qquad (5-4)$$

可简化为：

$$B_k \geqslant \frac{e_1}{\delta p} \qquad (MH_1) \qquad (5-5)$$

我们将式（5-5）称为 $t=1$ 期的道德风险约束（或监控约束）。

（四）银行监管

在我们的模型中，银行监管是公平的，存款人不能控制银行家的筛选和监控行为。监管能够确保银行家有合适的激励实施筛选和监控努力，并且存款保险机构无任何预期损失。

银行监管可以被视作监管机构与银行家之间的契约。这一契约规定了银行可以贷出的金额 I 以及银行家在不同状态下作为银行股权 E 以及刻画投资和银行家行为参数的函数的利润率。监管者有权设定资本金要求、存款保险费率、向宣布自身类型的银行承诺不同的利润率、收回缺乏支付能力银行的执照等。与其他代理人相比，监管者没有信息优势，他们的资源仅来自公平定价的存款保险。通过这些参数，监管者向银行家提供正确的激励。

银行监管者向银行家提供激励降低了为银行能够支付给存款人的收益，因此造成了存款人参与约束。项目的总预期收益 $\overline{IR}$，此时项目在 $t=0$ 期的预期收益率 $\overline{R} \equiv \beta_S R_0 + (1-\beta_S)(pR_1 + (1-p)R_0)$ 必须在被保险的存款人和银行家之间分配。由于存款收益为零，但是需要支付保费 P，因此被保险的存款人获得数量为 $D-P$ 的净收益。为向银行家提供合适的激励，银行监管者必须承诺最低预期收益率 $\overline{\pi} \equiv \beta_S B_S + p(\beta_L B_L + \beta_N B_N)(1-\beta_S)$。为使得项目能够向所有的索取权人提供支付，需要满足：

$$\overline{IR} \geqslant \overline{\pi} I + D - P \tag{5-6}$$

用式（5-1）替代式（5-6）中的 $D-P$，结果可得在 $t=0$ 期，外部投资人的参与约束（IP）为：

$$I(\overline{R}-1) \geqslant \overline{\pi} I - E \tag{5-7}$$

本约束说明了在无风险利率为零的情况下，作为社会剩余（不等式（5-7）的左半部分）的银行资产预期净收益至少需要等于银行股东价值的预期增长（不等式（5-7）的右半部分），或者相当于银行没有外部资金支持。

假设在 $t=0$ 期，项目有正的预期净现值，即 $\overline{R}>1$，并且银行需要资本，即 $\overline{R}<1+\overline{\pi}$。因为 $\overline{R}>1$ 意味着 $pR_1+(1-p)R_0>1$，即缺乏流动性的银行如果能够持续经营将能够产生正的预期净现值。

投资者参与约束（IP）能够表述为资本充足率要求：

$$\frac{E}{I} \geqslant K \tag{5-8}$$

其中，$K \equiv \overline{\pi} + 1 - \overline{R}$ 为我们假设为正的资本比率。

式（5-8）意味着在资本充足率要求不变的情况下，总股本的增长 ΔE 会导致银行规模的增长 $\Delta I = \dfrac{\Delta E}{K}$，因此会使预期产出增加 $\Delta I(\overline{R}-1)$。

二、完全信息条件下的治理激励模型

我们首先考察 $t=1$ 期冲击的类型为公共信息的情况。在此条件下，缺乏支付能力的银行在 $t=1$ 期会被发现。

（一）监管有效时的最佳配置

首先讨论使银行在 $t=0$ 期筛选贷款申请人，而在 $t=1$ 期对借款人进行监控的最佳情形。

考虑参与约束（IP）等于资本充足要求式（5-8）的情形。由于规模收益不变，I 没有在其他三个约束中出现，因此式（5-8）一定是紧的，$I = \dfrac{E}{\bar{\pi} + 1 - \bar{R}}$。实现社会效益最大化的最佳配置可以通过最小化有限责任和道德风险约束条件下的银行家事前预期收益率 $\bar{\pi}$ 来实现，即解下面的规划（$\wp^1$）：

$$\min_{B_S, B_L, B_N} \bar{\pi} \quad \text{s. t.} \tag{5-9}$$

$$B_S \geq 0 \quad (LL) \tag{5-10}$$

$$p(\beta_N B_N + \beta_L B_L) \geq \frac{e_0}{\Delta\beta} + B_S \quad (MH_0) \tag{5-11}$$

$$B_k \geq \frac{e_1}{p\delta} \quad k = L, \ N \quad (MH_1) \tag{5-12}$$

规划（$\wp^1$）的解可以描述为：

命题（5-1）：当监管有效时，最佳配置为缺乏支付能力的银行（状态 S）的收益为零，而在另两种状态（L，N）拥有相等的正收益率：$B_S = 0$，$B_N = B_L = \max\left(\dfrac{e_1}{p\delta}, \dfrac{e_0}{p\Delta\beta}\right)$。

命题（5-1）的证明如附录二所示。

（二）最佳配置的实施

现在讨论为实现上述有效配置需要进行怎样的制度安排。首先注意 $B_s = 0$ 仅在关闭缺乏支付能力的银行，并完全剥夺股东利益时实现，这与标准的破产程序一致。最佳配置的第二个特征是无论银行是否经历流动性冲击，银行家在两种状态下获得相同的利润率（$B_N = B_L$）。由于缺乏流动性的银行不得不借入 λI（为偿付在 $t=1$ 时的未预期提款），其在 $t=2$ 期的利润率为：

$$B_L = R_1 - \frac{(D - \lambda I) + \rho}{I} \tag{5-13}$$

其中，$D - \lambda I$ 代表对在 $t=1$ 时未提款存款人的偿付，而 ρ 代表对 $t=1$ 时贷款合约的偿付。由于我们已经将无风险利率标准化为 0，$\rho - \lambda I$ 可以被解释成银行借款的净成本：

$$\rho - \lambda I = \sigma \lambda I \tag{5-14}$$

其中，σ 是贷款人向借款银行收取的利差。由于我们假设了竞争性的银行同业市场，如果银行同业市场是完全担保的，这一利差为 0；如果存在道德风险，则利差为正。

相反，处于正常状态（N）的银行无须在 $t=1$ 期借款，在 $t=2$ 期成功的收益率是：

$$B_N = R_1 - \frac{D}{I} \tag{5-15}$$

通过式（5-13）、式（5-14）和式（5-15）三者的关系，可得：

$$B_N - B_L = \sigma\lambda \qquad (5-16)$$

命题（5-1）显示效率要求 $B_N = B_L$，即银行同业市场不存在风险利差。这意味着银行同业市场贷款的偿付必须是完全担保的。因此，我们需要从程度上区分冲击的两种情况。如果冲击相对于银行资产价值来说很小，银行能够在最坏的情况下以担保品承诺偿还（$\lambda < R_0$），那么最优配置的实施就不需要存款保险机构有任何直接介入，因此银行间贷款或者其索取权优先于存款，或者被完全担保。通常情况下，如果涉及的时间段很短，冲击会很小，如美国的贴现窗口通常以典型的每天几亿美元为标准。

如果冲击较大（$\lambda > R_0$），贷款就不能得到完全担保，因此就无法实施最佳配置，除非银行间贷款被存款保险机构担保。救助银行可能导致损失，因此要求有额外的资源。额外的资源可以来自存款保险资金，以此增加存款保险机构的保费和降低投资规模，或者如果银行破产将导致蔓延就会使用纳税人的资金。

非担保的银行同业市场导致无效率配置的原因在于当银行同业市场的贷款存在风险时，由于信用风险的利差导致 B_L 下降，即 $B_L = B_N - \sigma\lambda$，银行同业市场贷款利率相对正常银行贷款的利率提高。然而，由于监控风险约束，B_L 不能小于 $\frac{e_1}{p\delta}$。这意味着 B_N 不得不提高，导致银行贷款总量下降，资本比率上升，社会剩余下降。

在实践中，当冲击较小（$\lambda < R_0$）时，对银行同业市场贷款的担保可以由包括存款保险机构在内的银行监管机构担当。这种可行性依赖于监管机构具有对银行信息的优势。如果没有这种担保，即使冲击的规模小于借款银行经营失败时的剩余价值，一方面由于贷款行可能对此并不了解，另一方面可能担心借款行经营失败后的清算过程复杂，因此影响资金的偿还效率，贷款行将收取利率风险溢价，从而造成效率损失。因此最佳配置条件下，银行同业市场的贷款必须是完全担保的。

实施最佳配置的另一个参数是资本比率和存款保险保费。银行最大化 I 产生了投资的最佳水平 $\bar{I}$，从式（5-8）中获得资本比率 K。

$$K \leq \frac{E}{\bar{I}} \qquad (5-17)$$

被选择与最佳状态一致，即：

$$E = [\bar{\pi} - \bar{R} + 1]\bar{I} = \bar{K}\bar{I} \qquad (5-18)$$

$\bar{K}$ 代表使式（5-17）为等式的资本比率。精算公平的存款保险费率是：

$$P = [\beta_S + (1-\beta_S)\beta_N(1-p)][D - R_0\bar{I}] + [(1-\beta_S)\beta_L(1-p)][D - (R_0+\lambda)\bar{I}] \qquad (5-19)$$

$t = 0$ 时银行的预算约束式（5-1）与式（5-19）共同确定了 P 和 D 的值。

三、有效关闭条件下的治理激励模型

实践中更为现实的情况是银行监管机构无法了解银行的冲击类型，我们从现在开始讨论缺乏支付能力的银行不会被监管者发现，并且能够努力"垂死一搏"情况下的治理激励机制，并寻求最佳配置。

假设在 $t=1$ 期缺乏支付能力的银行与缺乏流动性的银行有相同的流动性需求，并能够借到与缺乏流动性银行获得的相同数量的流动性 λI，用于投资而不被发现。进一步假设这一附加的投资给予缺乏支付能力的银行第二次机会——为正值的成功概率 $p_g \equiv \alpha p$，且 $0 < \alpha < 1$。然而，我们假设缺乏支付能力的银行的持续投资会对银行资产的价值造成破坏，即其再投资有负的预期净现值，p_g（R_1 - R_0）$< \lambda$。尽管这样，缺乏支付能力银行的经理决定使用这一再投资成功的可能性来提高银行复苏的机会。我们将这一投机行为称为"垂死一搏"。这与美国20世纪80年代的储蓄贷款机构的行为相似。

向银行家提供不进行"垂死一搏"的激励意味着在 $t=1$ 期宣布破产的银行家被允许获得正收益。我们可以将其解释为对缺乏支付能力银行的救助行为。在救助行动后，银行家的收益率 B_S 必须至少等于从"垂死一搏"投机行为中获得的预期收益。进行"垂死一搏"的缺乏支付能力的银行在成功时获得与缺乏流动性的银行相同的收益率 B_L。然而，这家银行必须进行额外的投资 λI。在成功情况下"垂死一搏"的收益率是 $B_L - \lambda$，并且预期收益率是 p_g（$B_L - \lambda$）。因此如果缺乏支付能力的银行获得至少等于引入新约束的这一价值的预期利润率，就可以阻止其"垂死一搏"的投机行为。

$$B_S \geq p_g(B_L - \lambda) \quad (GFR) \tag{5-20}$$

避免"垂死一搏"的最有效方式是监管机构向缺乏支付能力的银行家提供货币激励，使其自主宣布破产。这意味着在实践中，监管机构能够组织有效的关闭程序以避免"垂死一搏"的投机行为。与前面谈到的有效监管情况不同，在这种情况下，银行家获得严格正的收益 B_S。但是这也意味着银行将面临更高的事前资本金要求，并进行更少的投资。

为获得最优契约，我们采用与有效监管条件相同的处理方式，资本金要求为：

$$I(\overline{R} - 1) \geq \tilde{\pi} I - E \tag{5-21}$$

在此，银行家的事前预期收益率为：

$$\tilde{\pi} \equiv \beta_S B_S + p(\beta_L B_L + \beta_N B_N)(1 - \beta_S) \tag{5-22}$$

可以通过解下面的规划（$\wp^2$）获得：

$$\min_{B_L, B_N, B_S} \tilde{\pi} \text{ s. t.} \tag{5-23}$$

(LL)，(MH_0)，(MH_1)，(GFR)

在建立最佳契约之前，不得不对冲击的程度设定条件。我们在上文根据冲击是否超过最坏情况下银行资产的价值区分了两种情况。GFR 约束的出现引入了一个新的要素：如果冲击很大，导致 $\lambda > \frac{e_1}{\delta p}$，GFR 约束就不是紧的。因此缺乏支付能力的银行将发现进行"垂死一搏"并不合适，并且规划（$\wp 2$）的解与规划（$\wp 1$）相同。因此，我们集中讨论 $\lambda < \frac{e_1}{\delta p}$ 的情况。

我们得出以下结论：

命题（5-2）：如果冲击很小 $\left(\lambda < \frac{e_1}{\delta p}\right)$，那么（$\wp 2$）有唯一解。该解使得公开缺乏支付能力信息的银行家获得最小的预期收益以阻止他们进行"垂死一搏"的投机活动：$B_S = p_g \left(\frac{e_1}{\delta p} - \lambda\right) > 0$。在其他状态下（$L$ 和 N）的利润率依赖于何种道德风险约束是紧的。

如果监控约束是紧的 $\left(\text{情况 a：} \frac{e_1}{\delta} \geqslant \frac{e_0}{\Delta \beta} + B_S\right)$，那么银行家无论是否经历流动性冲击都将获得同样的利润率：$B_N = B_L = \frac{e_1}{p\delta}$。

相反，如果筛选约束是紧的 $\left(\text{情况 b：} \frac{e_1}{\delta} < \frac{e_0}{\Delta \beta} + B_S\right)$，那么未经历流动性冲击的银行家将获得更高的利润率：$B_N = \frac{1}{p\beta_N}\left(\frac{e_0}{\Delta \beta} + B_S\right) - \frac{\beta_L}{\beta_N}\frac{e_1}{p\delta} > B_L = \frac{e_1}{p\delta}$。

命题（5-2）的证明如附录二所示。

命题（5-2）刻画了在监管无效率（即在 $t=1$ 期无法发现缺乏支付能力的银行），但是 FSA 或者 DIF 有权直接向在 $t=1$ 期自发宣布破产的缺乏支付能力的银行家提供货币激励的情况下的最佳配置。通过这种方式，"垂死一搏"的投机行为得以避免。

第三节　最后贷款人治理激励机制的实施

一、最后贷款人制度的实施前提

从命题（5-2）可以看出，当市场约束较弱并且因此监管者主要关注于引

导银行家在 $t=1$ 期进行对贷款的监控（情况 a）时，就不需要对在 $t=1$ 期具有支付能力，但是缺乏流动性的银行借款实施惩罚利率（$B_N=B_L$）。结果是有效配置的实施与冲击类型信息公开条件下的缺乏流动性的银行以及缺乏支付能力的银行能够被识别的情况相一致。假设银行间贷款具有优先偿还性或者被完全担保，银行同业市场就能够实现有效配置，而无需中央银行介入。

而当市场约束足够强以至于监控道德风险约束多余（情况 b）的时候就会出现许多问题。重要的问题是引导银行家在 0 期进行努力，筛选贷款申请人。为实施这种条件下的有效配置，就必须在 1 期对缺乏流动性银行的贷款设定惩罚利率，利差为 σ^*，使得 $B_N-B_L=\sigma^*\lambda$。

银行同业市场的利率由零预期收益率确定，当缺乏支付能力银行能够被救助时，令利差为 σ（$\beta_S=0$）。因此，仅当银行同业市场的利差与最佳利差一致时（σ（$\beta_S=0$）$=\sigma^*$），银行同业市场才能实现有效配置。通常，有效配置无法实现，我们不得不考虑最佳利差是否超过银行同业市场利差 $\sigma^*>\sigma$（$\beta_S=0$），还是情形相反的两种情况。

在第一种情况下，$\sigma^*>\sigma$（$\beta_S=0$），作为最后贷款人的中央银行不可能以最佳利率 σ^* 提供紧急流动性支持。因此中央银行的作用被限定于最佳利差低于银行同业市场利差 $\sigma^*<\sigma$（$\beta_S=0$）的情况。银行同业市场的出现对最后贷款人激励方案的作用提出了限制，仅将最后贷款人的作用限制为鼓励银行家实施筛选努力，并且银行同业市场利率高于最佳利率 σ^* 的情况。

总的来说，当道德风险的主要类型是监控风险（情况 a）时，完全担保的银行同业市场可以实现效率配置。然而，当主要的道德风险来源是筛选风险时（情况 b），银行同业市场应该是非担保的，并且中央银行贷款能够发挥作用。

为实施有效配置，我们从命题（5-2）中直接推导出中央银行提供紧急流动支持的条件。

命题（5-3）：当贷款是完全担保的时候（$\lambda<R_0$），如果筛选约束是紧的，并且如果最佳利差 σ^* 低于银行同业市场利差 σ（$\beta_S=0$），中央银行能够以完全担保为条件以 σ^* 利率贷款来改善非担保的银行同业市场的效率。

二、最后贷款人制度的实施框架

（一）中央银行与银行同业市场的贷款担保结构

我们现在讨论作为最后贷款人的中央银行如何实施有效配置，替代银行同业市场的问题。由于中央银行能够强制借款银行以银行资产为抵押品贷款，因此能够以比银行同业市场更为优惠的条件提供贷款，中央银行的贷款是完全担保的。然而，仅当 $\lambda<R_0$ 时才可能实现完全担保。当冲击的程度较大，使得 $\lambda>R_0$ 时，无法进行担保贷款，因此最佳配置无法实施。

同时，在有效关闭的情况下，银行同业市场的贷款应该是无担保的，原因在于完全担保的银行同业市场是无效率的。在情况 b 中，效率解要求在 B_N 与 B_L 之间的利差 $B_N = B_L + \lambda\sigma$。当 σ（$\beta_S = 0$）$< \sigma^*$ 时，发放完全担保贷款的银行将获得比最佳利差 σ^* 情况下更少的剩余。

在实践中，许多国家的法律要求中央银行贷款必须是被担保的，尽管组成合适担保品的种类十分多样，但这些贷款通常是以再贴现的方式发放的。担保贷款的初衷是避免中央银行成为破产银行的债权人，如果这样就会造成中央银行资本的损失或者在中央银行成为被监管主体的债权人时引发利益冲突。中央银行可以强制获得借款的银行债务索取权的优先性，因此相对于银行同业市场更为有利。Gorton 和 Huang（2002）明确提出由于政府比私人机构拥有更大的权力——他们可以剥夺资产，因此能够通过提供流动性对银行业实施改善。

Kaufman（1991）以及 Goodfriend 和 Lacker（1999）研究认为，在美国，联邦储备机构提供的贷款通常要求担保，而联邦存款保险公司的目标是对无法通过担保在联邦储备机构获得借款的银行实施银行破产方案，以缓解联邦储备机构担保品价值下跌的风险。因此，这种风险转移至存款保险基金。在欧洲体系中，所有由欧洲央行体系实施的信贷操作必须使用担保，但是相对于美国的联邦储备机构，欧洲央行体系接受更为广泛的担保品。在紧急流动性救助安排中，欧洲体系的最后贷款人制度主要由各国央行根据自身的动机，而不是根据欧洲央行的动机实施，各国央行无须欧洲央行的授权就可以向银行发放不超过一定限额的担保贷款。但是，可能对货币供给造成潜在影响的更大规模的贷款必须得到欧洲央行的批准。由于各国央行实施的紧急流动性救助的风险和成本由本国承担，各国央行应该可以在各国独自承担风险的基础上，在实施担保政策方面拥有一定的自由度。类似地，IMF 贷款享受票面优先债权人的地位，尽管这一条款并无法律基础。例外的情况是，瑞士国家银行遵循向整个银行市场而不是单家银行提供援助的原则。在英国，没有正式的机构对英格兰银行紧急流动性支持条款提供指导，中央银行拥有更大的遵循随意性，体现了传统的"建设性模糊"的观点。

（二）最后贷款人的介入时机

命题（5-3）描述了中央银行在实施有效配置中提供紧急流动性支持的两个条件。这些条件要求筛选约束被限定为：

$$\frac{1-\alpha}{\delta}e_1 \le \frac{e_0}{\Delta\beta} - \alpha p\lambda \tag{5-24}$$

并且银行同业市场利差需大于最佳利差，由附录中的式（11）和式（12）可得：

$$\frac{e_0}{\Delta\beta} - e_1\left(\frac{1-\alpha}{\delta}\right) + p\lambda(\beta_N - \alpha) < \lambda\beta_N \qquad (5-25)$$

由上述两个方程可以得出：

$$p < \frac{\dfrac{e_0}{\Delta\beta} - e_1\left(\dfrac{1-\alpha}{\delta}\right)}{\alpha\lambda} < p + (1-p)\frac{\beta_N}{\alpha} \qquad (5-26)$$

因此，由中央银行提供的紧急流动性支持仅在如下条件下是正确的：第一，$\dfrac{e_0}{\Delta\beta} - e_1\left(\dfrac{1-\alpha}{\delta}\right)$ 必须为正，这意味着筛选约束必须主宰监控风险。第二，β_N 必须足够大，或者流动性冲击的概率 $(1-\beta_N)$ 必须小，通过贴现窗口实施的紧急流动性支持必须依靠对流动性冲击的预期。第三，p 也必须小，或者银行破产概率 $(1-p)$ 足够大，这意味着紧急流动性支持在经济下滑或者银行业危机时更为需要。当银行自主宣布破产时，β_S 是不相关因素。

三、最后贷款人制度的定价问题

（一）利率定价

有效的最后贷款人制度可以将缺乏流动性银行的利润率提高到效率水平实现效率配置。这可以通过运用贴现窗口便利等方式向缺乏支付能力的银行提供贷款来实现，因此这些银行将不必支付更高的银行同业市场利差。

最后贷款定价是以更优利率向缺乏流动性银行贷款与激励缺乏支付能力银行放弃"垂死一搏"之间的均衡。这一均衡要求 B_L 必须足够低，而且必须满足缺乏支付能力银行的 B_S 的约束 $B_S \geq p_g(B_L - \lambda)$。这是确保分离缺乏支付能力银行与缺乏流动性银行的条件。事实上，缺乏支付能力的银行的获利能力低于缺乏流动性的银行，原因在于：这些银行需要额外的投资 λI，而且投资的成功概率更小，$p_g = \alpha p < p$。因此，缺乏支付能力的银行没有能力支付与缺乏流动性银行借款相同的利率。通过收取适当高的利率，中央银行限制了缺乏支付能力银行的借贷行为。

（二）存款保险定价

通过要求良好的担保，最后贷款人索取权的优先性超过存款保险机构，中央银行能够以比银行同业市场更为优惠的条件贷款。由于需要避免借款银行"垂死一搏"的投机行为，就要求收取更高比例的存款保险保费。由于中央银行拥有对银行借入资金 λI 的优先索取权，存款保险机构所能获得的破产银行资产不再是 $R_0 I$，而是 $(R_0 - \lambda) I$，因此新的存款保险保费为：

$$P = [\beta_S + (1-\beta_S)\beta_N(1-p)][D - R_0 I] + [(1-\beta_S)\beta_L(1-p)][D - (R_0 - \lambda + \lambda)I] \qquad (5-27)$$

因为 I 比缺乏支付能力银行能够被发现时更小，式（5－27）中的保费高于没有"垂死一搏"投机行为条件下的保费（式（5－19））。

（三）银行的收益率定价

在我们设计的机制中，银行监管机构向在 $t=1$ 期自主宣布破产的银行家承诺正的收益 B_S 看起来会在 $t=0$ 期导致银行的道德风险行为，并且给存款保险机构带来额外成本。实际上，只要缺乏支付能力的银行的预期利润率低于具有支付能力的银行（$B_S < \beta_L B_L + \beta_N B_N$），银行家就有正确的事前激励在 $t=0$ 期实施努力避免支付能力不足。因此，B_S 必须足够低以引导缺乏支付能力银行的自我选择，并且 $\beta_L B_L + \beta_N B_N$ 也必须足够高以确保银行家的筛选激励。

四、"垂死一搏"条件下最后贷款人制度的实施

由于很难证明监管机构向缺乏支付能力的银行提供的资金被有效地用于阻止银行进行"垂死一搏"，在监管实践中，许多国家的监管者无权自主向银行家分配资金。在这种情况下，导致前面论述的最后贷款人机制就无法实施。我们现在开始考察由于不允许银行监管机构救助缺乏支付能力的银行而导致"垂死一搏"的投机行为无法避免的情况。我们集中讨论 $\lambda < R_0$ 的情况。

在 $t=1$ 期，由于监管无效而无法被发现，缺乏支付能力的银行不存在宣布破产的激励，也不会被关闭。结果是他们以和缺乏流动性的银行相同的条件借入 λI，并且以成功概率 $p_g < p$ 进行投资。银行同业市场也充斥了逆向选择问题，这导致银行同业市场的利差较"垂死一搏"行为能够被阻止时更高。

然而，有效配置要求银行家的利润率在不同状态下保持不变。例如，对于缺乏支付能力的银行来说，利润率仍为 $B_S = p_g(B_L - \lambda)$，但是此时预期利益不是由监管机构提供的救助资金，而是通过"垂死一搏"来获得的。对银行家的最佳激励方案与命题（5－2）一致，银行家的事前预期利润率为 $\tilde{\pi} \equiv \beta_S B_S + p(\beta_L B_L + \beta_N B_N)(1-\beta_S)$。但事实上进行的"垂死一搏"缺乏支付能力的银行预期总收益 $\bar{R}$ 将降至：

$$\hat{R} = \beta_S[p_g R_1 + (1-p_g)R_0 - \lambda] + (1-\beta_S)[pR_1 + (1-p)R_0] \tag{5-28}$$

为寻求最佳解，我们解规划（$\mathscr{P}^3$），约束的资本充足率要求为：

$$I(\hat{R} - 1) = \tilde{\pi}I - E \tag{5-29}$$

$\tilde{\pi}$ 由规划（$\mathscr{P}^3$）解出。我们可以得出以下命题：

命题（5－4）：当无法阻止"垂死一搏"行为时，在最佳配置中，银行家获得的利润率与命题（5－2）相同。然而，总的银行资产净回报率更低，并且银行间贷款的市场利差更高。

为更好区分缺乏支付能力的银行与缺乏流动性的银行，有效配置要求银行同

业市场贷款应该是无担保的。无担保的银行同业市场可以通过同业市场贷款的索取权位于银行存款之后来实现。因此当存在"垂死一搏"行为时，总的存款保险费率为：

$$P = [\beta_S(1 - p_g) + (1 - \beta_S)\beta_N(1 - p)][D - R_0I] + [(1 - \beta_S)\beta_L(1 - p)][D - (R_0 + \lambda)I]$$
(5 - 30)

我们现在开始比较有效关闭条件下的资本比率 K^* 和投资水平 I^*，以及在存在"垂死一搏"行为条件下的解 $\hat{K}$ 和 $\hat{I}$。从资本充足要求约束开始：

$$E = I^*(\tilde{\pi} - \overline{R} + 1) = I^* K^*$$
(5 - 31)

$$E = \hat{I}(\tilde{\pi} - \hat{R} + 1) = \hat{I}\hat{K}$$
(5 - 32)

由于 $\hat{R} < \overline{R}$，并且银行家的事前预期利润 $\tilde{\pi}$ 在两种监管情况下相同，可以得到 $\hat{I} < I^*$ 和 $\hat{K} > K^*$。因此，无效关闭情况下的社会成本是更低的投资水平。

根据附录二的计算，我们可以看到，在有效关闭条件下的市场利差 $\sigma(\beta_S = 0)$ 比"垂死一搏"行为无法阻止时的利差 $\sigma(\beta_S > 0)$ 更小。因此，当"垂死一搏"行为发生时，中央银行的作用更加明显。这也意味着，越是缺乏有效监管，中央银行提供紧急流动性支持的作用就更加明显。由于缺乏救助，银行同业市场的利差随银行缺乏支付能力的可能性而增长。有担保的中央银行贷款可以将损失转移至存款保险机构，而存款保险机构将收取更高的保费。在此情况下，最后贷款人制度实施的意义在于通过提高存款保险机构的保费提高社会效率。

第四节　最后贷款人制度治理激励机制的政策意义

一、最后贷款人制度能够促进流动性管理激励

以资产负债管理为主要方法的流动性管理政策是银行治理的重要政策内容之一。银行流动性危机虽然不会直接影响银行的收益状况，但是由此导致的存款人挤兑将使得银行经营难以为继。传统的最后贷款人制度在解决银行的流动性治理方面十分被动，仅仅是在银行发生流动性危机后进行事后的救助。一些情况下，最后贷款人制度没有对银行疏于流动性管理的行为施以惩罚，因此没有正确的激励导向。另一些情况下，最后贷款人制度通过征收较高利率对此进行了惩罚，但是利率的提高与银行家在流动性风险管理方面施加的努力并不相关，激励效果不佳。现在我们将在本章设计的最后贷款人机制框架下，解决银行家激励问题。

（一）激励机制分析

现在将本章第二节中关于监控努力（e_1）的定义进行延伸。监控努力将不仅

局限于在 $t=1$ 期对借款人状况的持续监控，而且也包含了银行对自身流动性风险的持续监控。具体来说，在日常经营中，银行根据对外部流动性冲击的预期制定资产负债流动性缺口的最高限额，并对该限额进行持续监控，确保必要的资产流动性。设：$e_1 = e_m + e_l$，其中 e_m 为银行对借款人监控的努力程度，e_l 为银行进行流动性管理的努力程度。

由命题（5-2）可以看出，在情况 b 的条件下，最后贷款人的介入能够提高配置效率，此时有：

$$B_N - B_L = \frac{1}{p\beta_N}\left(\frac{e_0}{\Delta\beta} + B_S\right) - \frac{\beta_L}{\beta_N}\frac{e_1}{p\delta} - \frac{e_1}{p\delta}$$

$$= \frac{1}{p\beta_N}\left(\frac{e_0}{\Delta\beta} + B_S\right) - \frac{1}{\beta_N}\frac{e_1}{p\delta} \qquad (5-33)$$

为使得讨论结果更加直观，假设银行筛选努力参数 e_0 和银行对借款人监控的努力参数 e_m 不变，设：$\Phi = \frac{1}{p\beta_N}\left(\frac{e_0}{\Delta\beta} + B_S\right)$，$\sum = \frac{1}{\beta_N p\delta}$ 为常量，可以得到：

$$B_N - B_L = \Phi - \sum (e_m + e_l) \qquad (5-34)$$

当 e_m 不变时，e_l 越大，则利差越小，即当银行家加大对流动性风险管理的努力时，应降低当银行流动性不足时最后贷款人提供紧急流动性支持的贷款利率。

实践中，银行家对流动性管理的具体操作主要包括：设定流动性缺口限额；根据限额标准进行业务操作；根据对流动性冲击的预期调整限额规模；在冲击发生时及时处置资产，提高流动能力。对于同样规模的流动性冲击，如果银行流动性管理水平较高，流动性缺口能够覆盖冲击规模，就不会导致银行的流动性危机，提高银行经营的成功概率。因此，将第二节中关于监控努力的定义进行延伸是合理的。

从式（5-34）中可以看出，最后贷款人制度的利率设定从某种意义上说是具有惩罚性质的。对流动性风险管理努力不足将收取更高的利息。这一机制能够产生明确的事前激励效果。

（二）激励机制的实施

从操作的层面来看，可以使用最能体现银行家流动性风险管理成果的资产负债缺口状况表示银行家的努力程度 e_l。原因是银行监管机构通常对银行的流动性缺口限额设定监管指标，要求各家银行根据自身的实际情况在符合监管指标的条件下设定自身的流动性缺口限额，并对资产负债缺口进行实时监控。因此，作为监管指标的流动性缺口的可获得性和准确性更强。

在我们的最后贷款人机制中，可以使用危机发生时的流动性缺口与缺口限额之差作为银行家努力程度的替代。差值越大，表示银行流动性管理效果越差，这是努力程度的直接体现。

二、最后贷款人制度与存款保险制度的协调实施

在第四章中，我们建立了具有治理激励作用并与资本充足率监管制度相协同的存款保险制度，其中在存款保险保费设计中引入了管理者薪酬参数，建立了精算公平，具有管理者激励作用的存款保险制度。在此，我们讨论本章设计的最后贷款人制度设计的存款保险费率计算机制与第四章中的存款保险费率计算方法的兼容性，以及最后贷款人制度与上述存款保险制度的协同实施问题。

（一）存款保险费率设计机制的兼容性

在本章关于最后贷款人制度的讨论中，我们根据监管信息的完全性以及缺乏支付能力的银行能否被有效关闭提出了三种存款保险费率计算方法，分别是式（5－19）、式（5－27）和式（5－30）。其中，完全信息并不符合监管的实际情况，因此我们不在此讨论，而是集中讨论后两种情况与第四章中存款保险保费设计的兼容性。

我们应该注意到本章和第四章中对存款保险费率的计算都遵从精算公平的宗旨。存款保险机构收取的保费以所承担的风险为限，既不需要在风险发生时引入其他资源，也不会产生保费剩余。第四章中我们提到的存款保险覆盖风险是投资导致的风险，即投资可能导致的损失程度。本章设计的最后贷款人机制中，存款保险需要覆盖的风险包括缺乏支付能力的银行和缺乏流动性的银行的可能损失。因此两种情况都涵盖了银行面临的全部损失风险，在保费数量上是一致的。尽管在有效关闭条件下的最后贷款人制度中，存款保险机构需要对缺乏支付能力的银行支付正的报酬，但是这一资金来源并非存款保险的保费，而是将破产银行剩余价值的一部分返还给银行。依据式（5－27）收取的保费覆盖了银行投资的损失，但并不意味着被关闭银行的资产价值为零。原因在于，根据式（5－1）在银行被关闭时，存款保险机构支付保费后银行与存款人价值之和就恢复至 $t=0$ 期价值，只要 $R_0 \neq 0$，银行家就应有剩余，因此对破产银行的支付并不来自存款保险或者其他社会资金来源。此外，还可以通过允许主动破产银行通过市场转让获得一定无形资产收益，如 B_S 可以看作是银行的执照价值，破产银行对其转让可以获得无形资产收益。因此，本章与第四章中存款保险的征收额度一致。

第四章中的存款保险费率机制中包含了银行管理者参数的函数 q_m，但是并不改变保费的公平性。q_m 是银行管理者的风险偏好参数，与其薪酬结构直接相关，代表了可能的投资风险概率，与本章中银行可能遭受的风险冲击概率一致。综上所述，本章中讨论的存款保险费率设计与第四章中的结果一致，可以相互替

代，对最后贷款人制度的实施不产生影响。

（二）两种制度的协调实施

最后贷款人制度与存款保险制度的协调实施包含两方面内容：一是不存在"太大而不能破产"现象时的协同实施；二是在实施对大型银行救助时的协同实施。

在第一种情况下，最后贷款人的职责限于当银行发生流动性危机时，提供紧急流动性支持，对于缺乏支付能力的银行，最后贷款人不予支持。在两种情况下存款保险机构需进行支付：一是银行缺乏支付能力时，存款保险对存款人支付，但需要对银行实施关闭；二是虽然银行仅面临流动性危机，并已得到最后贷款人的流动性支持，或者没有遭受任何冲击的情况下，银行依然可能以小概率（1 - p）经营失败，此时存款保险机构也需对存款人和最后贷款人支付赔偿，并关闭银行。

与第一种情况不同的是，由于担心大型银行的破产会导致系统性风险，监管机构通常通过资金支持确保银行的支付能力来避免其破产。正如本章第一节谈到的，这一救助制度的问题在于由谁来向银行提供资金支持。由于"太大而不能破产"政策针对的问题是大型银行缺乏支付能力，因此对其提供的资金的最终来源应该是存款保险机构。原因在于存款保险保费收取的依据是防范银行运用存款投资产生的损失，这也正是银行支付能力缺失的原因。

但是，在实践中，存款保险支付的审定程序十分复杂。在银行出现支付危机后，存款保险机构首先需要证实银行的真实资产状况，评估资产价值，并逐一确认银行债权，最后进行赔偿和资产变现。对于大型银行来说，虽然并不会因其资产损失而对银行的被保险债权人造成价值损失，但是，一方面破产程序的长期性损害了存款人的流动性；另一方面对破产银行贷款的其他金融机构的偿债权在存款人之后通常也不受存款保险的保护，因此，缓慢的赔偿程序无法弥补大型银行破产导致的系统性流动危机。

我们认为，可以通过最后贷款人制度与存款保险制度的协同实施避免大型银行破产导致的系统危机。具体来说，当大型银行出现支付危机时，最后贷款人应首先提供资金支持，存款保险机构负责向最后贷款人提供补偿并实施对银行的惩罚措施。这一机制提高了支付的效率，避免了系统性流动危机的发生。

我们在此需要说明的是，虽然大型银行负债的较大比例来源于同业存款，但是存款保险机构对此提供的最终补偿并未超出保险范围。原因在于虽然银行同业存款通常不在存款保险的保险范围之内，但是银行同业存款的最初始来源也是公众存款。存款保险机构即使对于大型银行损失中的同业存款不予赔付，但是对于由此导致的拆出银行损失，还是需要存款保险公司的赔偿，因此由最后贷款人先予支付既提高了危机处理的效率，也不会造成额外的社会成本。最后我们需要指出的是，虽然存款保险从本质上是补偿由于银行经营不善造成的存款人损失，但是在解决"太大而不能破产"问题过程中对最后贷款人的补偿是间接对存款人损失的补偿，因此上文谈到的存款保险机构对最后贷款人的补偿并不违反存款保险制度的原则。

关于存款保险机构的赔付限度和对缺乏支付能力的银行的激励问题，我们将在下一章中详细讨论。

三、走出最后贷款人制度的困境

正如我们在本章第一节谈到的，最后贷款人制度面临着以下四个方面的困境：第一，在现代银行同业市场条件下，中央银行向危机中的个别银行提供紧急流动性支持的具体作用并不清晰。第二，无法明确地区分缺乏支付能力的银行和缺乏流动性的银行。第三，最后贷款人制度的出现可能导致银行的道德风险。第四，最后贷款人制度在处理"太大而不能破产"的问题上与存款保险机构的职能划分不清。通过前面的讨论，我们运用激励理论将具有监管作用的最后贷款人制度与银行治理相结合，建立了有效的激励机制，使最后贷款人制度走出了制度困境。

（一）确定了最后贷款人制度的实施界限和同业市场结构

在我们讨论的最后贷款人机制设计中，得到的结论是：

在外部冲击较小时，如果缺乏充足的外部信息确保银行获得必要的借款人信用状况和投资项目成功概率等方面信息，使得银行需要的主要工作是事前的筛选借款人努力，最后贷款人制度就可以通过恰当的治理激励机制向缺乏流动性的银行提供比市场条件更为优惠的紧急流动性支持，可以提高配置效率，并实现有效的治理激励。在这种情况下，银行同业市场必须是无担保的，以有助于破产激励机制等手段的实施。

另外，在冲击较小的情况下，如果市场能够提供充分的借款人信用状况和投资项目成功概率信息，被担保的银行同业市场就能够满足必要的激励需要，实现资源的最佳配置。此时，最后贷款人就不需要向银行提供流动性支持。

最后，我们设计的最后贷款人制度意味着进行紧急流动性支持的条件应被所有相关利益方提前知晓。这一建议与经典观点一致，但是与"建设性模糊"观点不同。这一措施通过使得紧急流动性支持具有明确的事前预期，因此被结构化地用于惩罚缺乏支付能力的银行（$B_S < \beta_L B_L + \beta_N B_N$），为银行家提供了最强的激励以降低缺乏支付能力的概率。

（二）解决了银行家逆向选择问题

我们设计的最后贷款人制度通过有效的治理激励了信息不对称条件下缺乏支

付能力的银行家模仿仅仅缺乏流动性的银行的动机，并且在有效关闭政策下，能够避免银行家"垂死一搏"的投机行为。

在有效关闭政策下，通过事前承诺给予主动宣布破产的缺乏支付能力银行家正的破产收益，最后贷款人制度有效减弱了这些银行家试图通过"垂死一搏"提高生存概率的动机，避免了这种投机行为。在这种激励机制下，当监控风险为主要风险类型时，完全担保的银行同业市场无须对缺乏支付能力的银行和仅仅缺乏流动性的银行做出判断，也能够实现最佳配置。而当筛选借款人的风险是主要风险时，由于银行同业市场无力做出对银行风险类别的判断，因此可能对仅仅缺乏流动性的银行收取过高的利息，最后贷款人的介入就可以通过提供最佳利率提高资源配置效率。最后贷款人通过分别设定最佳的银行破产回报，以及缺乏流动性银行与正常经营银行的收益差来实现缺乏支付能力银行的自发破产激励。这种效率改善是通过给予最后贷款人赔偿权的优先性来实现的。

而当银行监管机构不能通过资金转移避免缺乏支付能力的银行的"垂死一搏"投机行为时，最后贷款人制度的意义不在于对两类银行的区分，而仅是在不区分银行类型的条件下，依靠存款保险机构以及最后贷款人索取权的优先性，提高整个社会资源配置的效率。

（三）提高了银行流动性风险管理激励

在本节第一部分的分析中，我们可以看出最后贷款人制度的定价机制具有明确的银行流动性风险管理激励。

通过将银行家监控努力的定义延伸至流动性风险管理，最后贷款人制度设定的正常银行与缺乏流动性银行间的贷款利差就具有了流动性风险管理激励。银行家流动性管理努力程度差，就将被收取更高的流动性支持利率，因此事前具有明确的激励作用。在这种机制下，作为向缺乏流动能力的银行进行紧急支持直接手段的最后贷款人制度，在避免银行流动性危机方面具有了更加直接的激励作用。

（四）提出了最后贷款人制度与存款保险制度的协调实施原则

最初建立最后贷款人制度的目的在于向处于暂时性流动危机的银行提供紧急流动性支持，避免银行系统的流动性危机，而建立存款保险制度的目的是收取与银行潜在损失对应的精算公平的保费，并向缺乏银行治理能力和动机的分散的存款人提供保险，避免信息不对称情况下的挤兑行为。因此，存款保险制度对于避免银行流动性风险具有重要事前激励作用。同样地，最后贷款人制度也通过避免缺乏支付能力银行的投机行为，降低了银行进一步损失的风险，减轻了存款保险机构的负担。但是我们应该看到，最后贷款人制度的有效性依赖于作为最后贷款人的中央银行提高偿债索取权优先性的能力。

在两种制度的实施中，如何解决"太大而不能破产"问题是两种制度面临的困境。我们在讨论中认为两种制度在对待这一问题中应该协同实施，协同实施的前提原则是坚持两种制度的主要功能，即最后贷款人制度负责解决银行流动性问题，存款保险制度负责解决银行破产导致的存款人损失问题。在实施手段上，我们认为出于对最后贷款人制度措施效率，以及"太大而不能破产"危机紧急性的考虑，由最后贷款人负责实施对大型银行的紧急支持，然后由存款保险机构对其进行补偿是提高效率的有效措施。

最后，我们应该看到，与前面几章谈到的存款保险制度和资本充足率监管制度一样，最后贷款人制度的有效性并不单纯依赖于该制度自身而存在。从前面的分析来看，最后贷款人制度的有效流动性市场的统一设计至少基于下面五种政策工具的相互影响：银行同业市场贷款、银行破产政策、资本金要求、存款保险费率和紧急流动性支持条件。这些政策的彼此协同，才能实现最佳的最后贷款人制度，如有效的银行破产政策是实现有效最后贷款人制度的前提；不同的最后贷款人制度实施体现的是不同的资本金要求；具有治理激励作用的存款保险制度对最后贷款人制度的参数（β_S，β_N 以及 β_L）的确定具有影响。因此，我们应该持有监管制度协同实施的理念，积极探索能够促进银行治理激励的由不同监管制度有机构成的行之有效的银行监管系统。

四、日本和美国最后贷款人制度的治理激励作用比较

（一）日本的最后贷款人制度

在 1942 年制定的《日本银行法》中规定：日本银行为保持、维护信用制度的稳定，可以将最后贷款作为日常业务的一个环节；在大藏大臣的许可之下，甚至还可以采取超出日常业务范围的对策。《日本银行法》第 25 条规定，日本银行融资的前提条件必须符合以下四项原则：第一，可能会引发系统性风险；第二，日本银行的流动性资金必不可缺；第三，为防止道德风险，必须采取适当措施，明确各方面的责任分工；第四，要维持日本银行自身财务状况的健全性。

1965 年，日本银行向山一证券和大井证券公司提供贷款，就是为防止证券市场乃至整个金融体系出现混乱而采取的措施。并且由于得到了大藏大臣的特别许可，该贷款实际上近似于无抵押。

20 世纪 80 年代后期以来，日本不动产市场价格持续下降，银行在"泡沫经济"时代迅速扩张的不动产贷款中潜在的风险集中暴露。在这种形势下，从 1994 年 12 月开始，以中小银行为主的银行机构接连倒闭。依照《日本银行法》第 25 条，日本银行于 1995 年 7 月和 8 月分别向宇宙信用合作社和木津信用社提供融资，接着在 1995 年 8 月，日本银行再次向兵库银行融资。不仅如此，1997 年 11 月金融危机时，日本银行还向山一证券、北海道拓殖银行、德阳城市银行

发放了日银特殊融资。

在 1998 年 4 月开始施行的《日本银行法》（修改版）第 37 条中增加了日本银行提供紧急流动性支持的新要求，规定日本银行在金融机构因计算机系统瘫痪等原因造成的临时性资金短缺情况下，可以不必经过内阁总理大臣和财务大臣的许可，而根据政策委员会的自行判断提供紧急融资。

（二）美国的最后贷款人制度

在美国，作为实施最后贷款人制度的机构主体——美国联邦储备银行（美联储）成立的主要原因之一就是在出现金融机构危机时提供必要的流动性支持。

20 世纪 30 年代爆发的经济危机中，美联储纽约分行曾经通过向金融机构提供紧急流动性支持而避免了股市崩盘可能引发的更为严重的金融危机。

1987 年 10 月，美国发生了 100 多年来最为剧烈的股市动荡。10 月 19 日道琼斯工业指数下跌 43%，市值缩水接近 1 万亿美元。然而，这次股市大崩溃并没有导致 30 年代那样的大萧条，美国的金融机构以及企业也没有多少倒闭，正是因为美联储有准备而迅速行动，作为最后贷款人向市场提供了大量流动性，确保了美国金融体系的正常运转。美联储对外宣告美联储随时准备向缺乏流动性的金融机构提供流动性支持，并通过公开市场与贴现窗口向金融市场注入大量流动性，同时下调联邦基金利率 80 个基点。美联储前任主席伯南克曾这样评价当时美联储的行动："对这种情况的反应，美联储在其最后贷款人能力范围之内，执行了一个非常重要的保护功能。"

时隔 10 年后，美国金融体系又一次面临严重的危机，而引发危机的是长期资本管理公司。1997 年俄罗斯卢布贬值与该年 8 月 17 日的债务拖欠公告，给了长期资本管理公司致命的一击。1998 年 7 月 31 日，该公司接近破产边缘。当时美联储在高度关注金融市场动态发展的基础之上，牵头货币中心大型金融机构协商解决长期资本管理公司的问题，以避免该公司倒闭给美国金融市场乃至世界金融业造成重大威胁。

2007 年爆发的美国次贷危机，是 20 世纪以来在美国爆发的最大，也是影响最强的金融危机，它与 30 年代的大萧条根本的不同在于，这次金融危机直接带来金融领域冲击，而非实体经济衰退冲击，即为次级抵押贷款及其衍生的金融工具大范围违约的冲击，是它们在美国房地产价格泡沫破灭后，将美国金融业乃至相关国家的经济拖入低谷，而最深层次的原因则在于美国当局对金融风险的低估和没能进一步完善与金融风险充分匹配的金融监管体系。在这次大危机后，美国政府采取了救助行动，采取了非常规的货币政策，多次运用量化宽松政策，由政府提供资金救助整体市场，而非是对单个金融机构的救助。

美国次贷危机之后，美国经济经历了缓慢的复苏进程，最后贷款人制度依然发挥了应有的作用。①美联储不只关注银行体系的直接稳定，对于金融体系的其他部门也进行高度的密切监视，以防其他金融部门的事件威胁到整个金融体系的稳定。②存款保险体系可以保证商业银行不出现存款人的挤兑，但是金融体系中来自其他方面的威胁，则需要中央银行来解决。③中央银行明确的政策公告，对于消除市场与公众的不确定性具有极为重要的作用。

（三）最后贷款人制度的治理激励效果的启示

美国银行在对问题银行提供最后贷款人支持时，更多采取市场化过程，但是日本银行的救助则缺乏市场化过程，这也导致了银行治理的影响效果不同。有鉴于最后贷款人制度的治理效果差异，在实施最后贷款人制度时应在以下几个方面加以制度设计。

（1）最后贷款人制度的实施对象是暂时缺乏流动性，而不是缺乏支付能力的银行。为解决银行家的逆向选择问题，我们主要依靠对筛选风险和监控风险程度的判断选择是否使用最后贷款人制度。如果筛选风险占优，最后贷款人制度就应该介入，提供最佳贷款利率并获得完全担保，此时银行同业市场贷款应该是无担保的。而如果监控风险占优，就应该由银行同业市场提供流动性支持，此时同业市场贷款应该是完全担保的。

（2）最后贷款人制度提供的紧急流动性贷款的定价与银行流动性管理努力程度相关。对于努力不足的银行，紧急流动性贷款利率更高，从而在事前具有明确的流动性风险管理激励作用。

（3）最后贷款人制度提供紧急流动性贷款不会造成存款保险机构的额外损失。紧急流动性贷款的偿还来源主要包括借款银行还款和存款保险机构的赔偿。由于精算公平的存款保险费已经涵盖了银行的所有预期损失，因此即使存款保险机构需要对最后贷款人进行赔偿，这一赔偿额度也在预期损失范围内，不会造成额外损失。

第六章　银行破产和救助制度的
治理激励机制研究

　　有效的破产制度是实现市场经济优胜劣汰规则的必要保障。良好的银行破产制度能够直接激励银行所有者和管理者付出努力，促进银行稳健经营，避免银行破产导致的过度损失。

　　但是，破产制度也会影响存款人对银行的治理，由于分散的存款人缺乏积极治理的动机和能力，即使存在存款保险，在预期银行破产时，存款人的主要行为仍然是提前支取，这种非理性的支取行为会导致银行流动性的损失。单家银行流动性危机还可能导致蔓延，引发银行体系乃至整个金融体系的危机。为避免单家银行危机引起的系统性风险，政府通常会对处于危机中的大型银行实施救助。但是银行危机导致的银行价值或流动性的预期损失越大，政府救助的成本就越高。更为严重的是，对政府事后救助的预期也会加剧银行事前的道德风险行为，更进一步弱化存款的治理动机。本章通过研究银行救助和破产制度对银行治理产生的影响，寻求有利于银行治理的监管机制，提高监管效率。

第一节　银行破产和救助制度及其监管目标

一、银行破产和救助制度的主要理论

　　关于银行破产和救助制度的理论存在分歧：支持破产制度的理论认为对经营不善的银行实施破产具有明显的事前激励效果，有助于提高管理者的努力程度，避免银行危机的发生。Aghion 等（1998）认为，相对于宽松的银行救助政策，比严格的破产政策的事前激励作用更强，并且在银行体系基本运行良好时，严格的破产制度事后效率优于宽松的救助政策。Suarez（1995）研究了银行关闭规则

和注资的动态完全信息模型,认为对缺乏支付能力的银行实施关闭具有良好的事前激励性质。巴曙松(2012)认为,政府监管的声誉反映了对金融机构的威慑力,对于金融机构违规造成的破产,政府不合理的救助行为会极大地损害其监管声誉,降低监管威慑力,同时金融机构道德风险的产生和违约概率加大会造成政府救助的矛盾冲突,应当积极建立承诺可信的规范的监管秩序。

与积极支持对缺乏支付能力的银行实施严格破产的观点相反,考虑到银行破产的外部性影响,许多观点支持对出现危机的大型银行实施救助。Berglof 和 Roland(1996)使用了针对银行重组的道德风险方法,他们认为由政府进行的事前银行注资能够限制银行发放额外的高风险贷款并进行"垂死一搏"的程度。Povel(1997)主要研究非金融公司的破产,但是强调了当我们考虑银行管理者宣布公司破产的随意性时存在同样的激励问题。

另外一些理论致力于研究银行破产机制问题。Repullo(1993)运用 Devatripont 和 Tirole(1994)提出的模型分析了银行破产的最优授权难题。他的主要结论是如果中央银行对存款人来说是第二位的贷款人,那么当取款数量很小时,将银行破产控制权配置给中央银行是最优选择;但是当取款数量很大时,将破产控制权配置给存款保险公司则是最优选择。王颖捷(2003)认为,银行不仅具有一般企业的退出壁垒,还有其特有的高社会性退出壁垒。降低陷入困境银行的高社会性退出壁垒的原则是规避金融风险的传导性,处理好保驾护航式退出与市场化退出机制的关系,处理好成本与收益的关系。杨谊(2010)通过对一个二阶段完全信息动态博弈模型的分析揭示出,由于我国银监会未建立起有效的成本约束下的市场退出机制,使得相机抉择的关闭机制对于商业银行而言是一个不可置信的威胁,促进了商业银行的冒险投资,加之隐性存款保险的存在,形成了巨大的社会成本和福利损失。

二、银行破产和救助制度的监管目标

根据有限责任原则,当银行丧失偿付能力时,就应该对其实施有效的破产制度,但是在此过程中,监管机构面临两个问题:一是个别银行倒闭可能会导致存款人挤兑引起系统性风险问题,因此需要防止危机的蔓延;二是对由于银行过度承担风险导致的单家银行实施破产,需要最小化清算成本。有效的银行破产制度需要实现两个目标:一方面,根据有限责任原则,在事后通过让经营失败的银行及时、有效退出市场,最小化破产成本。另一方面,通过建立有效的激励机制,避免银行事前的道德风险行为,促进银行稳健经营。

但是,由于信息不对称问题的存在,单纯的银行破产制度无法实现维护银行稳健经营的总体监管目标。过于严格的破产制度会导致债权人的挤兑,即使存在有效的存款保险制度，包括同业存款在内的其他债权人的利益在银行破产时的预期损失也会有足够的激励，促进存款人的挤兑行为。为避免银行破产的外部性影响，各国银行监管机构普遍实施了银行救助制度。银行救助制度的监管目标是避免单家银行危机可能导致的损害银行系统安全的外部性影响。

三、银行破产和救助制度的适用条件

（一）银行破产制度的适用条件

从理论角度来说，银行作为有限责任公司，其破产的基本前提与其他公司一样，即资不抵债时应实施破产。但是对于银行业来说，由于信息不对称，这一标准的实施存在很大困难。

一方面，由于银行破产可能导致的外部性影响，资不抵债并非银行破产的充分条件。由于对银行破产导致的系统性风险的担心，严格的银行破产制度并非被广泛实施。一些小规模银行，由于其资金来源主要来自被保险的存款，实施破产的外部性影响较小，在资不抵债时实施破产就充分体现了有限责任原则，在实现监管目标的同时，不会造成社会危机，因此也是社会效率最佳的。但是对于大型银行来说，它们在整个社会支付系统中发挥着重要作用，如果对出现危机的大型银行实施破产，会导致社会流动性危机，这是各国政府不希望看到的，我们很少看到大型银行的破产案例，因此对大型银行的危机处理必须考虑社会效率原则。

另一方面，由于信息不对称问题的存在，资不抵债的理论破产平衡点也缺乏可实施性。正如我们在第三章谈到的，银行与借款企业间的信息不对称使银行管理者、银行监管机构和银行管理者无法获得准确的资产质量信息；另外，由于银行管理者与股东间的信息不对称，管理者为提高报告的绩效水平，存在隐瞒风险的动机，相对于管理者，股东和监管机构处于信息劣势。更加严重的是，当银行股东预期真实的净资产极低或者为负时，也存在隐瞒真实资本状况，投资风险更高资产的倾向。

综上所述，银行破产主要适用于破产外部性影响较小的银行，破产平衡点应该尽量接近银行真实资产与负债价值相等点。

（二）银行救助政策的适用条件

大型银行的破产可能导致具有严重外部性影响的银行危机，各国银行监管机构通常对缺乏支付能力的大型银行给予救助。银行救助政策主要体现为与注资相伴的包括对管理者解职等处罚在内的监管措施。银行救助政策的适用条件应该是针对可能导致严重系统危机的问题银行。

在第四章中，我们谈到了最后贷款人制度与存款保险制度在解决大型银行危机中的作用。对于暂时性的流动性问题，应该由最后贷款人提供紧急流动性支持

予以解决；而对于支付能力问题，就需要动用存款保险公司的资金给予支持。与实施破产的银行不同，大型银行出现危机时，并不实施破产，也不存在存款保险公司对存款人的直接赔偿，而是由存款保险公司对银行注资以保证银行的持续经营。

四、银行破产与救助的制度困境和解决构想

（一）银行破产的制度困境

一方面，银行由于自身的高杠杆资本结构特征，如果不能及时、有效地实施破产，将会导致很高的风险。根据国际通行标准，银行资本占风险加权资产的比重通常为8%或者稍高一些。相对于其他行业来说，这一标准意味着银行股东只要投入少量资本，就可以通过吸收存款的方式获得巨额的存款融资。当银行遭遇外部能力危机时，即使相对于银行的资产规模，损失的比重并不大，但是相对于仅有百分之几的银行资本，却可能导致血本无归。另一方面，银行作为经营货币的风险企业，通常拥有很高的流动性，因此如果缺乏必要的监管，即使出现大规模损失，在短期内很可能依然能够持续经营。根据我们在第三章中的分析，在此情况下银行股东也会提高风险偏好。持续经营的缺乏支付能力的银行会给利益相关者带来巨大的损失。因此，相对于其他企业，银行破产时机的准确选择意义更加重大。

信息不对称问题对银行破产的判断产生了不利影响。正如我们前面多次谈到的，银行经营的风险属性导致外部人很难真正了解银行的资产质量。这种信息不对称产生的原因包括两个方面：银行与借款企业之间的信息不对称以及银行股东与管理者之间的信息不对称。银行资产质量信息模糊的直接后果是包括监管机构在内的外部人难以确定银行破产平衡点。

（二）银行救助的制度困境

对出现危机的大型银行实施救助是各国银行监管当局的普遍做法，但是对银行救助的具体措施和注资规模却存在争议。

通常在银行救助过程中，相伴的措施主要包括对银行管理者的处置。严格的破产政策通常在对银行注资的过程中将原来的管理者解职。这一做法的好处是加强事前的管理者约束，激励其努力工作，确保银行稳健经营。但是在信息不对称情况下，由于银行资产质量难以准确观察，银行管理者就会通过各种手段隐瞒真实资产状况，伪装成经营良好的银行，确保不失去自己的职位。随之而来的后果是银行风险的不断积累，大大提高了日后银行监管的救助成本。

与严格的破产政策相反，宽松的救助政策并不将原有管理者解职。其初衷是避免银行管理者隐瞒银行资产的真实信息。但是很明显，这种政策导致了管理者事前努力的激励缺乏，由于不担心日后失去职位，银行管理者的努力动机不足。不仅如此，在出现危机时，银行管理者还会刻意报告虚假信息。不过与严格的破产政策相反，他们会夸大资产损失的数量，以获得更高数额的救助资金。

在实施救助过程中，如何解决信息不对称条件下的注资数量问题也是困扰监管当局的重要问题。注资数量过少，银行正常经营难以为继；注资数量过多，会导致激励的扭曲，管理者存在从救助中获得私人利益，而不是通过提高银行绩效取得收益的动机。

（三）构建激励兼容的破产和救助机制

通过上面的分析，我们可以看出导致银行破产和救助制度困境的主要原因是信息不对称情况下的银行管理者道德风险问题。由于信息不对称条件下的监管目标矛盾性，破产和救助机制导致了银行管理者的激励扭曲，因此构建有效的激励兼容机制解决这种激励扭曲是完善破产和救助机制的关键。

激励兼容的银行破产和救助机制一方面应该能够激励银行管理者的事前努力，避免其过度的风险偏好，另一方面需要在危机发生时避免管理者隐瞒信息的动机，确保银行管理者既不会在严格的破产政策下伪装成经营良好的银行以获取职务利益，也不会导致宽松救助政策下，银行管理者骗取更多注资的行为。

激励兼容的破产和救助机制还应该增强银行外部治理者的治理动机。虽然过于市场化的治理机制可能导致银行危机的外部性风险，但是给予外部治理人适当的风险敞口却有利于银行的稳健经营。在确保存款人主要利益的同时，通过适当方式保留一定程度的风险敞口，既能做到不产生银行危机的外部性蔓延，又提高存款人的事前选择激励，有助于提高银行管理者的努力激励，通过竞争获得客户青睐，从而提高银行绩效和风险管理水平。

第二节 银行破产和救助制度的监管效果比较

为更好地构建激励兼容的银行破产和救助制度，我们在本节中对 Aghion 等（1998）[①] 模型进行修正和扩展的基础上，建立模型分析两种制度在处理缺乏支付能力银行问题时的有效性。在本节对两种制度的比较中，我们并不考虑处置方案可能导致的外部性影响，而是完全基于有限责任原则。在第四节中，我们将主要考虑有问题的大型银行处置的社会成本问题。

---

① Philippe Aghion, Patrick Bolton and Steven Fries. Optimal Design of Bank Bailouts: The Case of Transition Economies ［R］. European Bank Working Paper, 1998.

一、模型的基本架构

本节模型的基本构架考虑三种类型的代理人：公司、银行和监管者。公司和银行由能够从持续经营中获得私人利益的管理者控制，对管理者行为的约束主要是银行破产的可能性。监管者的目标是促进有效的事前投资，避免向问题银行注入过多救助资金，并且促进贷款违约的公司的有效重组或者清算。

假设银行拥有关于自身贷款组合质量以及违约贷款公司持续经营价值的私人信息，监管者仅知道经济整体中银行业不良贷款的概率分布。因此他们在银行注资设计中面临逆向选择问题。

（一）关于公司的行为假设

为简单起见，我们假设所有公司由自利的管理者经营。股东并不发挥重要的治理作用，主要讨论作为约束工具的银行债务。公司拥有能够产生随机收益的资产。在第一期，收益或者是高的（$\pi > 0$），或者是低的（$\pi = 0$）。获得高收益的概率为 $p \in (0, 1)$，假设其为外生给定的。在第二期，公司也有随机的持续价值，这一价值为公司未来收益的贴现现金流。

假定每家公司拥有银行债务余额，而没有其他债务。债务的余额要求偿还金额为 $D \in [0, \pi]$。当公司违约时，银行可以清算公司，辞退经理，或者允许公司继续经营。公司确定的清算价值是 L。持续经营价值或者是高的（$v > 0$），或者是低的（$v = 0$），$v > L > 0$。高持续经营价值的概率是（$1-\beta$）。在违约时，持续经营的价值能够被无成本地观察到。

假设公司管理者的私人持续经营价值足够大，以至于他们总是在有能力时偿还债务，因此排除了公司的策略性违约。

（二）关于银行的行为假设

与公司相同，我们假设自利的管理者负责银行经营。在银行资产负债表的资产一方，银行拥有提供给公司的贷款组合，每笔贷款到期时，公司应偿还的债务金额是 D。正如上文所规定的，每家公司的贷款违约概率为（$1-p$）。违约事件发生时，如果不存在银行管理者的策略行为，银行将以概率 β 对公司实施清算，并获得 L。与清算相替代的措施是公司以实现的收益 v 继续经营。如果所有公司的收益呈一致独立分布，每家银行持有大量的分散良好的多样化贷款组合，那么每家银行拥有大概比例为（$1-p$）的不良贷款。

在资产负债表的负债一方，银行为每笔贷款发行金额为 d 的存款。银行每笔贷款的净值为：

$$W = (1-p)\left[\beta L + (1-\beta)v\right] + pD - d \tag{6-1}$$

对于有正的净现值的银行，从不良贷款和正常贷款取得的平均加权支付必须超过银行用于给代表性贷款融资的存款价值。

现实中，银行破产的事实证明，银行无法构建完全分散化的资产组合，并且它们被暴露在宏观冲击中。为引入银行破产的概率，我们假设公司收益在某种程度上是相关的，因此假设银行正常贷款的比例是在一定范围内的随机变量，$p_1 > p_2 > p_3 > p_4 > 0$，各自的概率是 μ_1，μ_2，μ_3，μ_4 均大于 0。我们令正常贷款的预期比例为 $p = \sum_{i=1}^{4} \mu_1 p_1$。在每种现实情况下，银行实现的净值由式（6-2）给出，但是 p_i（$i=1$，…，4）用 p 替代。因此，在四种可能的产出 p_i 情况下，银行实现的净值等于：

$$W_i = (1 - p_i)[\beta L + (1 - \beta)v] + p_i D - d \tag{6-2}$$

我们假设：

$$W_4 < W_3 < W_2 = 0 < W_1 \tag{6-3}$$

即仅当银行处于状态 1 和状态 2 时具有支付能力，而在状态 3 和状态 4 时缺乏支付能力。

假设银行管理者能够实施事前努力降低银行破产概率。即通过更加努力地评估公司 1 期现金流分布以及组成有效的贷款组合，它们能够降低大比例投资项目失败的可能性。为简单起见，设银行管理者实施努力的决策是一个是或否的选择 $e \in \{0, 1\}$。银行管理者实施努力的成本是 c（e），$c(0) = 0$ 且 $c(1) = c$。我们假设当 $e = 1$ 时的概率分布 $\mu_i(1)$ 随机地优于 $e = 0$ 时的概率分布 $\mu_i(0)$。

$$\sum_{i=1}^{j} \mu_i(1) > \sum_{i=1}^{j} \mu_i(0) \tag{6-4}$$

对于所有的 j，有 $j = 1$，2，3。

最后，为简化说明，我们令 $\phi_i = (1 - p_i)\beta$ 代表被清算贷款的比例。很明显，我们有：$\phi_1 < \phi_2 < \phi_3 < \phi_4$。

当公司违约时，银行管理者必须决定是允许公司继续经营还是被清算。我们假设公司资产的销售能够被无成本地观察到，因此清算决策是可观察并可验证的。然而，贷款持续和核销决策完全由银行管理者任意决定，并且无法验证。也就是说，除非不良贷款实际上被清算，否则不可能证实贷款是否正常。银行管理者行为的有限验证允许其实施策略行为。

例如，银行管理者可能为隐瞒（或者低估）不良贷款问题的全面程度而对不良贷款进行无效率的再融资。类似地，当银行被救助时，银行管理者可能希望高估不良贷款比例，以从政府获得更多的资金注入。我们主要的核心分析集中于银行管理者策略行为的两种形式。

银行管理者目标函数包括货币和私人利益参数。货币参数为固定工资的总和（我们将其一般化为 0），以及在高效的薪酬激励方案中包括银行报告的净资产的一个比例（等于 b）。私人利益参数反映了银行管理者偏爱权力，并且与公司管理者一样，银行管理者不愿被解职，而是更愿意留在原有位置上。此外，银行管理者目标函数包括管理银行贷款组合的努力成本。

正式地，我们可以将银行管理者目标表述为：

$$U_B = b\max(0, \widehat{W}_i) + \tilde{B}[1 + \max(0, W_i + R)] - c(e) \tag{6-5}$$

如果银行管理者保留职务，$\tilde{B} = B$，而如果被解职，则 $\tilde{B} = 0$。$\widehat{W}_i$ 为银行报告的银行净值，W_i 为真实净值。R 为任何在 1 期累积于银行的其他资源，主要是政府再注资金额。

为简化起见，我们假设银行股东没有对管理者实施高效的激励方案，使得 $b = 0$，因此有：

$$U_B = \tilde{B}[1 + \max(0, W_i + R)] - c(e) \tag{6-6}$$

（三）关于监管机构的行为假设

监管机构的困境是确定向宣布负净值的银行实施注资还是破产的政策。如果实施注资政策，那么任何宣布其净值为负的银行必须接受注资直至其净值为零。如果实施破产，则由存款保险公司向存款人进行赔偿。因此，在我们的模型中，所有存款人都被完全保险。我们的结果和分析没有严格依赖这一假设。如果仅有部分存款 $\hat{d} < d$ 被保险，如果用 $\hat{d}$ 代替 d，我们的分析没有变化。

监管机构需要制定破产或者救助政策，确保能够实现：①最大化公司资产的预期社会收益；②促进银行管理者事前评估公司收益的最大努力；③最小化与任何向银行过度注资相关的成本。

如果监管机构拥有关于银行真实净值的完全信息，那么通过简单地在 1 期转换 $-W_i$，$i = 3, 4$，监管机构可以避免过度注资和相应的损失。通过提出当银行缺乏支付能力时对银行管理者解职，最大化了对银行管理者的激励效果。

然而，由于监管机构通常并不知道银行 1 期的净值，如果政府想要保证所有的银行至少达到最低净值为零，监管机构必须准备救助银行直至达到最坏的可能净值 $-W_4$。被所有银行管理者的误导可能导致事前以过高成本进行过度注资：

$$\lambda[\mu_1(W_1 - W_4) + \mu_2(W_2 - W_4) + \mu_3(W_3 - W_4)] = \lambda E \tag{6-7}$$

当然，监管机构有权将注资规模限制在低于 $-W_4$ 的水平之下，但是这样就会导致对最坏状态银行的注资不足。

公司资产的预期社会收益由 1 期的预期现金流给定，该值为 $\bar{p}(e)\pi$（$\bar{p}(e) = \sum_{i=1}^{4}\mu_i(e)p_i$）加上它们的预期持续经营价值。

$$\Omega_i = p_i v + (1 - p_i)\{\min[(1 - \beta), (1 - \hat{\beta}_i)]v + \hat{\beta}_i L\} \tag{6-8}$$

即对于拥有高现金流公司的比例 p_i，由于这些公司永远不会被管理者清算，其预期持续经营价值为 v。对于拥有低现金流公司的比例 $(1-p_i)$，管理者被迫违约，并且每笔贷款的平均持续经营价值为 $\min\ [(1-\beta),\ (1-\hat{\beta}_i)]v+\hat{\beta}_i L$。这里 $\hat{\beta}_i$ 表示银行管理者在每种状态下 $i=1,\cdots,4$ 选择清算的违约贷款比例。

监管者的目标可以总结为：

$$U_G = \bar{p}(e)\,\pi + \sum_{i=1}^{4}\mu_i\Omega_i - \lambda E - c(e) \tag{6-9}$$

因此，在我们的模型中，社会效率要求满足三个条件：第一，当且仅当公司清算价值超过持续经营价值 v 时，公司应该被清算，即 $i=1,\cdots,4$ 时，$\hat{\beta}_i$ 应该等于 β。第二，仅有那些净值真正为负的银行才有可能被注资；即 E 应该等于零。第三，银行管理者应该在下面的条件下实施努力管理贷款组合：

$$\bar{p}(1)\,\pi - \bar{p}(0)\,\pi + \sum_{i=1}^{4}[\mu_i(1)-\mu_i(0)]\Omega_i > c \tag{6-10}$$

假设满足这些条件，由银行管理者做出的事前公司收益评估就是具有社会效率的。

假设清算价值 L 高于管理者从公司持续经营获得的私人利益。即只要项目的银行持续经营价值为零，即使公司管理者总是偏好不被清算，对公司实施清算就是社会有效的。

二、银行破产和救助制度监管效果分析

银行监管机构的目标是在仅拥有关于银行 1 期真实净值有限信息的约束下，设计出能够最大化其目标（社会效率）的破产或注资政策。

监管机构最佳的救助政策是：在允许对不良贷款进行补偿时，在状态 $i=3$，4 将银行净值恢复为零，并且如果贷款的补偿偏离了预期，就将管理者解职。这一政策满足了最佳效率三个条件中的前两个，确保了只有净值真的为负的银行才有可能被注资，以及当且仅当违约公司的清算价值超过其持续经营价值时，违约公司才被清算。对于第一最佳效率的第三个条件，是否实施对公司收益的事前评估以及有效贷款组合的构建则需要考察银行管理者面对的激励。

假设银行监管机构必须依赖银行管理者的报告来了解银行 1 期净值。下面讨论两种实践中经常讨论的极端的问题银行处置政策：

（1）强制被发现缺乏支付能力的银行破产并将其管理者解职的严格的破产政策。

（2）确保对缺乏支付能力银行管理者的控制并对银行实施完全救助的宽松的救助政策。

我们还将考虑一种介于两者之间的政策，这种救助政策仅在最坏的情况下 $i=4$ 时，对缺乏支付能力的银行实施清算，并且将银行管理者解职。而在 $i=3$

银行监管的治理激励机制研究

时，政府将对银行实施完全救助并将银行管理者置于控制之下。

（一）严格的银行破产政策

在破产问题上，银行股东与管理者的利益是一致的。首先考虑报告负的净值的银行管理者被解职的情况。假设此时 $b=0$，实现了 p_1 或 p_2 的银行管理者不存在破产问题。然而，如果实现的是 p_3 或 p_4，银行就会因缺乏支付能力而被迫关闭，管理者也会被解职。在这种情况下，银行管理者为保住自身的职位将模仿收益 $p_k = p_2$ 时的行为。由于对借款公司的清算是可以验证的，银行管理者为确保 $p_k = p_2$，将通过清算相当于该公司贷款比例 ϕ_2 的资产组合来确保不被关闭。ϕ_2 被定义为银行实现产出 p_2 时，资产组合中被清算贷款的比例 $[\phi_2 = (1 - p_2) \beta]$。

银行管理者将清算比例为 $\hat{\beta}_k$ 的违约公司，即：

$$(1 - p_k) \hat{\beta}_k = \phi_2 = (1 - p_2) \beta \qquad (6-11)$$

因此，在状态 p_3 和 p_4 由银行管理者实际实施清算的违约贷款比率低于社会效率的比例，即 $\hat{\beta}_k < \beta$。在严格的破产政策条件下，银行管理者保持银行支付能力的表象的激励导致了作为对借款公司约束工具的债务约束和公司预算约束软化。

更为正式地，严格的破产政策导致的事前收益为：

$$U_G = \bar{p}(e) \pi + \sum_{i=1}^{2} \mu_i(e) \{p_i v + (1 - p_i) [(1 - \beta) v + \beta L]\} +$$
$$\sum_{i=3}^{4} \mu_i(e) \{p_i v + (1 - p_i) [(1 - \beta) v + \hat{\beta}_i L]\} - c(e) \qquad (6-12)$$

从式（6-12）可以看到，对于 $i = 3, 4$，有 $\hat{\beta}_i < \beta$。严格的破产政策因此导致被清算公司的数量无效率。由于银行对违约公司的软约束导致的社会剩余损失等于那些尽管仅有零持续价值但是仍然持续经营的公司损失的清算价值。

引进公司策略性违约的概率将扩大由于银行隐瞒不良贷款程度导致的社会剩余损失。更加精确地，假设借款公司管理者的私人持续经营价值是当违约情况下清算概率为 β 时，他们策略性地不选择违约；但是当他们预期被银行清算的概率更低时，可能选择违约。那么，不仅公司清算的数量低于社会最佳水平，而且银行资产组合中不良贷款数量将进一步增加。然而，不存在由于在严格破产政策条件下过度注资导致的成本。

在这种政策下，银行管理者是否被引导提高管理贷款组合的努力仅取决于这一行动产生的私人利益。尤其是银行管理者将仅在满足下面的条件时在严格的破产政策下提高努力程度。

$$E[U_B(1)] = \sum_{i=1}^{4} \mu_i(1) B[1 + \max(0, W_i + R)] - c >$$
$$E[U_B(0)] = \sum_{i=1}^{4} \mu_i(0) B[1 + \max(0, W_i + R)]$$

可以简化为：

$$[\mu_1(1) - \mu_1(0)]BW_1 > c \qquad (6-13)$$

需要注意的是，由于误导银行净值，是无成本的，因此在这种政策下没有银行管理者在均衡状态下被解职。还要注意银行管理者在所有状态下都获得私人利益。在状态 1 时，银行管理者私人利益价值等于 $B(1 + W_1)$；在其他情况下，银行管理者私人利益的价值等于 B。仅当银行管理者努力提高状态 1 发生的概率而获得的收益高于努力成本时，他们才会实施努力。

（二）宽松的银行救助政策

在监管机构对问题银行注资实施宽松救助时，无论报告的净值如何，银行管理者都不会被解职。这一方法导致银行管理者为提高注资数额而高估问题贷款的激励。银行管理者能够通过承担过高费用的方式轻易地高估他们预期损失的程度。由报告最坏的可能净值 W_4 而不是真实价值 W_i 导致的银行管理者效用变化总是正的，有：

$$\Delta U_B = B(W_i - W_4) \qquad (6-14)$$

然而，宽松的救助政策的好处是恢复了银行管理者对借款公司实施金融约束的激励。实际上，没有预算硬约束，银行管理者的激励是当且仅当持续经营价值低于清算价值时才去清算每笔违约贷款。因此，在宽松的注资政策下，银行管理者强化了对公司管理者的预算约束。

通过宽松救助政策取得的社会收益为：

$$U_G = \overline{p}(e)\pi + \sum_{i=1}^{4}\mu_i(e)\{p_i(1-\beta)v + (1-p_i)[(1-\beta)v + \beta L]\} -$$
$$\lambda[\mu_1(e)(-W_4) + \mu_2(e)(-W_4) + \mu_3(e)(W_3 - W_4)] - c(e) \qquad (6-15)$$

因此，宽松的救助政策至少存在两种社会成本：第一种是过度注资导致的成本。第二种是银行管理者实施评估公司投资收益和构建有效贷款组合努力的不充分激励。与严格的破产政策相同，在宽松政策条件下银行管理者实施这种努力的唯一激励来自于与此相关的私人利益。

具体来说，在宽松的融资政策下，银行的政府注资等于银行在最坏状态下的净值。因此，当且仅当满足以下条件时，银行经理会实施努力。

$$\sum_{i=1}^{3}[\mu_i(1) - \mu_i(0)]B(W_i - W_4) > c \qquad (6-16)$$

当前由于：

$$-\sum_{i=1}^{3}[\mu_i(1) - \mu_i(0)] = \mu_4(1) - \mu_4(0)$$

该激励约束等于：

$$[\mu_1(1) - \mu_1(0)]BW_1 + [\mu_3(1) - \mu_3(0)]BW_3 + [\mu_4(1) - \mu_4(0)]BW_4 > c$$

$$(6-17)$$

根据式（6-4）比较式（6-13）与式（6-17），可以揭示当 $\mu_4(1) - \mu_4(0) < 0$，并假设 $|W_4|$ 足够大时，在严格破产政策条件下对管理者努力的激励兼容约束比宽松注资政策条件下更为严格。原因是对于式（6-17），在宽松的注资政策下，如果能够伪装成状态 4，则银行管理者还可以获得注资的好处，因此将导致在事前缺乏努力的激励。

（三）中间政策

现在我们讨论介于严格的破产政策和宽松的救助政策之间的一种制度。具体来说就是，如果银行报告 p_3 发生，银行将被注资，而银行管理者不被解职。但是如果银行管理者报告 p_4 发生，银行就不仅被清算，而且银行管理者也将被解职。也就是说，银行管理者仅将对极端恶劣的产出负责。

在这一政策下，处于状态 p_1 和 p_2 的银行将寻求通过吸引过度的注资来提高规模，而处于状态 p_4 的银行会隐瞒支付不足问题的真实程度。然而，处于状态 p_3 的银行准确地揭示其现值，并且进行有效的贷款清算决策。因此，尽管中间政策包含了两种极端政策的无效率，但是相对于宽松的救助政策，中间政策的过度注资成本更低；并且相对于严格的破产政策，违约公司清算不足的情况得以减轻。

对于事前激励，这一政策会给银行管理者提供更坏的激励。在中间注资政策情况下，银行管理者仅在如下情况下实施努力：

$$\sum_{i=1}^{2} [\mu_i(1) - \mu_i(0)]B(W_i - W_3) > c \qquad (6-18)$$

对式（6-18）和式（6-16）的比较揭示了对管理者努力的激励兼容约束在中间政策下较宽松的注资政策条件下更为严格。但是由于状态 2 出现概率的增加也可能有助于管理者收益的提高，因此激励兼容约束是否相对于严格的破产政策更为宽松依赖于银行收到的注资额度。

三、银行破产和救助制度的监管效果比较

（一）事前激励效果的比较

从事前激励效果来看，严格的破产政策通常将比宽松的救助政策提供更强的事前激励；中间政策将比严格的破产政策提供更少的努力激励，但优于宽松的救助政策。

这一结论与我们的直觉一致，即预期更弱的事后约束在事前通常意味着更弱的激励效果。因此，从事前效率的角度来看，严格的破产制度的事前激励效果更

强。但是这一比较仅是从银行管理者效用的角度进行分析，全面的比较还需要考察宏观经济状况以及事后的社会效果。

（二）事后效率的比较

通过对三种政策的比较，我们可以看到：当 μ_4 接近于 1，即作为整体的银行体系被政府知道处于危机之中时，宽松的救助政策优于严格的破产制度。然而，当 $\mu_1 + \mu_2$ 足够接近 1，即当银行体系运行基本良好时，严格的破产政策优于宽松的救助政策。当 μ_3 接近 1 时，从事后效率的观点来看，中间救助政策相对于严格的破产政策以及宽松的救助政策占优。

从现代银行的监管实践来看，当银行体系运行良好时，个别银行出现的危机产生的外部性影响较小，对其实施破产符合有限责任原则，并且不会产生严重的外部性影响。但是，当宏观经营状况出现问题时，银行体系也显得更加脆弱，一有风吹草动就会对银行体系的安全性产生重要影响。因此，在宏观经济越是不景气时，对银行就越应该实施相对宽松的救助政策。

从银行的规模来看，小规模的银行外部性较弱，即使破产，也不会造成银行系统的危机，因此对有问题的小银行实施破产是最优的。但是大型银行出现的问题会导致整个银行体系的流动性问题，因此更可能出现前面提到的第 4 种状态，因此更应该对大型银行实施宽松的救助政策。

综上所述，在严格的破产制度下，通常较宽松的救助政策具有更强的激励作用，但是考虑到破产制度可能导致的外部性影响，适用于普通企业的严格破产制度却不能简单地在任何环境下适用于任何一家银行。一般来说，银行业整体运行状况良好时，严格的破产制度更为适用；相对于大型银行来说，破产制度也更适用于中小银行。

四、加强信息披露的作用

为讨论加强信息披露对银行破产以及救助制度的影响，我们通过引入对误报范围的约束来放松银行管理者能够无限制地误报银行净值的假设。假设银行管理者最多能够以增加一个状态序数误报银行净值。因此，处于状态 4 的银行能够安全地按照状态 3 进行误报而不被政府审计者发现。类似地，处于状态 1 的银行能够安全地宣称处于状态 2。

第一，与银行管理者通过寻求隐瞒不良贷款而导致的违约公司过度的持续经营相关的严格破产政策的社会无效性下降。社会成本下降的原因是处于状态 4 的银行不再能够以 W_1 或者 W_2 误报银行净值。第二，信息不对称的减轻降低了与在宽松注资政策下的过度注资和清算相关的社会无效性，原因是处于状态 1 的银行不再能够以 W_3 或者 W_4 误报银行净值。第三，中间政策也可以获得类似效果，原因是处于状态 1 的银行不再能够以 $\hat{W}_3$ 误报银行净值。

降低银行管理者与政府间的信息不对称程度能够提高或者降低银行管理者实施努力的激励，效果依赖于政府选择破产政策还是救助政策。在严格的破产政策下，激励兼容约束变为：

$$[\mu_1(1) - \mu_1(0)]BW_1 - [\mu_4(1) - \mu_4(0)]B > c \qquad (6-19)$$

由于处于最坏状态下的银行管理者不再能够通过误报银行净值来保留住职位，因此降低信息不对称性能够导致实施努力的激励增强。

然而在宽松的注资政策下，对管理者努力的激励能够被信息不对称问题的减弱而抵消，原因是处于两种更好状态的银行更不愿意吸引过度的注资，其中，处于状态 1 的银行不能误报，而处于状态 2 的银行仅能够误报其处于状态 3。此时，激励兼容约束为：

$$[\mu_2(1) - \mu_2(0)](-W_3) + [\mu_3(1) - \mu_3(0)](W_3 - W_4) > c \qquad (6-20)$$

在中间注资政策下，信息不对称程度降低对管理者努力激励的影响与在宽松政策下的影响相似。当银行管理者与政府间信息不对称问题仅是部分银行的情况时，相似的主要原因是宽松政策和中间政策条件下处于两种较好状态的银行误报情况是相同的。

因此，银行管理者与监管机构间的信息不对称程度的减轻明确地改善了严格破产政策的社会效率。这不仅导致银行关于贷款质量误报和对银行过度注资程度的降低，而且相对于完全的信息不对称状态，银行管理者实施努力的激励更强了。然而，对于宽松的和中间救助政策来说，从减少贷款质量误报和过度注资获得的收益被降低管理者努力激励抵消。改善信息的这两种相反效果来自于完全信息不对称条件下，运用宽松和中间政策时，处于更好状态的银行获得过度注资。这一注资政策的结果向银行管理者提供了实施努力提高这些状态发生可能性的激励，而降低信息不对称的程度会削弱这种激励。

第三节　银行破产制度的债权人治理激励机制研究

本章第二节中我们讨论了严格的银行破产制度和宽松的救助制度的激励效果和适用情况。通过分析，我们认为银行破产制度具有比救助制度更强的事前激励效果，但是也存在着管理者隐瞒不良贷款的激励。本节我们首先讨论在银行破产制度设计中积极引入债权人治理，进一步优化破产制度的治理激励效果，并结合美国和日本银行的破产程序对此进行检验；其次分析银行破产点的选择问题；最后分析信息披露对银行破产制度有效性的促进作用。

一、银行破产程序对债权人治理的影响

在存款保险的条件下，银行破产不会影响被保险存款者收回存款本金和利息的金额，对于未被保险者来说，破产银行的价值将对其收回存款的能力产生重要影响。破产银行价值的评估与实现与资本市场的有效性直接相关，资本市场效率越高，破产银行的价值评估越准确，对破产银行的交易也越迅速。这里我们主要分析银行破产过程对银行债权人治理的影响。

当存在存款保险情况下，银行关闭对于完全保险存款者本金与利息的收回不会产生太大的影响，而对于未被完全保险者，破产银行的价值对存款利益的收回影响显著。无论存款是否被完全保险，由于在破产过程中，通常要求搁置债权，而且关于银行破产决定的司法程序时间较长，从而导致存款人必须等待较长时间才能获得破产偿付。破产偿付时间越长，存款人流动利益的损失和市场价值的损失会越大，同时监控银行状况以及约束银行承担更高风险的激励会越强。

破产过程的影响主要表现在破产过程持续时间长短对债权人治理激励的影响。Kaufman 和 Seelig（2002）将从银行经济破产到实现对利益相关者的偿付的时间延迟分为五个阶段：①从银行经济破产（资产的市场价值低于负债的市场价值）到法律上可以宣布破产的时间。时间的长度主要取决于市场反映资产和负债价值的效率以及法庭对银行价值的证明能力。②从法律能够宣布破产到真正宣布破产的时间。时间的长度主要取决于政府出于对相关者利益的考虑决定银行是否破产的决策效率。前两种时间延迟可能导致欺诈、资产抽逃以及资源配置效率的损失。③从破产到完成对被保险和未被保险存款者的识别时间。④从存款者识别到破产银行被接收的时间。⑤从破产银行被接收到完成对存款人支付的时间。后三种损失发生在银行被正式清算之后，可能导致的损失主要来自信用风险、市场风险以及流动性损失。

各国对于银行破产后向债权人偿付时间的规定有很大差别。偿付的时间差别会对债权人银行治理的动机产生重要影响。政府在银行破产后立即向存款者预支的目的主要是最小化由于冻结存款造成的流动性损失，但是这一影响的效果存在一个均衡。一方面，被保险和未被保险的存款人的预期损失越大，监控银行状况以及约束银行承担更高风险的激励越强。这种监控与约束的方式包括从银行提款或者要求更高的利率风险补偿，债权人约束可以看作市场作用的结果。另一方面，价值或流动性的预期损失越大，公众要求政府保护的压力越大。这看起来会提高政府解决的成本。给定这一均衡，可以选择为破产银行存款人进行偿付的最佳时间。由于政府有能力控制处理相关存款数据、评估破产银行价值的时间，因

此这也是一种有效的政策工具。图 6 - 1 表明了银行破产持续时间对这两种激励的均衡的影响。

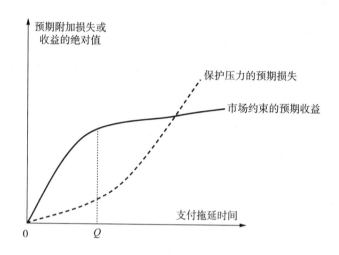

图 6 - 1　附加市场约束与政府保护效应

图 6 - 1 中横轴表示存款人账户被冻结的时间，纵轴表示市场约束（债权人约束）的预期收益以及加强保护压力的预期损失的变化。在缺乏银行存款的有效二级市场的情况下，市场约束的预期收益增加等于保护压力预期损失的增加的数值最大时即为最佳延迟时间，在图 6 - 1 中显示为点 Q。如果附加市场约束线始终位于保护压力线之上，则最佳延迟时间为无限长；反之则为零。这意味着账户不被冻结，存款人立即获得赔偿。

二、日本与美国银行破产制度对债权人治理激励作用的比较

在这里我们以日本和美国的银行破产制度为例，说明破产程序对银行债权人治理激励的影响。

（一）日本的银行破产程序及其对债权人治理激励的影响

1998 年 10 月出台的《金融再生法》对金融机构破产标准作出了如下规定：①出现资不抵债，或缺乏足够的流动性；②停止支付存款；③停止支付的可能性增大等情况下，由金融再生委员会出面认定为破产。

日本的破产金融机构按照两种方式进行处置：一种是由金融理财人管理；另一种是实施政府特殊管理措施（临时国有化）。在破产程序方面，当银行被宣布破产后，《金融再生法》规定必须在一年内将破产金融机构的业务移交给其他健全银行，或者令其与健全银行合并，从而保护存款人的利益，加速破产金融机构

的处理。在金融理财人途径下，由存款保险机构出资设立过渡银行，把破产金融机构的业务移交给过渡银行，过渡银行一方面继续经营银行业务，另一方面金融理财人协助过渡银行寻找转让机会。政府特殊管理措施是在大银行破产情况下，为了在破产处理之前保护存款人利益而设立的一个维持原有法人资格，并且继续开展业务的破产处理框架。2000 年 5 月起施行的《存款保险法》延长了对长期金融机构的破产过渡期限。无论采取何种方式，如果没有在期限内寻找到接盘银行，破产金融机构就必须清盘。实践中尚未出现在银行破产后无法实现对原有银行业务接盘的情况。

对于未破产银行出现的困难，日本于 1998 年 10 月实施了《早期健全化法》，规定在银行申请的基础上，由金融再生委员会决定通过存款保险机构收购问题银行发行的绩优股、次级的方式对银行进行资金补充。

从上述监管规定中可以看出，日本监管部门对存款人保护程度很高。由于过渡银行的设立，银行业务在银行破产后继续进行，存款人无须为等待偿付而承受流动性损失。由于过渡银行能够保持的期限较长，存款人有足够时间采取措施降低存款损失，因此存款人对银行治理的动机较弱。

（二）美国银行破产程序及其对债权人治理激励的影响

美国银行破产机制中非常重要的一个环节是事前的预警机制。FDIC 运用一个破产—质量评估模式—骆驼评级（CAMELs）对银行的经营质量进行综合评估。它从六个方面评估银行：①资本充足率；②资产的质量；③管理能力；④盈利能力；⑤资产流动性；⑥安全性。FDIC 定期公布问题银行的名单，并且要求评级较低的银行增加资本金，以弥补可能发生的风险损失。此外，美国的银行监督机构还将银行按照规模划分为不同类别，定期对相同类别的银行进行绩效比较，结果公开披露。联邦存款保险公司改进法案明确规定资本充足率不足 2% 的银行将破产。上述措施不仅使监管机构和公众能够及时获得银行质量信息，而且预示了银行破产的可能性。

早期预警措施以及高效的信息披露为存款人的银行治理提供了有效手段。在银行虽然经营不良但是还不至于陷入破产困境时，债权人观察到银行资产的风险状况后能够选择的办法是要求更高的利率或者提出存款选择其他银行。虽然这样的选择看起来可能导致银行的挤兑，但事实上银行自身会因在事前预期到不良业绩可能导致银行破产而努力改善经营业绩，存款人的治理作用得到实现。

Maechler 和 McDill（2003）分析了美国的银行未保险存款人在对银行绩效不满意时提取存款的动态反应①。根据他们的实证分析结果，未保险存款人对银行

---

① Andrea M. , Maechler and Kathleen M. McDill. Dynamic Depositor Discipline in U. S. Banks ［R］. IMF Working Paper, 2003.

经营状况十分敏感。经营良好的银行有能力吸收更多的未保险存款，并且能够获得有利的融资价格。不仅如此，他们发现未保险存款人的行为不仅受到银行质量变化的驱动，而且受到价格影响。如果区分不同质量的银行，好银行更能运用价格因素吸引未保险存款。Maechler 和 McDill 证明了美国银行体系存款人约束的存在。未保险存款人监控银行的健康状况并且通过提取存款以及要求更高的风险溢价对不好的银行行为进行约束。给定美国存款保险的覆盖范围，这种约束会对大约 25％ 的存款造成影响。

为避免寻求破产银行接收者的过程对存款人造成的不利影响，美国银行监管机构强调破产银行收购的高效率和及时性，并且保证在过渡期内银行资产的有效管理。美国是极少数在处理银行破产过程中不冻结银行账户的国家。通常情况下，FDIC 通过预先支付使得存款人在银行破产后立即获得存款偿付。具体过程是在宣布银行破产后的 1～2 个工作日内，存款人可以通过破产银行网点或者指定的接收银行获得偿付，完全保险的存款被全额支付，未保险部分存款按照存款金额的一定比例获得偿付。FDIC 之所以能够快速偿付，一方面在于其获得了预支的法律权力；另一方面在于其能够快速准确地评估破产银行的资产价值。FDIC 对资本严重不足的银行进行更加严格的监管，提高了现场检查频度。美国银行的破产不像普通公司那样由法庭宣布，而是由银行的注册机构或其他银行规制机构来决定，也保证了监管者对银行业拥有更强的专业化技能。在预期某家银行可能破产时，FDIC 为破产银行的潜在买家提供其财务数据，并且提前选择可替代的成本最低的转让方案。FDIC 在银行即将破产前几天派人员专门收集所需的银行信息。这些信息被用于评估银行价值和计算银行不同类别的债权人数量和债权金额。因此，FDIC 能够在银行破产时很快比较准确地计算出银行的转让价格。在破产银行被真正转让后，真实转让价格与预支给未保险存款偿付的差额部分也将支付给存款人。之后，会对其他债权人和股东进行补偿。

加速破产偿付的措施降低了银行债权人的预期损失，但是对债权人的治理动机具有不利影响。预期到不会受到流动性损失，被保险的债权人会丧失事前治理的动机。银行因此失去了必要的市场约束，寻求高风险资产的概率加大。

由于担心大型银行的破产可能会在整个金融体系造成连锁性反应，对存款人信心产生破坏性影响，出现蔓延式挤兑的公众恐慌，在美国的银行破产中产生了所谓的"太大以至于不能破产"的实践。美国的金融监管机构曾经在伊利诺斯银行（1984 年）和新英格兰银行（1991 年）等的破产过程中承诺对所有存款进行保护。这种实践会导致存款人对大型银行的追逐，并且降低治理动机，大型银行不仅获得了更大规模的资金来源，而且降低了市场约束。

三、破产均衡点的选择及其对银行治理激励的影响

在银行破产制度实践中，如何选择破产均衡点在信息不对称情况下存在困难。虽然资不抵债是有限责任公司破产的前提，但是对于银行业来说，由于监管机构难以准确获得银行真实、准确的资产和负债信息，理论破产均衡点也因此难以把握。如果破产点选在了均衡点以上，必将影响银行的经营激励，造成效率损失；反之，破产点低于均衡点，即使银行股东也将有更强的风险偏好激励，造成更大的社会成本。

由于信息不对称问题无法完全解决，在提高信息披露水平的同时将破产点定在略高于资本充足率为零的水平上是更优的。原因包括两点：第一，正如我们在第四章中讨论的，银行股东在银行资本充足状况较差的情况下存在更强的风险偏好，同时隐瞒不良贷款数量的动机更强，确定较高的破产点有助于避免银行真实净资产为负导致的极端风险偏好问题。第二，在第五章对最后贷款人制度的讨论中，我们提到如果银行家存在"垂死一搏"的可能，在银行破产时，对银行家的支付不应为零，而是为正值 B_S，较高的破产点能够保证在对银行资产进行清算后产生足够的剩余，在事前降低银行家的投机行为激励。在上面分析的美国银行破产实践中，我们可以看到监管机构确定的破产点为资本充足率低于2%。

四、信息披露程度对破产制度激励作用的影响

接下来分析信息披露对银行破产机制激励效果的促进作用，讨论银行管理者管理银行获利性的能力存在差别时的情况。

假设银行管理者或者是好的（G）或者是差的（B）。如果他们是差的，当状态4出现时，他们就无法经营了；如果他们是好的，他们的银行即使在最坏的情况下也不会关闭。因此，W_4 的实现很好地区分了银行管理者的类型。而且，差的银行管理者不能够产生与好的管理者相同水平的每笔贷款的清算价值以及持续经营价值。我们假设：

$\gamma > 1$ 时，$v_G = \gamma v_B$，$L_G = \gamma L_B$

因此，通过在状态 W_4 辞退差的管理者会产生潜在的实质性的效率增益，严格的破产政策的优点在于提供了替换差的银行管理者的便利。但是，由于银行管理者能够隐瞒银行的真实状态，在我们的模型中这样的政策并没有预期的效果。然而，如果我们假设，尽管管理者努力隐瞒银行的缺乏支付能力的状态，银行的真实状态以很小的概率 $\delta > 0$ 成为公共信息，那么就会存在实施严格的破产政策的均衡：在能够发现差管理者时，政策能够对差管理者实施替代而产生事后的改进，但是这将导致更高的误报成本。如果我们令 ρ 代表好管理者的概率，有：

$$v = (\rho\gamma + 1 - \rho)v_B \qquad\qquad (6-21)$$

$$L = (\rho\gamma + 1 - \rho)L_B \qquad\qquad (6-22)$$

在聘请新银行管理者时的预期持续/清算价值，以及因为替换差的管理者产生的每笔贷款的预期收益是：

$$(1-p_4)\left[\hat{\beta}_4(L-L_B) + (1-\hat{\beta}_4)(v-v_B)\right] \qquad (6-23)$$

预期的误报成本为：

$$(1-p_4)(\beta-\hat{\beta}_4)L \qquad\qquad (6-24)$$

因此，仅当缺乏支付能力情况被发现的概率足够高时，实施严格的破产政策才会有收益。

$$\delta > \frac{(\beta-\hat{\beta}_4)L}{\hat{\beta}_4(\gamma-1)\rho L_B + (1-\hat{\beta}_4)(\gamma-1)\rho v} \qquad (6-25)$$

这一结论证明了信息披露程度对银行破产制度有效性的影响，即信息披露质量和程度的提高，有助于监管机构获得更多的关于银行管理者能力的信息，从而进一步强化了破产机制的治理效果。

第四节　银行救助制度的治理激励机制设计

在最近的金融危机（如挪威、墨西哥或者日本）中，监管者采取的主要措施是通过购买优先股或者次级债向处于危机中的银行（无条件地）注入新的资金。这些资金规模巨大（达到 GDP 的数个百分点）。对于这一事后行为的收益，一些人会对救助的方式和规模提出质疑。这些资金的注入有利于为监管者争取宝贵的时间和空间，但是监管者并没有解决潜在的不良贷款问题。

为解决这个问题，向银行提供足够的不良贷款清算激励十分关键。我们认为银行管理者误报银行贷款损失程度的激励是通常导致不良贷款无效率的低比率清算，并因此加重银行危机程度的主要原因。我们将表明有效银行救助方案的效果如何，在很大程度上取决于如何缓解或者克服银行管理者隐瞒贷款损失的激励。下面我们将扩展本章第二节中的模型，设计具有治理激励作用的银行救助机制，解决银行救助面临的巨额救助成本问题。

一、银行救助制度的治理激励机制基本模型

一旦承认银行管理者能够通过隐瞒贷款损失程度拖延破产，并且它们可以限制对不良贷款的清算来隐瞒贷款损失，那么很明显，要求任何缺乏支付能力的银

行关闭的严格的银行关闭规则就会是降低生产率的。要求银行经理必须离职的严格的注入资金政策导致银行经理对不良贷款借新还旧，从而隐瞒了贷款损失的程度，并因此弱化了贷款公司的预算约束。这些规则可能导致银行管理者尽可能长时间地隐瞒贷款损失的规模。除了大规模的银行破产，这样的行为还会导致巨额的投资误配。反之亦然，不要求破产银行经理离职的、宽松的注入资金政策，鼓励银行在需要注入资金时，采取过渡的公司清算政策。

在我们的讨论中，假设存款是被保险的，并且假设监管者能够执行最佳设计的银行救助方案，因此监管容忍问题并不存在。我们研究的重点是如何在给定监管者能够执行最佳方案的前提下，设计这一最佳方案。为减少信息不对称问题的影响，我们的方案强调救助政策对银行经理的激励效果，以及救助行为的社会成本问题。因此，最佳方案的目标是设计一种既能促进银行管理者激励，同时也要尽可能降低救助成本的救助方案。

由于银行管理者的一种可观察并验证的行为是对违约公司的清算，这一参数能够为银行监管者的银行注资政策提供可能的条件。我们的目的是考察监管者是否能够使用这一参数实现最佳社会效率的全面目标以及实现这一目标的环境要求。

本部分模型的假设与第二节的模型相同。在模型中，我们将银行管理者行为作为对银行注资的条件参数，努力实现最佳社会效率的标准：对违约公司的有效清算使得对于 $i = 1, \cdots, 4$，有 $\hat{\beta}_i = \beta$，并且不存在任何过度的银行注资，$E = 0$。

设计以对违约公司实施清算为条件的银行注资政策的一个关键问题是银行对公司实施清算和注资金额之间的关系。首先考虑一个简单的线性转移方案，在这一方案中，监管机构向被银行管理者清算（清算价值为 L）的公司任意一笔贷款支付固定金额 t。为使银行最坏的状态 p_4 获得零净现值，转移支付金额 t 必须将银行的真实净现值提高到均衡点。

$$\phi_4(L + t) + (1 - p_4)(1 - \beta)v + p_4 D = d \qquad (6 - 26)$$

然而，由于这一模型将那些处于状态 p_3 的缺乏支付能力的银行的净值提高至超过零的水平，因此这种注资政策过于慷慨了。不仅如此，尽管拥有正的净值的银行不需要被注资，但是也被鼓励参与本方案。

然而，如果政府引入非线性转移支付方案就可以避免过度注资。假设政府为被清算的违约贷款设定了一个低的转移金额 t_L 直至银行资产组合的比例阈值 $\overline{m} \leqslant \phi_2$，并且将每笔被清算贷款超出该阈值的部分提高到 $t_H > t_L$。我们可以建立如下命题：

命题（6-1）：存在一个 $\overline{m} \leqslant \phi_2$ 使得上面的两部分转移方案价格（t_L，t_H，$\overline{m}$）能够确保实施对违约公司有效清算的银行注资，即对于 $i = 1, \cdots, 4$，有 $\hat{\beta}_i =$

β，当且仅当满足下面条件时，仅有那些真正缺乏支付能力的银行被注资。

$$p_4D + (1-p_4)(1-\beta)v + (\phi_4 - \phi_2)v + \phi_2 L \geqslant d \tag{6-27}$$

证明：没有慷慨的损失，我们能够假设 $D > v$，因此保证贷款处于正常状态比仅保持银行勉强经营更加有利。

首先，为避免银行管理者对不良贷款的过度清算，高转移价格 t_H 不能比最低可能的违约贷款补偿价值 v 更高。原因在于，如果 t_H 高于 v，将造成银行管理者在经营不善的时候将所有资产清算，并不再持续经营。在 $t_H > (v-L)$ 情况下，所有银行的管理者本应该存在过度清算的激励，原因是这样做将提高对不良贷款的补偿，包括每笔贷款从政府获得的转移。因此，我们必须使 $t_H \leqslant (v-L)$。没有慷慨的损失，我们将分析限制在两部分转移方案，使得 $t_H = (v-L)$。

现在能够充分地显示可以选择低转移支付 t_L 和分离水平 $\overline{m}$ 阻止处于状态 p_2 的具有支付能力的银行参与本方案。这要求数对 $(t_L, \overline{m})$ 满足如下条件：

$$(\phi_2 - \overline{m})v + \overline{m}(L + t_L) \leqslant \phi_2 L \tag{6-28}$$

式（6-28）的左边是处于状态 p_2 的、通过参与政府的注资方案的银行将接受的净支付，右边是通过保持不参与方案并且对零持续价值的不良贷款实施清算的银行收入。满足这一条件的参数值集是 $t_L = 0$ 和 $\overline{m} = \phi_2$。

还可以充分地限制两部分转移方案（$t_H = v - L$，$t_L = 0$，$\overline{m} = \phi_2$）成功地对处于状态 p_3 和 p_4 的缺乏支付能力的银行完全注资。特别要考虑处于最坏状态 p_4 的银行，这一模式不会导致处于 P_3 状态的银行伪装成 P_4 状态的原因是补偿金额 $v - L$ 恰好等于公司被过多清算导致的损失。参与将监管机构注资与对缺乏支付能力的借款公司实施清算的银行相联系的注资方案中，银行实现的净值是：

$$p_4D + (1-p_4)(1-\beta)v + (\phi_4 - \phi_2)v + \phi_2 L - d \tag{6-29}$$

从式（6-29）中可以清楚地看到必须遵守命题（6-1）中的条件方程（6-27）以确保处于状态 p_4 的银行被完全注资。这一条件因此充分地确保了缺乏支付能力的银行的完全注资，并且还同时避免了对不良贷款的过度清算和对缺乏支付能力银行的过度注资。

为完成命题（6-1）的证明，我们必须先证明条件方程（6-27）是必要的。这要求不能通过允许 $t_L > 0$ 的更为慷慨的两部分转移方案放松这一条件。由于处于 P_3 状态的银行需要的注资需求低于处于 P_4 状态的银行，因此充分性证明是可信的。

假设 $t_L > 0$。对处于状态 p_4 实施完全注资的关于 t_L 和 m 的必要条件是：

$$p_4D + (1-p_4)(1-\beta)v + (\phi_4 - \overline{m})v - \overline{m}(L + t_L) \geqslant d \tag{6-30}$$

为选择最佳的 t_L 和 $\overline{m}$，需要在促使具有支付能力的银行放弃参与这一机制时监管机构寻求放松上面的约束。监管机构选择 $(t_L, \overline{m})$ 使得：

$$\max\left[\,(\phi_4 - m)v + m(L + t_L)\,\right]$$
$$\text{s. t.} : (\phi_2 - m)v + m(L + t_L) \leqslant \phi_2 L \qquad\qquad (6-31)$$

在最佳情况下，对处于状态 p_2 的银行的激励约束是紧的，因此上面的问题简化为：

$$\max_m\left[\,(\phi_4 - \phi_2)v + mL + (\phi_2 - m)L\,\right] \qquad\qquad (6-32)$$

该方程不存在唯一最大值的情况。假设满足条件方程（6-27），因此设定 $\overline{m} = \phi_2$ 和 $t_L = 0$ 不导致慷慨的损失。如果 $t_L = 0$，通过条件方程（6-27），命题（6-1）得证。

至此证明了条件方程（6-27）是必要且充分的，命题（6-1）证毕。

当满足条件方程（6-27）时，以违约公司的清算为条件的银行救助政策能够满足最佳社会效率的两个要求：银行管理者的有效清算决策和不存在政府对银行的过度注资。如果条件方程（6-27）不满足，这一条件注资政策会导致对处于状态 p_2 具有支付能力的银行（和/或处于状态 p_3 的缺乏支付能力的银行）的过度注资。在这些情况下，严格的破产政策可能在某些时候占优，尤其是当 $\mu_1 + \mu_2$ 接近 1 时。

本部分的分析显示以银行管理者可观察并可验证行为为条件的银行注资能够提高银行救助的事后效率，并且在某种情况下，满足事后效率的两个要求。

对于事前的激励，证明了严格的破产政策以及本部分开发的更加复杂的条件注资为银行管理者精确地提供了实施努力的同样激励。这直接显示出对银行管理者提供的确保其在条件银行注资政策条件下实施努力的激励兼容约束可以简化为：

$$\left[\mu_1(1) - \mu_1(0)\right]BW_1 > c \qquad\qquad (6-33)$$

这与严格的破产政策是相同的。由于私人利益预期价值仅随管理者努力程度而提高到这一努力提高的状态 1 发生的概率，这一均衡才出现，银行管理者在所有其他状态恰好获得 B。

因此，条件注资方案与严格的破产政策提供了相同的事前努力激励。尽管我们的条件方案是以银行管理者扭曲（并宣布状态 1）和不扭曲无差别的方式被设计出来，两种政策都为银行管理者提供了扭曲关于贷款损失（即关于 β_i）的事后报告的选择，但是从事后来看避免了严格的破产政策的无效性。我们的方案避免了严格破产政策导致的事后无效率，但是两种政策下事前努力的机理是相同的。我们的方案因此应该被看作严格破产政策基础上的严格改进。

二、管理者激励政策对银行破产和救助制度的影响

上面是我们在假设银行管理者没有获得与银行报告净值相关的高效薪酬激励条件下进行的深入分析。我们现在开始考虑银行管理者预期效用采取以下薪酬激

励结构的更加一般的情形。

$$E[U_B(e)] = \sum_{i=1}^{4} \mu_i(e) \{ b \max(0, \hat{W}_i) + \tilde{B}_i [1 + \max(0, W_i + R)] \} - c(e)$$

$$(6-34)$$

这里 $b > 0$，$\hat{W}_i$ 为报告的银行每笔贷款净值，R 为监管机构的注资。式（6–34）的第一项描述了银行管理者从货币补偿中得到的效用，第二项为从私人利益获得的效用。

引进高效薪酬激励方案首先通过其对事后误报银行净值的激励影响了多种银行救助政策的分析。在严格的破产制度条件下，由于通过提高报告净值（并且隐瞒贷款损失），银行管理者拥有了隐瞒贷款损失的另外的激励，他们不仅避免失去工作，而且还增加津贴。特别是银行管理者现在想误报净值 W_1，而不是 W_2。

然而，在宽松的救助政策下，高效激励方案提高了高估不良贷款问题规模的成本。这种情况下，薪酬激励与私人利益间的均衡能够导致银行管理者误报净值 W_1，而不是 W_4。

当引进高效激励方案改变高估银行净值的激励时，它没有向实施管理贷款组合努力提供累加的超出严格或者宽松注资政策提供的私人利益的激励。这一结果服从式（6–34）以及报告的净值独立于状态的事实。从货币利益中获得的预期效用并不依赖于银行管理者能够通过实施管理贷款组合努力进行影响的多种自然状态的可能性，因此并不能改善事前激励。

在与违约公司清算相联系的条件银行注资政策情况下，为银行管理者提供的高效激励方案还具有另外一个作用。这种激励的引入能够通过向缺乏支付能力银行管理者提供不参与方案并且误报净值的激励来破坏条件银行注资方案的有效性。实际上，给定以式（6–34）形式给出的银行管理者目标，没有银行管理者会拥有参与条件注资方案的激励。尤其是考虑处于状态 W_4 的银行。其管理者从误报净值 W_1 获得的效用是 $b\hat{W}_1 + B$，而从参与条件注资方案获得的效用仅为 B。因此所有的银行管理者将在拥有高效激励的条件银行注资方案中报告净值 W_1。

最后，从事前努力激励的观点来对比各种注资政策，我们发现由于在严格的破产政策条件下汇报的净值独立于状态的性质，高效激励没有提供超出与银行管理者私人利益相关的附加的事前努力激励。因此，事前激励约束仍然是：

$$[\mu_1(1) - \mu_1(0)] B W_1 \geq c \tag{6-35}$$

然而，宽松救助政策条件下的事前激励约束变为：

$$[\mu_1(1) - \mu_1(0)] B \tilde{W}_1 + [\mu_3(1) - \mu_3(0)] b W_3 + [\mu_4(1) - \mu_4(0)] b W_4 \geq c$$

$$(6-36)$$

尤其对于给定的私人利益 B，存在分离水平 b，使得 $b < b_s$ 条件下注资方案提

供了比宽松救助政策更好的事前激励。由于在宽松救助政策条件下高估贷款损失的利益随着管理者货币利益的份额增加而增长，相对于严格的破产政策或者我们提出的条件注资方案，在宽松的救助政策下 b 越大，事前激励的效果越强，即对 W_1 状态的偏好强于 W_4。

因此，基于可以由银行管理者操纵的参数确定的高效激励合同不仅不能加强对银行管理者经营的激励，而且会引致新的或者加剧现有的对银行注资政策的扭曲。但是我们应该看到，加强信息披露能够降低银行管理者瞒报不良资产的可能性，同时如何设计科学的银行绩效方案也对管理者报告真实资产状况具有促进作用，从而降低条件注资方案的监管成本。

三、日本和美国银行救助制度的治理激励的效果比较

（一）日本的银行救助制度

1. 传统的日本银行救助

第二次世界大战之后，日本企业融资的主要渠道是以贷款为主的商业银行间接融资。商业银行贷款对日本战后经济的快速增长发挥了重要作用，因此维护金融稳定成为了日本银行监管最为重要的目标之一。

20 世纪末期之前，为避免银行破产引发的系统性危机，日本银行监管机构通常采用提供救助的方式，对问题银行注入资金，因此导致公众形成了"银行不倒"的信念。第二次世界大战后直至 1994 年，日本的银行在各项法规保护之下，从未发生过明显的银行破产倒闭的事件。但是由于宽松救助导致的银行治理软约束，银行救助成本也不断增加，表 6-1 列出了 20 世纪 90 年代日本存款保险机构的主要资金援助案例。

表6-1　日本存款保险机构的资金援助案例[①]　　　　　单位：亿日元

实施日期	破产金融机构	援助性质	金额
1992 年 4 月 1 日	东邦相互银行	5 年贷款	80
1992 年 10 月 1 日	东洋信用公库	拨款赠与	200
1996 年 1 月 29 日	兵库银行	拨款赠与	4730
1996 年 3 月 25 日	库斯莫信用社	拨款赠与	1250
1996 年 9 月 17 日	太平洋银行	拨款赠与	1170
1997 年 1 月 20 日	大阪信用社	拨款赠与	1697
1997 年 2 月 24 日	木津信用社	拨款赠与	10340

资料来源：《日本存款保险年报》，1998 年。

---

① 黄泽民：《日本金融制度论》，华东师范大学出版社 2001 年版，第 221 页。

但是，通过央行和国家金融监管机构作为兜底的"最后贷款人制度"的援助不能从根本上化解问题银行的危机，只会延迟问题银行破产，反而会使问题银行的风险更为集中，更容易引发系统性金融危机。

2. "金融大爆炸"改革后的日本银行救助制度

20世纪80年代末期开始发生的严重的金融和经济危机促使日本政府考虑实施根本性的金融制度改革。这一金融制度改革被称为日本式"金融大爆炸"改革。作为"金融大爆炸"改革的重要举措，日本银行监管机构加强了对银行的破产约束，银行救助制度的实施更加严格。

2000年5月，日本开始实施的《存款保险法》（修订版）除明确了存款保险制度外，还对长期性金融破产处理制度和救助政策做出了规定。如果金融机构在通常时期出现破产，将派遣金融理财人负责管理和处置事宜。而在出现系统性风险等危机时，将根据金融危机对策会议的决议，采用注入公共资金、提供高于保付成本的资金援助、临时国有化等特殊措施。为了保证有足够的财源实现上述措施，新设了危机应对账户，所需资金可由政府担保筹得，此外还可在事后要求金融机构缴纳经费。如果仅靠金融机构来负担损失仍然难以维护国家的信用秩序，那么政府就可以启动财政对策。

3. 银行间的并购

当问题银行被认定破产时，金融厅（FSA）将指派接管破产银行的管理人将剥离出的不良资产转卖给存款保险机构下属的资产处置回收机构（RCC）。一旦找到愿意继承的银行，处置过程即告结束。若难以找到愿意继承的银行，破产银行的事务将暂时移交给存款保险机构成立的日本过桥银行管理，直到找到愿意继承该破产银行的金融机构为止。该方式能够有效地降低问题银行对整个银行业的扰乱，成为日本政府最常采用的处置方式。第二次世界大战后到1998年前，日本存款保险机构运用接管法和并购已经处置了两家银行、28家信用合作组织和7家信用联盟。

日本采取临时国有化处理的案例包括：长期信用银行（1998年）、日本信用银行（1998年）、足利银行（2003年）；采取并购与继承的案例：振兴银行（2010年）。1995年，日本政府为了挽救两家信用社，成立了东京共同银行将其兼并，继承了其原有资产、负债和业务。

4. 存款偿付

由于"最后贷款人制度"的持续运用，日本存款保险制度自成立以来，20年间一直处于休眠状态。存款保险机构从未对存款者支付过保险金，直至2002年，日本政府重新确认存款保险机构对存款赔付的责任。2010年9月10日，日本振兴银行因经营不善，依据日本《存款保险法》正式向金融厅申请破产保护，日本金融厅下达未来三天停业整顿行政处分，委托存款保险机构作为其财产管理人，紧急启动"存款偿付"，为不超过 1000 万日元的存款本金及利息提供保护，力争使受到保护的存款能在一周后逐步得以返还。2012 年后申请日本存款保险机构救助的数量和金额如表 6-2 所示。

表 6-2　2012 年后申请日本存款保险机构救助的数量和金额

单位：千日元，家

财政年度	购买决议（决议通过时间）	申请救助数量	申请救助的总量	救助总量
FY2012	第 1、第 2 次（2012 年 6 月；2013 年 3 月）	16	308739	16976
FY2013	第 3 次（2014 年 3 月）	16	1774085	49868
FY2014	第 4、第 5、第 6 次（2014 年 6 月；2014 年 10 月；2015 年 3 月）	58	1078252	125889
FY2015	第 7、第 8 次（2015 年 7 月；2016 年 3 月）	75	2689740	188727
FY2016	第 9、第 10、第 11 次（2016 年 9 月；2016 年 12 月；2017 年 3 月）	41	316413	60773
FY2017	第 12、第 13、第 14 次（2017 年 6 月；2017 年 11 月；2018 年 3 月）	55	1088644	372635
总计		261	7255847	814867

注：FY：Fiscal Year。

资料来源：《日本存款保险年报》，2018 年。

（二）美国的银行救助制度

美国银行救助制度始于 20 世纪 20 年代末的经济大萧条时期。为避免系统性金融危机，针对大量的银行倒闭事件，美国联邦政府于 1932 年设立了复兴金融公司（Reconstruction Finance Corporation，RFC），联邦财政拨款 5 亿美元给该公司，专门负责救助倒闭的金融机构。成立之初，RFC 只给暂时陷入流动性危机的银行提供贷款，而且条件与商业贷款完全相同，事实上发挥着最后贷款人的作用。陷入危机的银行大多不愿意接受 RFC 贷款，因此，RFC 救助行动并没能够有效阻止金融风险进一步扩散。1933 年 3 月，美国国会通过紧急银行法（Emergency Banking Act）允许 RFC 认购银行以优先股、资本票据和债券，可以接受银行以优先股作为担保提供贷款。从此，RFC 将采取认购银行优先股作为其主要的注资形式。

1950 年，美国联邦存款保险公司从国会获得授权，获准使用注资方式来处理问题银行。到 20 世纪末，大约为 137 家金融机构提供了资助。美国对问题银行的注资救助制度始终贯彻为金融稳定的目标而服务的理念，并把防止政府过度干预、防止注资救助制度滥用和杜绝道德风险作为银行救助制度建设的核心。一方面，美国不断通过立法完善严格注资的条件；另一方面，鼓励制度创新，寻求更有效的替代方法。

1986 年，FDIC 阐明了对问题银行实施救助的基本政策，明确了取得 FDIC 注资必须符合以下三个条件：

（1）成本最低原则。注资给 FDIC 所带来的成本应低于其他处置方式（主要是指清算成本）。

（2）注资金融机构应当说明恢复资本充足的资本来源，包括非 FDIC 来源的资本注入。

（3）接受注资的银行或存款机构的从属债权人或其控股股东不会因此而受益。换句话说，他们不会因注资而获得不当利益。

美国联邦存款保险公司处理问题银行的手段主要有以下三种：收购与承接、清算及存款偿付和经营援助。

（1）收购与承接作为联邦存款保险公司处理问题银行的主要手段，联邦存款保险公司将面向市场发布问题银行作为被收购标的进行竞标，最后确定一家意向银行整体收购并承接问题银行所有的债权和债务。倘若问题银行资产和债务情况确实不容乐观，且收购的银行并不愿意完全承担起全部资产债务，联邦存款保险公司将会给予收购方一定的经济补偿，而该补偿将低于直接通过破产清算所支出的费用。通过市场化的收购与承接方式来处置问题银行会降低联邦存款保险公司的成本，避免存款保险基金过度使用，同时可以维持与现存客户的关系，有利于重组后的发展，给储户和社会带来的冲击较小。

（2）清算及存款偿付需要满足如下条件：一是没有其他金融机构愿意收购并承接该问题银行，或者弥补承接银行的费用大于直接破产清算费用；二是没有挽救的必要，或挽救费用大于直接清偿费用；三是对社会冲击和公共危害程度较低。当联邦货币监理署和州监管当局对问题银行签发关闭指令后，将授权联邦存款保险公司接管。存款保险公司随后全盘清查破产银行的资产和负债记录，厘清受保储户，并按照保险限定的范围向储户赔付存款。随后，存款保险公司通过出售、转让等方式处置破产银行资产，所得剩余资金仍优先分配给未受保储户，最后按比例分配给其他债权人。清算及存款偿付通常被认为是解决问题银行方式中成本最高的方案，同时会造成一定的社会不稳定。因此，美国监管当局对采取该退出方式是非常谨慎的。

（3）倘若处置的问题银行有可能造成系统性危机甚至社会危害较大，同时没有其他金融机构愿意收购和继承，联邦存款保险公司会对其提供经营援助。一是通过提供贷款、购买资产、收购股份等方式，问题银行仍可维持资产原状，但联邦存款保险公司会要求其更换管理层，同时稀释现有股东权益。二是采用"桥梁银行"（Bridge Bank）方案，经货币监理署许可成立临时银行，接管问题银行并维持其原有业务持续经营，在问题银行资产结构优化，业务可以正常进行后退出。"桥梁银行"方案仅是一种临时性方式，该方法在 1991 年《存款保险公司修正法案》和 1993 年《美国债务重整信托公司完善法案》通过后，被严格限制使用。因为经营救援会削弱银行的市场约束力量，扭曲市场竞争机制，引发银行经营的道德风险。

（三）日本和美国银行救助制度的治理有效性分析

根据本章前述分析，最佳的银行救助制度必须解决经营良好的银行冒充问题银行而骗取救助的道德风险行为。相对于日本的银行救助制度，美国的银行救助制度不仅将救助限制在避免出现系统性危机方面，而且进一步将救助资金的额度限制在银行持续经营但股东不能因此获得利益。因此，日本的银行救助制度应更加注重提高救助措施的治理激励效果。

从制度实施的角度来看，实现最佳银行救助制度的基础在于对问题银行的识别，因此资本监管效果将决定银行救助制度的有效性。根据第四章对日本和美国资本监管制度的介绍，相对日本的银行资本监管，美国的资本监管更为有效。因此可以判断，美国银行救助制度的治理有效性更强。但是我们应该看到，从 20 世纪末开始，日本银行监管改革提高了其资本监管的水平，而银行救助制度的实施界限也更加明确。因此，可以预期日本银行救助制度的治理有效性将逐步提高。

综上所述，本章的分析可以得出以下结论：

（1）通常情况下，相对于银行救助制度，破产制度具有更强的激励作用，更适于银行业整体运行良好的宏观环境，并且对于破产导致外部性较小的中小银行更为适合。而对于可能产生严重外部性影响的大型银行，或者处于银行业危机中的支付危机问题，采用银行救助政策更加合理。

（2）有效的破产机制具有很强的银行管理者激励效果，但是在信息不对称和存款保险的情况下，还应该促进包括存款人在内的银行债权人治理的激励。通过合理安排银行破产程序，既能通过向债权人提供合适的风险敞口促进其治理动机，也能够避免外部性影响过大导致的危机。而银行破产点的选择应该充分考虑银行股东风险偏好导致的信息隐瞒问题，并且为在信息不对称条件下实现次优效果创造条件。

（3）银行信息披露质量对破产制度的有效性具有重要影响。良好的信息披露能够改善银行管理者隐瞒不良贷款状况的问题，并且能够揭示银行管理者的管理能力。因此信息披露制度不仅让破产制度具有更强的事前激励效果，而且有助于事后及时替换不合格的银行管理者，降低银行救助成本。

（4）对问题银行的注资应该明确以不良贷款的清算为条件。在理想的情况下，注资不应采取购买优先股和次级债的方式。可以通过设计合适的非线性转移价格出售不良贷款来实现银行救助机制的社会效率。我们建议对缺乏支付能力银行的注资，应通过购买银行不良贷款而不是购买次级债来实现。我们的主要观点是对不良贷款的非线性转移价格机制能够被用于有效地解决逆向选择问题，尤其是在救助时避免更加健康的银行过度申报不良贷款数量的问题。

第七章 银行监管的治理激励制度安排及对我国的政策启示

前述各章分别研究了各种银行监管制度的治理激励机制，在本章中，我们首先讨论各种监管制度之间的协调实施和整体安排问题；其次对我国银行业运行和银行监管的状况进行分析，提出存在的问题；最后结合我们提出的银行监管的治理激励机制框架给我国银行监管改革提出建议。

第一节 银行监管的治理激励制度安排及影响因素分析

一、银行监管制度的整体安排

从第三章至第六章，我们分别讨论了几种具有治理激励作用的银行监管制度的设计。正如我们在第一章中提到的，不同监管制度各自具有不同的监管作用，不同制度的协调实施是监管体系有效性的保障。因此，这里我们将讨论各种监管制度的整体安排。

（一）不同监管制度的相互关系

1. 资本监管是银行监管的核心

自 1988 年《巴塞尔协议》颁布以来，巴塞尔银行监管委员会相继颁布实施了三个版本的《巴塞尔协议》，其中资本监管始终作为银行监管的核心。三个版本的主要差异在于对与风险相关的资本监管的范围的扩大和深度的增加，其中《巴塞尔协议 I》主要关注银行的信用风险，2003 年 4 月出台的《巴塞尔协议 II》在《巴塞尔协议 I》的基础上增加了与市场风险和操作风险有关的资本监管要求，更加强调了资本监管的核心地位，修改后的资本监管的核心需要对应更多方面的风险，因此是对银行信用风险、市场风险和操作性风险的监管，要求银行拥有足够的资本应对包括银行信用风险、市场风险和操作性风险三种风险在内的预期风险以及非预期风险的冲击。而美国金融危机后出台的《巴塞尔协议Ⅲ》，在延续以往的以风险为基础的资本监管理念的同时，拓宽了银行风险的视角，更加强调资本吸收损失的能力，大幅度提高了对高质量的核心一级资本的最低要求，提出一级资本只包括普通股和永久优先股，并确立了微观审慎和宏观审慎相结合的金融监管新模式，要求银行在经营状况良好时积累缓冲以备不时之需，降低银行体系的顺周期性，增强应对系统性风险的能力。这一新模式展现了激励相容的监管理念，并提出了解决方案，还引入了杠杆率监管要求。

在本书设计的具有治理激励作用的银行监管制度体系中，作为资本监管核心指标的银行资本充足率是存款保险费率设定的关键参数，是影响存款保险治理激励作用的主要因素之一，也是在目前国际通行的《巴塞尔协议》基础上的补充和建议。

对于最后贷款人制度来说，资本监管的意义在于能够提供银行风险管理质量参数，从而为最后贷款人制度介入界限以及价格确定提供依据，发挥最后贷款人制度的治理激励作用。

对于银行破产和救助制度来说，资本监管的意义更加明显。资本监管得出的银行资产质量是确定银行破产的关键参数，准确地进行资产风险监管能够提高银行破产的效率，对于其事前激励效果具有重要影响。而对于银行救助，银行资产的真实价值关系到救助成本的效率问题，资本监管水平的提高，有助于银行救助成本的降低。

2. 存款保险制度和银行救助解决了银行监管的外部性问题

银行危机，特别是大型银行出现的危机，具有明显的外部性影响。存款保险制度是为了防止银行危机外部性所导致的系统性风险而为存款人提供的补偿机制。但在我们设计的存款保险机制中，这并不是一种被动的事后补救措施，而具有明显的事前激励效果。

由于存款保险覆盖的赔偿对象有限，考虑到大型银行或者宏观经济导致的系统性银行危机可能导致广泛的社会损失，监管机构实施了银行救助制度。银行救助制度的实施必须考虑到社会成本因素，降低软约束导致的事前激励不足。

3. 最后贷款人制度是对资本监管的补充

以风险监管为核心特征的银行资本监管覆盖的银行风险范畴包括信用风险、市场风险和操作性风险，但是没有涉及银行流动性风险监管。

最后贷款人制度主要解决资本监管没有覆盖银行的流动性风险问题。具有治理激励作用的最后贷款人制度能够有效区分流动性危机以及缺乏支付能力危机，并具有流动性风险管理的激励作用。

4. 银行破产制度是银行的退出机制

与其他行业类似，破产制度是银行监管的重要内容。银行破产制度作为银行的退出机制，是实施前述资本监管、最后贷款人制度以及银行救助考虑之后的结果，具有很强的事前激励作用。

考虑到银行危机导致的外部性影响，银行破产的事前约束作用较其他行业的破产制度更弱。为提高破产制度的事前约束，必须加强资本监管和信息披露质量。

（二）银行监管制度的框架安排

在分析不同监管制度彼此关系的基础上，结合前面各章分别提出的监管机制设计，我们给出银行监管制度的整体框架安排：

《巴塞尔协议Ⅲ》中，资本监管是银行监管制度的核心和基础，对银行信用风险、市场风险和操作性风险管理提出监管计量方法。资本监管的计量方法包括三种风险的标准计量方法和内部评级法。监管机构要求银行在对风险计量的基础上计算资本充足率。资本监管的通行标准是要求商业银行实现8%的资本充足率标准。资本充足率是最重要的银行监管指标，任何资本不足的银行必须面对不同的监管惩罚措施，这些措施包括限制市场准入、提高存款保险保费标准、对高级管理人员的处罚，直至要求银行破产等。资本充足率以及与资本监管相关的银行资产质量指标也是设计其他监管机制的重要参数，有效的资本监管是实现银行治理激励效果的基础。

存款保险制度是对资本监管的补充，目的在于避免公众对银行的信心危机，事前降低银行危机蔓延的激励，并在出现银行支付危机时对被保险人实施事后补偿，从而减轻银行危机事件的外部性影响。我们通过存款保险制度与资本监管制度的协调实施，将银行管理者薪酬结构参数和资本充足比率纳入存款保险费率设计，加强了存款保险的银行管理者事前激励效果，减轻了存款保险原有的弱化存款人治理动机的负面作用。这一机制中的存款保险费率定价是精算公平的。

最后贷款人制度是对资本监管制度的补充，其作用在于避免银行流动性风险造成的系统性危机，弥补了资本监管未能涵盖流动性风险的不足。在我们的设计中，解决了银行管理者的逆向选择问题以及最后贷款人制度的适用范围，从而建立了有效的激励机制鼓励银行管理者在事前加强流动性风险管理，改善了传统最后贷款人制度可能弱化银行管理者约束的问题。最后贷款人制度提供的紧急流动性支持使用的资金是中央银行资金，有效的最后贷款人制度能够确保资金的偿还——无论是来自银行的还款，还是由存款保险机构赔偿。而由于存款保险费已经覆盖了这一损失，因此也不存在超支问题。

银行破产制度为经营不善的银行提供了退出机制。有效的银行破产制度具有很强的事前激励效果。破产制度的有效性依赖于破产导致的外部性影响以及破产点的选择。对于外部性影响较大的银行危机，更有效的措施是实施社会成本更低的银行救助。破产点选择的效率基础是银行资本监管的质量。我们揭示了破产程序的时限确定能够实现监管成本增加与存款人治理约束提高之间的均衡，从而提高银行破产效率，并引入存款人约束。在一定程度上改善了存款保险制度的不利影响。

银行救助是为避免严格破产制度可能导致的外部性危害，而采取的监管措施。我们设计的非线性支付方案避免了传统救助制度导致的事前软约束以及监管成本过高。银行救助的资金来源于存款保险保费和其他政府资金支持，其中被保险部分存款的损失由存款保险赔付，而未被保险部分则由其他政府资金支持。救助资金的额度以确保银行支付能力为限。这一制度能够在事前提高银行股东的激励动机，原因在于即使被救助，股东也会损失其股本，因此会在事前提高治理质量。

通过不同监管制度的协调实施，上述监管制度能够构成统一的银行监管制度体系。但是我们应该清楚，一方面，上述制度设计的目标是为克服信息不对称问题的危害，这些制度的实施能够改善传统监管制度的效率。另一方面，上述机制设计并非完全信息条件下的最佳制度设计，由于信息不对称问题的存在，上述制度在实施中还会面临各种困难，如银行绩效评估的准确性以及信息披露对监管效率的影响等问题。在下一部分的讨论中，我们将分析这些因素对监管效果的影响，并提出改进建议。

二、银行绩效评估方法及其对监管效果的影响

银行绩效评估的质量不仅与银行经营管理水平直接相关，而且还影响各种监管政策的实施效果。特别是如果缺乏准确的评估结果，将直接影响事后监管实施所依赖的根据，并因此导致事前激励的扭曲。银行绩效评估的关键是准确计量剔除风险成本后真实的银行收益水平。

（一）传统银行绩效考核的主要指标

传统的银行绩效考核与其他行业绩效考核的差别不大，主要考核指标包括经营规模指标，如存贷款规模、利润总量及市场占有率等；风险状况指标，如不良贷款比率和贷款收息率等；盈利能力指标，如资产收益率和资本收益率等，缺乏对风险成本的精确计量。

对于上市银行，在进行绩效的历史比较时，股东很少考虑股权收益率、资产收益率和效率比率等指标，而是考虑投资银行股票所带来的总收益率——股东收

益率。股东收益率为一定时期内股票价差与股息之和与上期股价之比。

（二）传统银行绩效考核体系的主要弊端

1. 绩效考核指标的离散性

在传统的银行绩效考核指标体系中，资本收益率被普遍使用。但是银行风险导致的成本体现的滞后性使即期收益并不代表现有投资的经营效果。如果风险程度较高，未来成本的增加会对银行价值产生不利影响。不仅如此，传统绩效考核存在的另一个主要问题是考核指标之间的独立性。不同性质的银行绩效考核指标无法说明银行经营的综合状况。比如说银行风险状况指标，不良贷款比率很低，说明银行对风险的控制能力较强。但是作为营利性机构，银行的经营目标是在承担合理风险的基础上实现最大利润，贷款风险绝对低的银行可能无法通过收益弥补正常营业支出，更不用谈利润的最大化问题了；反之，如果银行的盈利性指标，如资产收益率很高，说明银行获利能力较强。但是，作为潜在成本因素的贷款风险水平同样很高。

2. 绩效考核缺乏治理激励

从银行治理的层面来看，以资本收益率为基础的银行绩效考核体系无法激励管理者实现银行治理目标。银行治理的目标是确保在存款人、监管者和银行管理者等获得利益的基础上实现股东利益最大化。如果绩效评价体系不能准确反映风险与收益之间的关系，利益相关者之间的最大利益就无法实现。例如，忽视风险成本会导致未来银行还款困难，因此损害存款人或监管者利益；高估风险成本又降低了对管理者的激励，进而也会损害股东的利益。

3. 信息不完全影响了传统绩效指标的真实性

对于上市银行，完全市场条件下的股东收益率能够反映银行价值的真实变动。但是由于信息不对称问题的严重性，银行的市场价格难以真正反映银行价值。不仅如此，在道德风险存在的情况下，银行管理者有能力操纵股价来获得私人利益。简单的股东收益率指标并不完善，还需要将其与有效银行风险管理手段相结合，促进绩效考核指标的准确性。

总之，传统的彼此独立的银行绩效考核指标无法反映银行真实经营状况，尤其是无法准确反映利润与风险之间的关系。更重要的是，以这些考核指标为核心的激励体系无法体现银行治理目标，我们需要能够准确反映银行盈利能力和风险状况的银行综合绩效评估体系。

（三）与风险管理结合的现代银行绩效考核

作为现代金融企业，商业银行的经营目标是实现股东和利益相关者的收益最大化。这种利润最大化不仅应该包含现期利润的最大化，还应该考虑到长期利润的最大化；不仅意味着银行账面利润的最大化，还应该充分反映潜在的风险因素。追寻利润最大化目标的前提是管理层、股东以及包括监管者在内的其他利益相关者能够准确、真实地观察银行的经营绩效，因此建立有效的经营绩效考核体系是商业银行科学化管理的基础。从另一个角度来看，风险管理也要求在给定风险承担条件下实现收益最大化，或者在给定收益目标的条件下，最小化风险承担。因此，银行风险管理与绩效考核的最终目标也是一致的。

风险调整的资本收益率（RAROC）考核方法对银行收益与风险（包括预期风险和非预期风险）及其相关性进行综合评价，被现代商业银行广泛采用。

1. RAROC 银行绩效考核的基本方法

风险调整的资本收益率（Risk Adjusted Return on Capital，RAROC），是由美国信孚银行（Bankers Trust）于 20 世纪 70 年代提出来的，用来作为资金分配和绩效评估的工具。它改变了传统上银行主要以账面股本收益率或股东回报为中心考察经营业绩和进行管理的模式，更深入、更明确地考虑风险对银行业的巨大影响。90 年代后半期，该项技术在不断完善的过程中得到了国际先进商业银行的广泛应用，它不仅代表了新的监管趋势，更反映了现代银行管理的主流发展方向，是国际上先进商业银行用于经营管理的核心技术手段。

风险调整的资本收益率的计算公式为：

$$RAROC = \frac{(\text{收益} - \text{经营成本} - \text{预期损失})}{\text{经济资本}} = \frac{(\text{净收益} - \text{预期损失})}{\text{经济资本}} \qquad (7-1)$$

RAROC 有效地度量了获取收益的风险效率。经济资本是银行所承担风险的最低资本金需要，用以衡量和防御非预期损失。预期损失以坏账准备金形式被计入了银行经营成本。因此，RAROC 银行绩效考核的全部内涵就是准确估计出不同业务可能导致的预期损失和非预期损失，以收益抵补预期损失，以风险成本冲减利润，得出真实的收益水平，并为非预期损失配置一定数额的经济资本，进而衡量资本的使用效率，使银行的收益与所承担的风险直接挂钩，与银行最终的盈利目标相统一，以避免那些不考虑风险而一味追求高额利润的盲目扩张行为，从而最终保护股东价值和存款人的利益。

2. RAROC 方法在银行业务经营中的运用

RAROC 的核心是银行在评价其盈利情况时，必须考虑其盈利是在承担了多大风险的基础上获得的，该方法不仅能够被用于准确评估银行绩效，而且还能用于日常的银行风险管理。在银行日常经营的风险管理中，管理者在将某业务扣除预期损失之后的收益与弥补其非预期损失所必需的资本做出比较后，所得出的评价标准才更加适用于对不同的业务进行比较和取舍。如果某项业务的风险过大，则该项业务为消化其风险损失所占用的资本就较多，这时即便该项业务能带来较大的利润，与其所占用的资本相比，其资本利润率也不见得有多高。

为抵御非预期风险，银行需要为不同产品、客户或者交易配置不同数量的股权资本。为确保交易是能够获利的，管理者还需要在交易定价时考虑股权的贡献度。在 RAROC 系统中，要求贷款利率包含资金成本、非利息支出、风险溢价以及资本成本。RAROC 系统的最大贡献在于明确地涵盖了风险溢价和资本成本。运用 RAROC 方法，确保了银行在每笔贷款定价时覆盖了风险并且为股东产生充分的回报。资本费用根据用于支持贷款必需的股权资本比例以及税前的股权收益率阈值来确定。如表 7 – 1 所示，11.25% 的贷款利率使银行赚取了 15% 的股权收益。如果银行贷款利率高于 11.25%，就会获得经济利润，而贷款利率为8.25% ~ 11.25% 时，也能够产生正的收益，但是股东回报率低于 15%。

表 7 – 1　贷款定价的 RAROC 方法

成分	举例	数据假设
资金成本	5.45%	
要求的贷款损失准备	1.25	
直接支出	0.70	
间接支出	0.45	
营业费用	0.40	
考虑资本成本前的总成本	8.25%	
资本成本	3.00	配置的股本 ÷ 贷款 = 12%
要求的总贷款利率	11.25%	股权机会成本 = 15%
		税后资本成本 = 0.12 × 0.15 = 1.80%
		税率 = 0.4
		税前资本成本 = 1.80% ÷ 0.60 = 3.0%

资料来源：根据商业银行通常经营状况估算。

（四）绩效评估对监管效果的影响

银行绩效评估最直接的影响对象是管理者的薪酬激励，不准确的评估将直接导致激励的扭曲。而对于具有治理激励效果的银行监管制度来说，由于监管政策主要通过依据不同的银行经营效果采用不同的事后措施实施治理激励，银行绩效评估质量也将直接影响监管效果。

在第四章中，我们设计了存款保险制度与资本监管协调实施的监管机制。该机制的核心是在基于风险的资本监管基础上，将管理者薪酬结构参数纳入存款保险保费设计，从而形成合理的激励促使银行管理者努力进行风险管理。在这种监管机制下，银行绩效评估的准确程度将直接影响管理者薪酬结构中短期与长期激励比例参数 α 和 β 的准确程度，错误的评估结果将不仅导致薪酬激励的扭曲，而且以薪酬结构参数为基础设计的存款保险保费的治理激励作用也将被扭曲。

在最后贷款人制度的治理激励机制中，无论影响最后贷款人制度实施界限的参数（e_0 和 e_1）还是影响紧急流动性支持利率定价的参数（e_m 和 e_l）都无法直接观察，而要通过银行绩效评估指标间接验证。例如，事前筛选的努力程度 e_0 可以使用预期损失的期初情况来近似，原因在于事前筛选往往影响贷款的最终质量，期初的预期损失代表了事前筛选努力程度与前期监控努力程度之和，而对于主要经营短期贷款的商业银行来说，该值与筛选努力程度的结果更加相关。而对于监控努力程度 e_1 可以使用本期预期损失与期初预期损失的差额来近似，原因是两期的差额更能代表贷款发放后的监控质量水平。通过上述关联，就可以将银行管理者的流动性管理努力纳入第四章中式（4－20）的薪酬结构，从而使最佳薪酬机制的设计不仅涵盖了银行日常管理和业务拓展，还包括了信用风险、市场风险、操作性风险以及流动性风险管理的全面风险管理内容。因此，银行绩效评估的准确性也将影响最后贷款人制度的监管效果。

在银行破产和救助制度中，绩效评估发挥的作用更加显著。首先，银行破产点选择的有效性依赖于银行绩效评估。绩效评估的重要内容之一是对银行资产风险状况的评价，因此将直接关系到银行是否可能被实施破产。其次，破产制度的事前激励作用也依靠准确的绩效评估。准确评估绩效有助于避免管理者的误报，避免对管理者激励的扭曲。最后，类似地，在救助制度的实施中，监管成本与银行管理者隐瞒真实资产质量的能力直接相关。有效的绩效评估降低了管理者隐瞒真实资产质量的能力，因此有助于降低银行救助的监管成本。

从上面的分析可以看出，有效的经风险调整的资本收益指标及其要素有助于提高银行监管的治理激励效果。

三、信息披露对监管效果的影响

作为《新巴塞尔协议》第三大支柱的核心内容，银行信息披露不仅是银行监管制度的重要内容，而且对其他监管制度的实施效果以及银行治理水平也具有重要影响。

（一）银行信息披露的主要内容

目前，国际通行的关于银行信息披露的内容主要包括以下方面。

1. 银行的公司治理信息

银行的公司治理信息包括银行股权结构、股东基本状况、股东关联状况、关联交易状况、高级管理者基本情况、高管薪酬情况、银行发展战略、股东会召开情况、董事会召开情况以及其他重要事项等。

上述信息不仅是对银行信息披露的要求，几乎所有公司都被要求进行这些信息的披露，这些信息通常是构成银行年报的主要内容。

2. 银行经营状况信息

银行经营状况信息主要包括财务政策、主要经营状况、资产负债表、损益表、资产回报率、股东收益率以及包括 RAROC 在内的综合绩效指标等内容。

除综合绩效指标外，其他信息通常是银行年报、半年报或者季报的主要内容。而对综合绩效指标的披露是从近些年开始的。在美国金融危机之前的很长一段时期，隐含的薪酬制度与绩效之间具有紧密联系，根据巴塞尔银行监管委员会 2000 年对欧洲 50 家具有代表性银行的调查，只有部分银行在年报中提及了综合绩效指标，其中只有较少银行对这些指标进行了披露[①]。但是自金融危机后，这样的薪酬制度受到大量指责，认为银行薪酬制度过于强调业绩，较少考虑风险，银行过度承担风险是导致金融危机的一种诱因（Bebchuk 和 Spamann，2010）。

3. 银行风险管理信息

银行风险管理信息主要包括银行风险管理政策、不良贷款状况及其处置情况、信用风险管理架构和流程、信用风险内部评级方法、信用风险敞口和损失情况、市场风险管理模型和方法、市场风险敞口、VAR 值、操作性风险的管理方法、操作性风险的预期损失、流动性风险的管理方法、流动性缺口以及表外风险状况等。在实际的信息披露中，对于信用风险管理架构、信用风险敞口和损失、利率风险状况、操作性风险和流动性风险管理方法等方面披露质量较好。

金融稳定委员会（FSB，2009）指出 G20 成员国的银行的薪酬政策存在"过分强调短期盈利，忽视了长期风险"的问题。类似地，对美国和欧洲的银行的研究表明，在银行财务风险较大的情况下，在 CEO 总薪酬中，股权激励类薪酬所占比例越高，则银行的违约风险也越大（Cas 和 Dorff，2010）。2011 年，巴塞尔银行监管委员会还出台了《关于兼顾风险与绩效的薪酬制度制定方法》，要求各银行调整薪酬制度，不鼓励银行过度承担风险。该文件指出，银行需要将风险控制融入到企业文化中，建立一个好的薪酬监管委员会，该委员会不仅能够对薪酬发放进行有效的评价和管控，还清楚银行的战略目标与发展，同时深谙银行的风险管理，能够有效地把风险和薪酬相挂钩。

（二）银行信息披露对监管效果的影响分析

作为市场约束的主要内容，银行信息披露的目的包括两个方面：提高利益相关者的银行治理能力和提高监管效率。我们结合前面几章的监管制度设计具体分析信息披露对银行监管效果的影响。

1. 风险管理信息披露对监管效果的影响

银行风险信息披露是提高银行监管效果的基础。银行风险信息披露不仅包括

---

① 巴曙松：《巴塞尔新资本协议研究》，中国金融出版社 2003 年版，第 176 页。

银行资产的风险状况，而且包括风险计量方法以及风险管理政策。风险管理方法从根本上决定了风险计量的准确性，而风险管理政策体现了银行管理者以及股东的风险偏好。因此，上述信息是实施银行资本监管的基础。

对于存款保险制度来说，基于风险和管理者薪酬结构的存款保险需要准确的银行风险信息。基于银行风险计量基础上的资本充足比率更是我们设计激励兼容的存款保险制度的重要参数。

对于最后贷款人制度，银行的风险管理政策以及风险状况信息能够帮助监管者判断何种风险占据主要位置，为最后贷款人制度的介入提供依据。流动性风险管理的质量也是紧急流动性支持定价的重要依据。

银行破产制度的有效性依赖于破产点选择的准确性。银行风险管理质量以及资本充足率信息是破产点选择的主要依据。同时，随时关注银行资产质量信息有助于破产程序中对银行清算价值的判断并且提高对银行资产的处置效率。

是否实施银行救助的主要依据是银行破产造成的外部性影响程度。银行资产的流动性信息提供了银行危机可能导致的外部性损失程度，因此直接影响银行救助的政策判断。银行救助制度的效率要依靠对银行资产质量的准确判断，银行风险管理状况以及资产风险状况信息提供了重要的银行资产质量信息，有助于银行救助制度的监管成本。

2. 经营状况和银行治理信息披露对监管的影响

对于资本监管来说，银行治理水平关系到监管机构的监管强度。对于治理水平较高的银行，其提供的所有信息可信度较高，因此包括资本监管在内的所有监管强度可能较低；反之，则会强化对其监管。

正如我们在第四章谈到的，激励兼容的存款保险制度的主要参数之一是管理者薪酬结构，而最佳管理者薪酬结构的有效性与银行经营绩效计量的准确性直接相关。因此，如果能够准确披露银行经营绩效，并且建立科学的管理者薪酬结构，存款保险制度的有效性也将提高。

银行经营状况的披露有助于监管机构了解银行的支付能力状况，因此也为最后贷款人制度的有效实施提供了重要依据。银行治理信息能够帮助监管机构获得更多关于管理者激励有效性的信息，监管机构能够利用这些信息对银行管理者的决策意图进行判断，降低了管理者逆向选择的可能性。

银行经营状况信息是监管机构选择实施银行破产的重要依据，而银行治理水平又直接关系到上述信息披露的真实性。因此，有助于提高破产选择的效率。

对危机银行实施救助注资的直接依据是银行净资产价值，这是银行财务信息披露的主要内容。

综上所述，信息披露内容与质量的提高能够直接促进银行监管的决策效率，降低监管成本，也是我们建立的银行监管制度体系有效性的重要基础。

四、日本和美国银行绩效比较及其监管原因分析

下面我们将采用传统方法和 RAROC 方法对日美两国的银行绩效进行比较，并根据两国的监管情况分析产生绩效差异的原因。

（一）传统经营绩效比较

我们在表 7-2 和表 7-3 中使用传统的资产收益率和资本收益率指标对日本和美国银行绩效进行了比较。从中能够看出，按照传统绩效评估办法，美国银行经营绩效要比日本银行好得多。

表 7-2　日本银行传统绩效指标　　　单位：10 亿日元，%

绩效指标 ＼ 年份	2013	2014	2015	2016
总资产	768763	827955	775352	751431
股权资本	34442	36967	30709	25189
利润	－201	－434	－5005	－4858
资产收益率	－0.03	－0.05	－0.65	－0.65
股权收益率	－0.58	－1.17	－16.30	－19.29
专项准备金增加	10584	7637	13068	10537

资料来源：根据日本银行统计数据计算。

表 7-3　美国银行传统绩效指标　　　单位：亿美元，%

绩效指标 ＼ 年份	2016	2015	2014	2013	2012
总资产	16601	15976	15273	14730	14135
股权资本	1504	1447	1290	1131	1037
利润	656	534	472	455	415
资产收益率	1.2	1.53	1.23	1.14	1.23
股权收益率	15.1	16.2	15.7	14.9	13.5
准备金增加	1264	1663	1499	1387	1184

资料来源：根据 FDIC 银行统计数据计算。

对这些指标进行分析，我们可以看出日本银行绩效水平较低的主要原因在于，在统计年份，日本银行不断提高专项准备金数量，而同期美国银行并没有采

取相同措施。专项准备数量的增加不仅反映了当期银行风险变化，而且也体现了对历史上准备金计提不足的补偿。进一步分析，我们可以看出在剔除准备金差别之后，日本银行的资产收益率仍然远低于美国银行的数据。由此我们可以看出，日本银行的经营效益低于美国银行。

（二）RAROC 绩效比较

由于传统银行绩效指标是根据账面股权资本来考察股权收益情况，而银行资本的主要作用是缓冲非预期风险的损失，因此，传统银行绩效指标无法评估资本配置是否合理以及在合理资本条件下的收益状况。下面使用 RAROC 方法分别考察日本和美国银行的经营绩效。

表 7 - 4 列出了日本银行的 RAROC 数据，由于能够获得的数据有限以及经济资本计算的复杂性，我们无法运用更精确的方法计算 RAROC 值。因为银行监管资本要求的实质也是用于缓冲非预期风险，所以我们使用最低资本监管比率要求的资本数值代替经济资本计算 RAROC。从表 7 - 4 中可以看出，在优化资本配置之后，日本银行的绩效水平更低，但是也可以看到银行所需的最佳资本数量较目前的账面股权资本更少，一旦银行利润为正，银行绩效将明显好转。

表 7 - 4　日本银行的 RAROC　　　　单位：10 亿日元,%

绩效指标 ＼ 年份	2013	2014	2015	2016
风险资本	43396	40700	33677	24670
资本充足率	11.80	11.05	10.63	10.50
监管资本要求	29421	29466	25345	18796
利润	-201	-434	-5005	-4858
RAROC	-0.68	-1.47	-19.75	-25.85
股权收益率	-0.58	-1.17	-16.30	-19.29

资料来源：根据日本银行统计数据计算。

在表 7 - 5 中，我们近似地计算了美国银行的 RAROC 数值。同样，由于难以获得银行的经济资本数额，我们使用监管资本代替经济资本。与股权收益率以及日本银行的 RAROC 相比，美国银行的 RAROC 较高，原因在于美国银行的准备金拨备状况良好。

（三）绩效差异的监管原因分析

通过运用 RAROC 绩效评估方法对日本和美国银行绩效进行比较，我们可以看出，银行风险管理的水平对银行绩效产生了重要影响。美国银行资本充足状况

表 7 - 5 美国银行的 RAROC
单位：亿美元,%

年份 绩效指标	2016	2015	2014	2013	2012
总资产	16601	15976	15273	14730	14135
核心资本充足率	1043	947	890	831	831
核心资本占总资产比率	2656	2434	2272	2105	1915
核心资本	1287	1253	1215	1155	1053
监管资本要求	10351	9679	9397	9252	9152
利润	1264	1663	1499	1387	1184
RAROC	23.50	25.92	24.31	21.56	21.67
股权收益率	15.1	16.2	15.7	14.9	13.5

资料来源：根据 FDIC 银行统计数据和 UBPR Peer Group Data Report 数据计算。

良好，主要有两个方面的原因，一方面是银行自身风险管理水平较高，资产质量较高使风险加权资产数额较低；另一方面是较高的资产质量与更加严格的银行监管水平是分不开的。由于重视银行风险管理，美国银行长期以来坚持根据对预期风险的评估金额计提准备金，因此有利于在银行经营中的资产合理定价，从而保证了较高的真实利润。但是正如我们前面的分析，美国银行自身不断强化风险管理的一个重要激励来自严格的银行监管。由于实施差别费率的存款保险制度，严格的资本监管，以及形成较强事前约束的银行破产制度，相对于日本来说，美国银行监管的治理激励作用更强，因此强化了银行自身的风险管理激励，产生了更高的经营效率。

日本银行绩效较低的主要原因在于长期以来对贷款损失准备金计提不足，在20世纪末期的金融危机发生以后，为改善银行资本状况，监管机构开始要求银行加快对准备金的计提以及对坏账的核销工作，由此导致短期利润的急剧下降，因此 RAROC 水平较低。虽然日本银行目前的资本充足状况较好，但是考虑到风险的长期积累，可以预期在未来几年内日本银行的绩效仍然较差，近期的银行经营利润主要用来弥补历史风险。应该看到，传统上，日本银行绩效较低的一个重要原因是缺乏有效的银行监管约束，而在近期强化银行监管时期绩效相对偏低的原因是在补偿历史成本。随着这些监管措施的推行，日本银行的风险管理激励将更强，可以预见，由于更加注重风险管理，日本银行将逐步走上良性发展的轨道。

第二节　我国银行体制改革及银行监管的有效性分析

一、中国银行体制改革及现状

（一）中国银行体制改革的目标性特征

随着社会主义经济的发展，传统计划经济体制资源配置能力不足，不同利益主体由于缺乏明确的激励，导致了社会效率损失。为改革传统计划经济体制弊端，党的十四大确定了我国经济体制改革的目标就是建立社会主义市场经济体制。

1993 年 11 月，党的十四届三中全会通过了《关于建立社会主义市场经济体制若干问题的决定》，对社会主义市场经济体制框架给予了明确阐述，指出：围绕建立社会主义市场经济体制的改革目标，必须坚持以公有制为主体、多种经济成分共同发展的方针，进一步转换国有企业经营机制，建立适应市场经济要求，产权清晰、权责明确、政企分开、管理科学的现代企业制度；建立全国统一开放的市场体系，实现城乡市场紧密结合，国内市场与国际市场相互衔接，促进资源的优化配置；转变政府管理经济的职能，建立以间接手段为主的完善的宏观调控体系，保证国民经济的健康运行；建立以按劳分配为主体，效率优先、兼顾公平的收入分配制度，鼓励一部分地区一部分人先富起来，走共同富裕的道路；建立多层次的社会保障制度，为城乡居民提供同我国国情相适应的社会保障，促进经济发展和社会稳定。

对于银行体制改革来说，主要包括积极推进国有商业银行改革，将包括国有商业银行在内的银行机构建设成为现代公司制企业；进一步完善商业银行布局，形成包括国有商业银行、股份制商业银行和地方性商业银行在内的商业银行体系；进一步加强银行监管，加快以风险监管为核心的监管改革；全面推进银行业的对外开放。

（二）银行体制改革的特点

1. 改革的滞后性

在整个经济体制改革的进程中，银行体制改革表现出明显的滞后性。1984年以前，我国实行的是"大一统"的银行体制。1984 年，在中国改革开放的大背景下，中国人民银行开始专门行使中央银行职能，中国工商银行、中国农业银行、中国银行、中国建设银行成为国家专业银行。自此，中国形成了各司其职的二元银行体制。

1994 年，国家又成立了三家政策性银行，实现了政策性金融与商业性金融的分离；1995 年，《中华人民共和国商业银行法》明确了四家专业银行的"国有独资商业银行"的法律地位。1997 年，亚洲金融危机爆发，随后我国陆续出台了一系列国有商业银行改革措施，主要包括：中央财政定向发行特别国债，专门用于补充四家银行资本金；将部分资产剥离给新成立的四家资产管理公司；取消贷款规模限制，实行资产负债比例管理；强化法人管理、绩效考核等。这一阶段，许多先进理念和方法开始引入，经营绩效和风险内控机制逐步建立，外部行政干预明显弱化。但就总体而言，这一阶段的改革尚未触及体制等深层次问题。这一阶段应该属于国有独资商业银行改革阶段。

2003 年底，国务院决定选择中国银行、中国建设银行进行股份制改革试点，并动用 450 亿美元外汇储备注资，希望借此从根本上改革国有商业银行体制。自此，国有商业银行改革进入股份制改革阶段。

经过将近三年的股份制改造，中国建设银行于 2005 年 10 月 27 日于香港联合交易所上市，成为第一家国有上市银行。此后，中国银行于 2006 年 6 月 1 日在香港联合交易所上市，并于 2006 年 7 月 5 日于上海证券交易所上市。虽然近年来银行改革的步骤加快，但是与其他行业的企业改革相比，这一改革进程明显滞后。

2. 改革的被动性与渐进性

中国银行体制改革并不是自发的和主动的，而是体现出被动性。虽然商业银行与其他行业的企业一样，建立现代企业制度应是完善银行体制的核心内容，但是真正意义上的银行公司改造是从国有独资商业银行改革开始的，改革的推动主要来自于外部压力。亚洲金融危机的爆发和入世后面对国外银行竞争的压力使得银行治理和风险问题成为关注的焦点，并由此推进了银行公司制改造的进程。

银行体制改革的目标设定之后，改革进程又体现出渐进性特点。以国有商业银行改革为例，第一阶段的改革主要体现为中央财政的资金注入，而没有包括银行的股权结构改革；第二阶段开始股权结构改革，首先进行的仍然是谨慎的试点工作。

（三）中国银行体制改革的内容与成就

随着我国经济的迅速发展，银行体系不断壮大，金融功能日益完善。截至2017 年，我国银行体系总资产高达 252 万亿元，同比增长 8.7%，是 2003 年总资产的 8 倍多，税后利润较 2003 年增长超过 60 倍，同时银行业整体流动性充裕，银行经营稳定性较强。

1. 银行体制改革的主要内容

（1）明确商业银行的独立法人地位。为实现市场经济体制改革的主要目标，我国银行体制改革的一项重要内容就是明确商业银行的独立法人地位，这也是实现银行治理的基本前提。

为实现商业银行的独立法人地位，使四大国家专业银行尽早转变为真正的商业银行，1994年3～11月，我国先后新建了三大政策性银行（即国家开发银行、中国进出口银行和中国农业发展银行），负责剥离和接收四大国家专业银行手中的所有政策性业务。因为此前我国没有专门的政策性银行，国家的政策性信贷业务都由中国人民银行和国家专业银行承担。三大政策性银行的建立使原有的四大专业银行可以专注于商业投资，成为真正的商业银行。从1994年起，我国正式将四大"国有专业银行"改称为四大"国有银行"。在此期间，1987年恢复重建交通银行，并成为第一家全国性股份制商业银行；2005年6月，交通银行在中国香港上市，2007年5月在上交所上市，并与中国工商银行、中国农业银行、中国银行、中国建设银行中建合称为我国的五家大型银行。

剥离政策性投资职能后，国有商业银行实现了自主经营和自负盈亏。政府对银行的日常经营不再施加过多干涉，仅通过银行监管和宏观政策导向维护银行业的稳健经营，银行拥有自主贷款权力。虽然国家为增强国有商业银行抵御风险能力而对其进行了多次巨额注资，并提供了更加优惠的不良资产处置政策，但相对于计划经济时期，国有商业银行的绩效约束更强，已经成为真正意义上的独立法人机构。

（2）完善商业银行体系建设。市场经济体制改革以来，我国商业银行无论从数量还是类型上都有了显著增加，构成了包括大型银行、股份制商业银行、城市商业银行、农村商业银行、外资银行等在内的商业银行体系。

股份制商业银行的建立是从1987年开始的，一批新兴的全国性股份制商业银行（如交通银行、招商银行、中信实业银行、深圳发展银行、福建兴业银行、广东发展银行）陆续成立。这些银行采取公开上市的方式筹集资本，从而实现了股权结构的分散化，同时投资主体也更为多元化。由于受股权市场约束，这些银行的治理更多地体现出现代公司治理的主要特征。

城市商业银行的建立应当追溯到1983年，当年郑州、沈阳、长春、武汉、邯郸等城市先后试办了我国第一批集体性质的城市信用合作组织。1986年7月，中国人民银行发文将城市信用合作组织统一定名为城市信用合作社。从1998年开始，这些城市信用合作社通过联合重组成立了城市商业银行。截至2017年底，我国共有城市商业银行134家，其中18家上市，另有一家在"新三板"挂牌，城市商业银行资产规模达到31.72万亿元，总负债为29.53万亿元，资产利润率为0.83%，城商行整体发展态势良好。

（3）国有银行的股份制改造。2002年，中央召开全国金融工作会议，明确国有商业银行改革是中国金融业改革的重中之重，改革方向是按照现代金融企业制度的要求进行股份制改造。党的十六届三中全会通过的《中共中央关于完善社会主义市场经济体制若干问题的决定》正式提出，选择有条件的国有商业银行实行股份制改造，作为改革试点重点推进。

2003 年底，国务院决定选择中国银行、中国建设银行（以下简称两家试点银行）进行股份制改革试点，并动用 450 亿美元国际储备注资。国有商业银行股份制改革的总目标是在加入世界贸易组织过渡期内将大多数国有商业银行改造成具有国际竞争力的现代化股份制商业银行。两家试点银行经过股份制改革，要在公司治理水平以及经营绩效、资产质量、审慎经营等指标方面达到并保持国际排名前 100 家大银行中等以上的水平。中国银行和中国建设银行两家国有商业银行股份制改造分为三个步骤：首先是财务重组，提高银行资本充足率；其次是公司治理改革；最后是在境内外资本市场上市。

两家银行先期已经完成财务重组阶段工作。一是两家试点银行接受中央汇金公司注入的 450 亿美元外汇资金，同时对外汇注资进行封闭式、专业化管理；二是两家试点银行用准备金、未分配利润、当年净收入以及原有资本金等财务资源核销损失类贷款，累计核销 1993 亿元；三是将可疑类贷款向四家资产管理公司招标拍卖，信达资产管理公司中标，累计划转 2787 亿元；四是启动次级债的发行，中国银行、中国建设银行分别发行 260 亿元和 233 亿元。

（4）银行监管的主要变化。随着商业银行市场化改革的不断深入，我国银行监管的目标也更加注重保证银行业的稳健经营和对利益相关者利益的保护，不再通过命令式的行政手段对银行经营进行过多干预。

在监管体制上，我国对过去单一的中央银行监管体制进行了改革，采取了功能性监管方式。中国人民银行主要制定和执行货币政策，并对金融监管机构进行协调。银行业监督管理委员会、证券业监督管理委员会和保险业监督管理委员会分别对银行业、证券业和保险业实施功能性监管。

在监管手段和内容方面，我国银行监管在与国际监管逐步靠近。近年来，我国银行监管逐步进行了以资本监管为核心的风险监管改革。与传统简单的合规性监管不同，风险监管更加注重对银行风险的跟踪、监控和计量，并以此作为银行扩大业务范围和经营地域等扩张经营的批准条件。风险状况良好的银行被准许获得更大的发展机会和空间。

但是，我国银行监管还存在一些问题。首先，我国银行监管协同存在不足。监管机构之间存在一定程度的监管重复与监管空白。其次，我国银行监管标准不够严格。一方面，对我国银行风险资产的分类比较依赖抵押品质量；另一方面，部分银行风险计量能力较低，一些监管指标的制定只能立足于比较粗糙的评价标准。最后，我国银行监管内容涵盖不够全面。目前我国已将信用风险和银行交易账户的市场风险纳入风险监管内容，但近期互联网金融、流动性风险、表外业务和同业业务发展过快等，从而导致银行资产风险上升，而且，对于逆周期的资产与风险调整数据，还在逐步纳入监管评估的过程中。

2017 年 7 月 14～15 日，在全国金融工作会议上，决定设立中华人民共和国国务院金融稳定发展委员会，加强中国人民银行宏观审慎管理以及金融系统性风险防范的职能。金融稳定发展委员会的设立，有利于克服监管之间的短板，更好地防范金融业整体性系统性风险，这也从侧面反映了我国这一监管改革举措的合理性。在未来一段时期内，在宏观和微观审慎监管的基础上，防范监管套利和克服监管短板将成为我国金融监管改革的重点发展方向。

2. 目前我国银行体系的主要特点

虽然市场经济体制改革以来，我国银行体系的构成出现了多元化变化，但是国有商业银行仍然是银行体系的主体，而股份制商业银行和众多的城市商业银行对于银行业竞争发挥了积极的促进作用。在国有银行中，虽然已经经过了股份制改造，引入了市场经济性质股东和境外战略投资者，但是大型国有商业银行中国有股权依然占有绝对的控制地位，除国有股权外的投资主体的持股比例很低。全国性的股份制商业银行股权结构比较分散，与普通上市公司的股权结构更为接近。城市商业银行作为有限责任公司，一方面实现了投资主体的多元化；另一方面由于地方政府通常为主要出资人，也表现出比较明显的国有商业银行特征。

近年来，随着城市商业银行和股份制银行的发展，我国银行数量急剧增加，银行间竞争也日益激烈，由此导致的金融创新也层出不穷，但是我国银行业依然是相对垄断的行业。《商业银行法》规定注册城市商业银行的最低资本金额为1 亿元人民币，而全国性股份制商业银行的最低资本金额为 10 亿元人民币，银行准入门槛较高。以美国为例，目前存在数以万计的自有资本数量仅为数百万美元的商业银行。不仅如此，我国对银行注册的其他规定使得成立一家商业银行极其困难。因此，我国银行业的竞争程度依然不高。

对于银行监管来说，一方面受传统监管体制的影响，银行监管中行政性指令手段依然较多，监管效率较低；另一方面由于监管能力不足，银行自主创新活动受到限制，也难以根据银行风险状况的不同实施差别化监管，对银行风险管理的激励作用不强。

从银行风险控制角度来看，计划经济体制下的银行是政府的贷款工具，缺乏风险控制的动机和能力，风险管理水平低下。随着市场经济体制改革的深入，迫切需要银行加强风险管理。由于信息不对称问题的存在，历史风险数据的缺乏，资本市场尚处于形成时期，作为独立法人的商业银行还没有建立起有效的风险管理模式。探求适合我国经济转型特殊制度环境的银行风险管理手段是亟待解决的重要问题。

二、我国银行的绩效评价

（一）我国银行绩效评价的主要手段

目前，我国银行绩效评价的手段依然以获利性指标评价为主，包括平均资产收益率和资本收益率等。近年来，国家监管部门更加重视银行的资产风险状况，增加不良贷款比率等的主要指标的考评权重，但是这些指标与银行获利性指标之间依然存在一定的脱节。随着更多的银行采纳综合绩效评价方法，纳入风险的微观主体评价体系已经成为银行部门广泛采纳的方法，即经风险调整的资本收益方法。目前，我国绝大部分商业银行都已经实现了运用经风险调整的资本收益方法对银行进行绩效评价。

（二）对我国银行绩效的评价

根据 2013 年初《商业银行资本管理办法（试行）》（以下简称《资本管理办法》）实施要求，商业银行在 2018 年底前须达到规定的资本充足率监管要求，即系统性重要银行资本充足率、一级资本充足率和核心一级资本充足率分别不得低于 11.5%、9.5% 和 8.5%，其他银行在这个基础上分别少一个百分点，即 10.5%、8.5% 和 7.5%（见表 7-6）。目前，我国已经有四家商业银行成为全球系统重要性银行，即中国工商银行、中国农业银行、中国银行、中国建设银行。包括招商银行在内的上市银行，也会根据监管要求定期披露其系统重要性指标。

表 7-6　系统重要性银行与非系统重要性银行资本充足率要求　　　　单位:%

	核心一级资本充足率	一级资本充足率	资本充足率
系统重要性银行	8.5	9.5	11.5
非系统重要银行	7.5	8.5	10.5

资料来源:《商业银行资本管理办法（试行）》。①

目前，测量国内银行的 RAROC，所需数据包括经济资本、净利润、预期损失几个主要数据。其中经济资本是银行在监管约束下，在实际运营过程中根据资产风险程度必需的资本数量，也是银行经营的资本成本的实际体现。由于经济资本等于风险加权资产数值（RWA）与资产充足率的乘积，而这两项数据都可以

---

① 《商业银行资本管理办法（试行）》由原中国银监会第 115 次主席会议通过，自 2013 年 1 月 1 日起施行。

从银行对外发布的年报中获得（见式（7－2））。此外，作为分子的税前净利润为净收益与预期损失的差，即风险调整后的利润，而从我国银行公布的年报来看，其中净利润中已经扣除了预期损失，因此可以直接将其公布的净利润数据作为风险调整后的利润，并作为分子进行计算（见式（7－3））。

$$经济利润 = 风险加权资产 \times 资本充足率 \tag{7－2}$$

$$RAROC = \frac{风险调整后的利润}{经济资本} = \frac{净利润}{经济资本} \tag{7－3}$$

目前，我国银行体系中的部分银行已经上市，但是绝大部分依然为非上市公司，信息披露的程度和质量不足，在此我们仅以中国银行、中国建设银行以及招商银行为例，对银行的盈利能力和风险状况进行简要分析。

根据这三家银行近两年发布的年报数据，我们分别按照各家上市银行的风险加权资产、资本充足率和扣除预期损失的净利润作为基础，并得出各家银行的RAROC数值（见表7－7）。从表7－7中可以看出，运用传统银行绩效指标（ROE）计算的几家银行的绩效状况都好于用RAROC指标考核的结果。主要原因在于呆账准备金的计提尚未能够覆盖全部的预期风险，而且传统的方法中对于资产的风险程度定义不同。

表7－7　我国部分银行的绩效分析　　　　　　　　　单位：亿元,%

	中国银行		中国建设银行		招商银行	
	2018 年	2017 年	2018 年	2017 年	2018 年	2017 年
风险加权资产	128415.2	121577.7	136594.9	129199.8	35304.24	32918.16
资本充足率	14.97	14.19	17.19	15.50	15.68	15.48
经济资本	19223.5	17253.3	23486.4	20030.7	5734.66	4835.46
净利润	1924.4	1849.9	2556.26	2436.15	808.19	706.38
RAROC	10.01	10.72	10.88	12.16	14.09	14.61
净资产收益率	12.06	12.24	14.04	14.80	16.48	16.45

资料来源：三家上市银行的 2018 年和 2017 年年报数据。

上述三家银行分别代表了国有银行和股份制银行绩效的较高水平，在存款利率管制存在的情况下，银行获利空间依然较大，但是风险管理尚存不足。

三、我国商业银行治理激励存在的主要问题

（一）国有银行委托人目标的多样性问题

银行国有产权的直接委托人是政府设立的各级国有资产管理机构。由于该机

构由政府设立，不可避免地，国有资产管理机构作为委托人的效用目标在一定程度上存在与政府官员效用目标的一致性。与私有产权条件下的股东不同，政府官员作为国有产权的委托人并不拥有国有产权的剩余索取权，也不直接承担国有产权亏损导致的经济利益损失。杨瑞龙（2005）认为，在国有产权的政府代理下，具体行使国有产权的自然人是不拥有剩余索取权的政府官员，他们的控制权由等级规则来界定，与其承担风险的能力及受控资产的营运效率并不直接相关。政府官员的效用函数显然不同于初始委托人及国家的目标。

国有产权的委托人在关注企业盈利状况的同时还会关注其他社会目标，如社会就业、社会稳定和财政税收等。更加可能出现的情况是，与长期持股的股东关注企业价值不同，政府官员更加关注企业的经营规模和短期盈利状况，主要原因在于这些指标直接关系到财政税收和地区 GDP 增长及地方财政状况。虽然国有资产的保值和增值是国有资产管理机构的重要职责，但是由于对国有产权的流通限制，难以通过资本市场获得其市场价值信息，资产价值评估也难以实施，加之政府官员更为关注任职期间的政绩，因此，国有产权委托人更加关注企业规模和短期经济指标。国有产权委托人实现自身目标的主要方式是对企业的行政干预。

此外，由于国有产权的委托人的经济收益与企业经营绩效并无直接关系，还会导致对代理人的软约束。更为严重的是，委托人经济激励的缺乏在监督效率低下的情况下可能导致委托人的道德风险。政府官员在行使国有产权时可能存在偷懒动机，委托人通过不履行尽职监督的责任而放松对代理人的约束，在信息不对称的情况下，提供不够真实的企业绩效评价来赢得良好的政绩。不仅如此，由于国有企业管理者直接或者间接由政府任命，委托人可能出于私人利益任人唯亲，甚至与企业管理者共谋实现个人的非法经济利益和虚假政绩。而且在非对称信息条件下，国有资产管理机构对代理人的选择及行为评价融进了多元化的政府目标，最优秀的潜在代理人未必会成为现实的代理人，因而经理市场的竞争可能是低效的。治理目标多元化和流通股权流通性缺乏导致的治理软约束同时还会使资本市场和产品市场作用受到限制。

（二）股东风险偏好问题

改革开放初期，受计划经济体制影响，我国银行传统上并不是真正意义上的独立法人实体，贷款行为受政府计划影响。20 世纪 90 年代以来，包括地方性商业银行和国有银行在内的大多数银行逐步实现了自主经营、自负盈亏，但还是由于各种原因难以割裂与各级政府的关系，包括政府机构对银行贷款的干预。这些原因导致银行资产状况长期不佳，积累了大量的不良资产。在实施以资本充足率管理为核心的资本监管以后，受不良资产影响，商业银行的资本补充压力较大。

另外，除去近些年公开上市的商业银行外，大多数商业银行缺乏长效的资本金补充机制。国有商业银行以及大多数城市商业银行的主要投资主体是各级政府。随着我国经济的快速发展，以银行资产为主的金融资产的规模急剧增加，对资本补充的需求也日益增强，由于缺乏长效的资本补充机制，各级政府的投资功能降低。

治理激励问题是股东风险偏好问题。除各级政府持有的国有股之外，商业银行资本主要由各类法人实体持有。这些法人实体出于自身利益最大化的考虑，在银行真实资本极低的情况下，会表现出明显的风险偏好。

（三）管理者激励效果不佳

在计划经济条件下，包括银行在内的我国企业员工薪酬具有平均化的特征，薪酬结构主要由固定工资构成。工资额度确定的依据主要包括员工的工龄、受教育程度、工作强度和时间特征等，而与企业绩效的相关性很差。除薪酬之外，计划经济的另一个重要特征是企业员工享有"铁饭碗"，员工收入平均化，缺乏努力工作的激励。

改革开放以来，我国企业管理者薪酬结构发生了明显变化，其主要特征是管理者总体薪酬中有较大比重与企业绩效直接挂钩，这一部分收入通常被称作奖金。奖金的出现为管理者提高企业绩效提供了有力的激励，不同企业以及员工之间由于绩效差别，员工工资差异扩大。甚至许多经营不善的企业最终破产，企业员工下岗失业。但是由于我国资本市场尚处于形成阶段，市场效率不高，难以及时反映企业的真实价值，绩效激励缺乏有效手段，因此员工奖金主要与企业的即期账面利润挂钩，无法与企业价值或者长期收益联系起来。

对于银行管理者来说，不仅存在上述激励问题，还因为信息不对称使得银行管理者更加偏好于风险项目，实现短期收益。由于我国银行中国有股权占有绝对比重，银行管理者也通常由政府任命而不是通过经理人市场的选择方式，因此政府满意也成为银行管理者努力的重要目标，甚至是唯一重要目标。正如我们上文谈到的，一方面存在政府利益的多元化，另一方面对政府的业绩考核也过于注重经济增长等即期指标，导致了银行管理者要支持地方经济的发展，尤其是需要获得即期经济业绩，因而更加愿意进行能够促进经济扩张的项目投资，而没有将注意力集中于企业的成长质量，从而给银行长期经营带来较大风险。

（四）存款人治理缺失

截至目前，由于尚未出现因银行破产导致存款受损案例，公众普遍认为银行存款是安全的，即使在银行经营出现困难的情况下，政府也会出面救助，因此产生了"银行不倒"的信念或者认为能够获得隐性的存款保险。与明确的存款保险制度不同，银行不需要为隐性的存款保险支付成本，更不用说基于银行风险状况的差别成本了，因此银行几乎不需考虑来自存款者的约束。

从存款供给来看，目前我国依然存在严格的存款利率限制，缺乏存款价格选择机制，也就是存款人不能根据银行风险状况要求差别的存款价格。在隐性的存款保险制度下，价格弹性的缺失也使得存款人无法通过努力识别银行风险而获益，因此存款人治理动机减弱。现实当中也正是如此，公众对存款银行的选择更多地依赖银行对存款人的服务，而对银行风险状况不闻不问，因此出现了很多仅仅依靠服务而实现快速规模扩张的商业银行。

四、我国银行监管的有效性分析

（一）我国银行监管的基本架构

在计划经济时期，中国银行监管机构是中国人民银行。一段时期内，中国人民银行甚至代替了商业银行进行存款的筹集和贷款的发放工作。当时的银行监管工作主要包括制定和实施货币政策以及通过行政手段实施信贷配给。对于银行风险来说，中国人民银行主要关注银行的流动性问题，通过设定存款准备金比率和存贷款比率等指标确保银行资金的流动性。

市场经济体制改革以后，中国人民银行的风险监管逐步加强，引入了信用风险管理内容。具体来说，就是通过制定贷款分类标准，对银行不良贷款比率进行控制。但是这一分类标准与国际通行的贷款五级分类不同，主要评价依据是贷款本息的偿还情况。2002年，为进一步加强银行监管，成立了银行业监督管理委员会，该委员会隶属于中国人民银行，专门负责银行监管工作，中国人民银行负责对各类金融机构监管的协调和货币政策的制定工作。

以银监会的成立为标志，中国银行监管从简单的合规性监管向风险监管转变。银监会依据国际银行监管的通行标准引入了银行资本充足率管理，通过贷款五级分类，提出了基于风险的银行资本充足率要求。从2005年开始，银监会要求银行将交易账户的市场风险纳入资本充足率计算。同时，通过设定其他银行监管指标对银行的资本资产比率状况以及收益能力进行考核，仿照美国的CAMELs评级制定了股份制商业银行风险评级办法，并要求商业银行对经营状况定期披露。目前，我国尚未实施明确的存款保险制度，关于银行救助以及最后贷款人制度也没有明确的制度规定。实践中实施银行救助和流动性支持的主体是中国人民银行。《商业银行法》和《破产法》规定了对经营不善的商业银行可以实施破产，但实践中，银行破产案例极少，更多是采取不同的救助形式保持原有银行的经营。

以合并金融监管机构为标志，促进金融监管的全覆盖。近年来，随着金融混业经营的加强，分业监管体制出现了与实质上金融混业经营和专业化监管不对称的问题，监管套利和监管缺位问题不断发生。为解决这一问题，2018 年 3 月 13 日国务院机构改革方案提请十三届全国人大一次会议审议，其中包括审议中国银行业监督管理委员会和中国保险监督管理委员会合并，组建中国银行保险监督管理委员会，方案于 3 月 17 日全国人民代表大会第五次全体会议时表决。这也意味着，中国金融监管体制将实施多年的"一行三会"变成"一行两会"，即中国人民银行、中国证监会、中国银保监会。

建立了存款保险制度，增加银行破产与救助制度。2015 年 3 月 31 日，我国的《存款保险条例》正式公布，自 2015 年 5 月 1 日起施行，并覆盖所有存款类金融机构，这标志着我国由隐性担保过渡到显性存款保险制度。存款保险制度的建立将更有利于银行竞争，发挥市场在银行资源配置中的决定性作用，保护存款人的利益，规范银行的退出机制。

建立了宏观审慎管理制度。美国金融危机爆发以来，主要经济体和国际组织都在积极探索拓展新的宏观调控和系统风险管理工具，比较有代表性的就是宏观审慎管理。宏观审慎管理的核心，是从宏观的、逆周期的视角采取措施，防范由金融体系顺周期波动和跨部门传染导致的系统性风险，维护货币和金融体系的稳定。作为危机后国际金融管理改革的核心内容，国际社会强化宏观审慎政策的努力已取得积极进展，初步形成了可操作的政策框架。

（二）我国银行监管的有效性分析

尽管我国从 21 世纪初期开始逐步按照国际通行标准实施银行监管，但是改革的过程中，与发达国家的银行监管之间存在的一定差距。主要表现在：第一，缺乏全方位的风险监管体系。资本监管是目前我国银行监管的核心内容，但是资本监管目前尚未涵盖对银行非交易账户市场风险和操作风险的考核。第二，存款保险制度的救助与监管功能还有待发挥。我国存款保险制度的建立时间还相对较短，目前还处于存款保障费用的积累阶段，对问题银行的救助大部分依然通过政府救助的方式开展，公众拥有"银行不倒"的预期，隐性的存款保险观念依然存在。第三，缺少可操作的银行退出机制。虽然《商业银行法》提出对经营不善的银行可以实施破产，但是缺乏可行的破产措施，政府对于银行破产也极其谨慎。在实践中，我国曾经发生过海南发展银行和一些农村信用社破产的案例。但截至目前，尚未发生个人储户由于银行破产原因导致的损失发生。我国银行监管没有结合风险监管提出银行破产门槛，也就是从法律角度上银行破产的标准与其他企业相同，没有考虑银行的潜在风险状况，也没有将银行破产机制与包括资本充足率管理等监管要求相结合，如在《商业银行资本充足率管理办法》中，对资本严重不足的银行，监管机构可以采取接管以至撤销的纠正措施，但没有提出明确的破产界限。第四，缺乏明确的最后贷款人制度和银行救助政策。由于隐性存款保险制度的存在以及极少发生银行破产事件，公众和商业银行通常对中央银行是最后的危机救助者深信不疑，由此导致的事前激励是银行缺乏足够的努力。最后，我国银行监管机构的风险监管能力不强。一方面，我国商业银行风险管理水平较低，资本市场也有待完善，监管机构缺乏足够的银行信息；另一方面，由于监管机构人员素质的局限，较复杂的银行监管手段难以实施，并且出现了因不同层次监管机构能力差别而制约银行创新的情况。

第三节　对我国的政策启示

一、推进国有商业银行的股权结构改革是完善银行监管的前提

改革国有银行的股权结构，也即股份持有体系是解决国有银行委托—代理问题的重要方法。确保国有经济的主导地位，并不是要求国有股份一定对企业拥有绝对控股权，在确保国有经济的控制地位的同时，实施国有银行的股份制改造有助于充分发挥市场机制在银行治理中的作用，国有银行股份制改革的关键是引入市场经济性质的股东。国有银行改革后，国有股只需保持相对的控制地位，而在其他经济成分中所占比例却在增加。大量具有市场经济属性的股东避免了国有产权的一些弊端，有利于限制过度行政干预，提高银行股份流动性，强化治理约束。

首先，股份制改革后，能够让国有银行的股权结构更加合理。适度分权不仅可以形成相互监督、相互制约的机制，缓解单纯国有产权引起的企业为政府服务的问题，而且可以避免过度分权导致的"搭便车"现象。市场经济性质股东的出现，有利于国有银行以实现公司价值最大化为目标的经营和评估，制约了国有产权主体目标多元化的发生。国有股占主导地位，也可以避免侵犯国有产权权益。

其次，股权制度改革后，可以增强非国有股流动性，有利于市场机制在治理方面发挥作用。国有银行股份制改革后，非国有股总比例有所提高。这些股票具有良好的市场流动性。非国有股东不仅可以实行积极治理，还可以依法行使表决权，享有退出权。非国有股在资本市场的流通为收购机制的发展创造了条件，银行管理者将更加注重通过艰苦的工作来避免因收购而导致的工作岗位更替。

在引入战略投资者时也要注意战略投资者的投资目的，对于一些以获取短期

利益为目的的投资者应更加慎重。例如在中国银行引进的四家战略投资者中，苏格兰银行（Bank of Scotland）、美林证券（Merrill Lynch Securities）和李嘉诚都以财务投资著称。瑞银（UBS）、亚洲开发银行（ADB）和淡马锡（Temasek）投资于中国银行，也是为了获得短期增长回报。此外，高盛集团（Goldman Sachs Group）依然是一家专门从事套利业务的国际投资银行，并且高盛集团在引入中国工商银行之前，就与中国工商银行达成了退出协议。

对于一些国际投资者的短期行为，在国有商业银行股份制改造时，还应注意引入战略投资者的最终目标的设计，尤其是注意选择具有长期合作意愿的投资者，应以在管理能力和产品创新方面具有优势的国际的先进银行为目标，并与这类投资者的长期收益目标一致，因此可以实现双赢的长期合作。

最后，股权制度改革后，对国有资产的价格产生显示的作用。非国有股通过在市场中流通，能够形成银行股票的市场价值形成和发现过程，也可以作为国有资产管理机构评估银行绩效的一种途径。同时市场价格信息的形成成本低，也能够避免国有资产管理机构由于监管不足，导致治理信息成本过高的问题。

对于国有银行来说，资产价格的体现也需要以资本市场的有效运行为前提。当前我国的股票市场中，非公有制资本中有大量为社会公众持有，但持股比例较低，且对国有商业银行经营情况的判断与选择，主要以买卖股票的方式来体现。但缺乏对国有商业银行的实际治理能力，也缺乏对商业银行的理性判断，企业资产价值的体现也缺少理性价值基础。因此，应加快证券市场发展速度、完善法律法规、加强对信息披露的监督管理、加大对信息披露违法行为的处罚力度、将管理报酬与经营业绩挂钩等，保障公众股股东权益的法律保障，充分调动公众对国有商业银行经营业绩的积极性，促进商业银行价值的形成。

每股净资产[①]这一指标能够体现银行类企业的价值。国有商业银行上市以来，银行的价值得到显著提升。在该指标上，五大国有商业银行保持快速增长态势，如表 7-8 所示。中国银行由 2006 年的 1.53 增加至 2015 年的 4.09，扩大了 4.67 倍；中国工商银行由 1.39 增加至 4.8，扩大了 2.45 倍；中国建设银行扩大了 2.17 倍；中国交通银行扩大了 2.63 倍；中国农业银行扩大数值虽小，但是也较十年前扩大了 1.08 倍。由此可见，股权结构改革有利于公司治理的不同形式股权改造，有利于企业的发展。迄今为止，国有商业银行已经完成股份制改革，银行已经具备了混合所有制的形式，因此可以将当前国有商业银行的股份制改革视为混合所有制的初步发展阶段。

---

① 每股净资产是指每一股所拥有的企业净资产现值，该值越大，净资产价值越大。

表 7-8　2006~2015 年国有商业银行每股净资产　　　　单位：元

年份	中国银行	中国工商银行	中国建设银行	中国农业银行	交通银行
2006	1.53	1.39	1.47	—	1.93
2007	1.67	1.61	1.81	-5.98	2.62
2008	1.84	1.81	2.00	1.12	2.96
2009	2.03	2.02	2.39	1.32	3.34
2010	2.31	2.35	2.80	1.67	3.96
2011	2.59	2.74	3.24	2.31	4.39
2012	2.95	3.22	3.77	2.00	5.12
2013	3.31	3.63	4.26	2.60	5.65
2014	3.70	4.33	4.97	3.05	6.34
2015	4.09	4.80	5.74	3.48	7.00

资料来源：国有商业银行年报。

　　除了股份制改造，五家国有商业银行也都已经完成了在内地和香港的资本市场上市（见表 7-9）。上市之后，国有商业银行均筹集了大量的资金，并使得股权结构得以优化，资本充足率得到提高，核心竞争力的资本实力得到显著提升。

表 7-9　国有商业银行上市情况

发行地点	发行情况	银行名称				
		中国工商银行（ICBC）	中国银行（BOC）	中国建设银行（CCB）	交通银行（BOCOM）	中国农业银行（ABC）
境内 A 股	发行时间	2006 年 10 月	2006 年 7 月	2007 年 9 月	2007 年 5 月	2010 年 7 月
	实际发行量（亿股）	149.50	64.94	90.00	31.90	255.71
	发行价格（元）	3.12	3.08	6.45	7.90	2.68
	融资额（亿元）	466.40	200.00	580.50	252.00	685.30
香港 H 股	发行时间	2006 年 10 月	2006 年 6 月	2005 年 10 月	2005 年 6 月	2010 年 7 月
	实际发行量（亿股）	407.00	294.04	304.59	67.34	254
	发行价格（港元）	3.07	2.95	2.35	2.50	3.20
	融资额（亿港元）	1249.50	867.40	716.00	168.00	813.00

资料来源：国有商业银行招股说明书及年度报告。

　　从形式上看，国有商业银行的混合所有制形式已经形成，混合所有制的作用与效果还没充分发挥。但是,由于前期国有商业银行引入的股东更多是以短期财务投资为目的的投资人,有些还在投资之时就与被投资银行达成了退出协议,因此缺乏对银行治理的长期促进作用。从引入战略投资者之后的效果来看,近些年来,国有商业银行在经营绩效、产品创新、风险防控等方面缺乏显著改善。

由此,为持续深入推进银行的混合所有制改革。2013 年,党的十八届三中全会明确指出,"积极发展混合所有制经济。国有资本、集体资本、非公有资本等交叉持股、相互融合的混合所有制经济,是基本经济制度的重要实现形式,有利于国有资本放大功能、保值增值、提高竞争力,有利于各种所有制资本取长补短、相互促进、共同发展"。因此,积极发展混合所有制,依然是国有企业改革的重要目标。

在此背景下,国有商业银行依然持续探索混合所有制改革的方式与方法。根据港交所信息,2015 年 5 月,央汇金公司欲在 A 股市场内减持中国工商银行和中国建设银行,分别为 16.29 亿元和 19.06 亿元,汇金减持后,对中国工商银行和中国建设银行前后的股份占比分别由 46% 降至 45.89%、5.05% 降至 2.14%。尽管中央汇金公司减持的幅度不大,不影响国有股的控制权,但国有股减持对推进混改具有一定的意义。

二、建立科学的银行绩效考核和管理者激励约束机制

科学的绩效考核机制是提高银行管理水平的关键。目前,一些银行的内部人控制问题依然存在。建立有效的激励约束机制必须建立和完善银行治理框架。银行的绩效评估必须能够在风险评估的基础上衡量出银行的实际绩效。国际先进的绩效评估方法(如 RAROC、RORWA 等绩效评估方法)可以提高我国国有商业银行绩效评估能力。

传统的国有商业银行制度的一个严重缺陷是缺乏对管理者的有效激励。国有商业银行不合理的激励机制主要表现在:一方面,银行管理者对银行拥有控制权,但激励措施并没有与其经营绩效真正地关联在一起;另一方面,即使工资与绩效之间已经建立了关系,由于缺乏科学的绩效考核机制,银行经理可以通过隐瞒风险来操纵绩效考核结果,从而获得私人利益。作为国有股代表的国有资产管理机构的设立避免了过去国有股缺乏明确委托人的弊端,但是对该机构的激励约束措施的有效性还需要不断完善。作为国有股的代表,国有资产管理机构的设立避免了以往缺乏明确主体的缺点,但对机构的激励和约束措施的有效性仍有待提升。张维迎(1995)认为,由代理人而不是初始委托人索取剩余能够实现帕累托改进,因为这样提高了剩余索取者的监督积极性和最终代理人的工作努力水平,从而创造出经济净剩余。因此,赋予管理者一定比例的股权或股票期权,有利于缓解激励不足的问题，提高国有银行的经济效益。

在管理者持有适当股份的基础上，建立科学的绩效评价与激励约束机制是优化商业银行公司治理的关键。具体来说就是为管理者提供包括固定的工资收入、奖金以及股权或者股票期权的薪酬方案。其中，固定工资与管理者资历、管理能力以及工作年限直接相关，在银行正常运营情况下，管理者固定工资与银行业绩无关。在完成阶段性银行经营效益之后，管理者获得奖金，奖金与银行的短期经营绩效相关，奖金的发放周期与绩效评估周期相同。管理者股权或股票期权激励的目的是提高代理人与委托人利益的一致性，当银行经营状况改善时，管理者能够通过实现股权和期权获得利益；当银行经营状况恶化时，管理者持有的股权或股票期权价格下跌，给管理者带来损失，因此避免了管理者的道德风险行为。在实施管理者股权和股票期权激励时，应该规定一定的交易限制。具体来说应该规定股权或者股票期权只能在管理者任职期结束后的一定时间后交易，从而避免管理者为追求短期收益而采取道德风险行为。

建立科学有效的银行绩效考核和管理者薪酬激励机制也为提高银行监管效率提供了条件。我们提出的各项具有治理激励意义的银行监管制度与银行绩效考核以及管理者薪酬激励机制密切相关。科学的银行绩效考核机制不仅为银行管理者薪酬激励机制提供了主要依据，而且还是我们设计的存款保险制度、资本监管、最后贷款人制度、银行破产以及银行救助等监管制度的基础。上面谈到的关于银行管理者薪酬结构的建议有助于我们设计的各项监管制度实现最佳的治理激励效果。

三、我国银行监管的治理激励机制框架构想

随着我国资本市场日渐繁荣，企业融资渠道拓宽，不再单纯依赖银行贷款。因此，我国银行监管也不应再承担过多的促进经济增长责任，而应将监管的重点放在促进银行业稳健经营、维护金融稳定上。实现这一目标的关键在于建立有效的监管治理激励机制，以控制银行风险为核心，实现各项监管制度的协调、高效运行。

（一）银行监管应促进银行内部治理的改善

现代银行监管的初衷是避免信息不对称条件下银行市场失灵导致的各种弊端，但是信息不对称问题的存在也使得银行监管难以解决所有问题。现行存款保险制度在避免了银行破产的外部性问题，并保护了存款者利益的同时，却无法解决包括银行股东在内的银行风险偏好激励问题；由于信息不对称问题难以根本解决，资本充足率管理无法做到对银行风险的准确反映，因此会导致对银行资产选择的限制；信息不对称造成的逆向选择问题给最后贷款人制度的实施带来了困

感；并且导致银行破产制度难以选择准确的破产均衡点，也使得银行救助制度成本高昂。

另外，银行监管并不是对银行内部治理的替代手段，而是对其进行补充和促进。银行监管界限超出一定范围必将限制银行自主性的发挥，导致效率损失。银行治理与银行监管的目标是一致的，即实现相关利益方的收益最大化。由于实践中，监管机构在政策制定方面具有决定性，因此现代银行监管应该积极促进银行内部治理水平的提高，通过建立有效的激励机制降低信息不对称问题造成的不利影响，在实施有效风险监管的基础上，主动积极地促进银行内部治理的改善。

我国银行监管目前还处于逐步完善的阶段。在这一过程中，银行监管实践采用了分步推进的方式，主要监管内容和方法采用了国际通行的模式。我们应该看到，虽然在发达国家中银行监管也是通过逐步完善实现的，但是考虑到我国银行业正处于从计划经济到市场经济的转轨和从封闭运营向全面对外开放的过程中，一方面，学习和借鉴是必不可少的，另一方面，我们也应看到，在转轨过程中实施系统性监管制度设计是可行的。全面的银行监管体系设计中应该通过科学的机制设计，将银行内部治理因素纳入监管机制，注重通过价格等市场化手段促进银行利益相关者实施积极治理，从而能够避免监管导致的市场效率损失。

(二) 资本充足率管理是风险监管的基础

我国商业银行传统上资本充足率水平很低，并且对呆账准备金计提严重不足，导致了银行股东治理的软约束。加之银行监管对关联交易控制不严，许多企业对银行的投资目的是获得关联交易收益，而对银行资产的风险状况不闻不问，更有甚者有些银行在补充资本金时采取了向股东贷款，然后投资的方式。严格的资本充足率管理限制股东之间的交叉持股，附加关联交易限制，股东在银行投资的真实价值能够保持在一定水平之上，因此能够降低股东的风险激励。

不仅如此，存款保险和破产机制等都直接与银行资本充足状况相关，不同制度间的协同作用能够加强风险监管的治理效果。而我国由于其他监管措施的缺乏，现阶段仅将资本充足状况作为审批银行新业务拓展和分支机构设立等业务活动的参考依据，资本充足率管理的作用尚未完全发挥。

《巴塞尔协议》规定的资本充足率计量方法也存在不足，过于简单的资产风险分类并不能保证风险计量的连续性和准确性。与此直接相关的资本充足率监管也无法体现监管比率要求对于不同银行的公平性与合理性。由于《巴塞尔协议》对银行数据采集和处理能力要求很高，我国并没有要求国内银行采用新协议要求计量资本充足率。但是从近年来下发的《市场风险管理办法》等法规中可以看出，我国资本充足率监管的未来发展趋势也是向这一标准靠近。因此，国内商业银行也应根据自身条件尽早积累客户和交易数据，加强对风险的精细计量。

在监管制度体系逐步健全的基础上，应加强对资本充足率指标的合理运用。例如，建立以资本充足率指标为依据的银行破产机制；建立与资本充足状况相关的存款保险制度；参考银行资本充足状况，有区别运用最后贷款人制度或者银行间同业市场，解决对银行流动性危机的支持；参考银行资本充足状况确定银行救助制度的注资额度；等等。这样就能够促进各项监管制度的协调实施，降低银行监管成本。

（三）促进形成激励相容的存款保险制度

我国已经建立了显性存款保险制度，但目前还处于隐性存款保险制度到显性存款保险制度过渡期，我国的存款保险制度还没有建立存款保险的执行救助机构，存款保险制度的作用还没有充分显现，此外，当前的存款保险制度与具有激励相容的机制的存款保险制度之间还存在一定的差距，对于存款人的保护和激发利益相关者对银行的治理作用还无法显现。对经营状况不佳的银行的存款人利益维护方法中依然存在隐性的政府存款保险制度。

隐性存款保险的存在使得我国公众也普遍拥有"银行不倒"的信念，在选择存款银行时主要考虑的因素是服务的便利，而对银行风险状况和管理能力不闻不问。虽然明确的存款保险制度下存款人通常也缺乏治理动机，但是考虑到银行危机发生时偿付时滞以及不完全保险导致的未保险部分本金以及利息的损失，在事前存款人也会对银行进行一定的选择。而隐性存款保险与此不同，公众的信念是即使银行经营不佳，其存款的流动性和本金以及利息的数额也不会受到任何损失，因此存款人治理动机完全消失。不仅如此，建立明确的存款保险有助于明确监管机构银行救助资金使用的依据，减少中央银行资金运用的软约束，降低银行救助和破产的监管成本。

从保费的设计方面来看，根据我国目前银行监管能力的现状和银行治理的需要，我国适合采取单一利率的部分保障制度。目前，我国银行业监管已经从合规监管走向风险监管，金融监管体系正处于不断完善的阶段，但各种监管制度之间以及各个监管部门之间的有效衔接还存在一定的漏洞，对银行等金融机构的风险管理能力还存在不足。采用风险存款保险制度，要求监管部门能够准确评估银行风险，否则将导致银行风险偏好的激励。因此，现阶段的单利率存款保险更为有效。部分存款保险不仅可以保障存款人的利益，还能够促进存款人治理银行的动机的激发。

长期来看，基于风险的非完全保障的存款保险制度更为有效。这样的制度实施建立在监管机构具备能够相对准确评估和判断银行风险水平的前提下，对风险水平较高的银行征收更高的保费，对风险较低的银行征收较低的保费，从而建立有效的风险激励。日本的存款保险制度就是由于缺乏依据风险的保费设计，并且保障覆盖范围过高，而导致了道德风险较为严重、国家为此承担的社会成本较高的问题。随着存款人治理能力的提高和利率市场化的深化，保险责任范围的局限性也可以得到调整。当存款人的治理能力较强，利率波动较大时，可以选择较低的保险覆盖率；相反，选择较高的存款保险覆盖率，从而增强存款人的治理动机。

即使是基于风险的存款保险制度也难以消除银行股东和管理者的风险偏好，而将管理者的薪酬结构等参数纳入存款保费确定中，有助于解决这个问题。随着我国银行监管能力的逐步提高，资本市场以及人力资源市场的价格形成机制的不断完善，将银行治理的内部参数纳入保费确定，是银行监管的发展方向。目前，已经执行的宏观审慎监管在不断增加银行治理参与、纳入宏观监管当中，不仅起到控制风险的作用，同时还能够发挥促进银行治理的积极作用。

（四）最后贷款人制度

目前，中国人民银行是向需要流动性支持的商业银行提供再贷款的主体，同时随着银行间市场的发展，银行同业市场拆借也提供了重要的资金流动性。当前的主要问题在于：由于缺乏明确的最后贷款人制度和存款保险制度，中国人民银行被认为是隐性存款的提供者，难以区分其向商业银行提供的资金支持是用于向银行提供短期流动性支持还是用于救助支付性危机。由于中国人民银行同时肩负这两项职责，同时又作为货币政策的制定者，难免会出现职责不清以及预算软约束问题。

为解决上述问题，我们建议监管机构建立明确的最后贷款人制度，并将其职责依然赋予中国人民银行，并同时成立存款保险机构负责提供存款保险赔偿。这一做法的优点在于能够强化中国人民银行的资金约束。在此基础上，中国人民银行可以根据最后贷款人制度，选择提供紧急流动性的时机以及支持的对象并且确定贷款利率。存款保险机构负责相应的损失赔偿，由此可以形成对中国人民银行的有效的监管约束，避免过度流动性支持的行为。

（五）建立商业银行破产机制

在现代公司治理中，企业的破产机制可以避免有限责任制度的缺陷，因此，与一般企业一样，商业银行未来也必须建立破产机制。我国银行监管机构也提出将建立更加明确的银行破产制度。破产机制的重要作用主要体现为以下两个方面：一是建立淘汰机制，金融机构在日常经营中必须尽最大努力，以避免破产可能；债权人为确保贷款安全，减少可能的清算损失，将仔细选择和监督金融机构。二是促进既有资源的重组。并非所有无力偿还到期债务的债务人都应立即清算，当救助重组价值高于清算价值时，法律程序可以保障在重组框架内各方的利益。不仅可以保证市场的公平性，而且可以提高市场的效率，保证资源流向效率更高的地方。世界银行通过发生在不同国家的 38 次危机给财政造成的损失估计（Honohan 和 Klingebiel，2000）表明，在递延型监管保护、央行流动性支持、央行作为最后贷款人以及破产等各种危机处理方式中，破产成本最低，只占 GDP 的 2.9%。

我国的《破产法》于 2006 年 9 月由全国人大通过，并于 2007 年 6 月 1 日起实施，是针对所有类型企业的《破产法》，其中也对金融机构的破产做出了规定，即明确了金融机构破产的实施主体和破产程序，目标是改变我国长期以来在商业银行发生倒闭后，私人存款几乎完全由国家承担的现状。在《破产法》中，明确提出宣布金融机构破产的主体是相应的金融监管机构。银行监管机构必须对破产机构进行认定，这涉及三方面内容：①何时对危机银行实施破产；②是否必须对危机银行实施破产；③如何设计破产程序。解决第一个问题的基础是准确的资本监管，在此基础上才能准确选择银行破产点。我们在第六章中讨论的监管机制为第二个问题提供了依据，即监管者依据危机银行可能导致的外部性影响以及宏观经济形势判断确定是否对危机银行实施破产。针对第三个问题，破产程序的设计不仅要考虑对被保险人赔偿的及时性，还可以依据对存款人承受能力的判断，明确制定破产程序时限安排，从而加强存款人对银行的事前约束作用。

但是，随着经济和社会的不断发展，新的问题和新的现象不断出现，之前的破产法在一些方面出现不足，最近最高人民法院在发布《关于在司法解释中全面贯彻社会主义核心价值观的工作规划（2018～2023）》中指出，要修订完善《破产法》司法解释。

由于金融机构的特殊性，适用一般企业的单一《破产法》还无法对金融机构形成全面的约束效果。具体来说，商业银行还需要在内部控制制度建设、外部监督机制建设、救援机制建设、存款保险机制建设等方面，形成一系列的配套支撑体系。同时，要明确金融机构、监管机构、存款保险公司、中国人民银行和司法部门在破产过程中的权力、责任和利益，如金融机构面临风险时，由谁担任管理者；危机事件的申报程序如何、债权人的财务状况如何评估。破产发生时，是否指定金融机构的管理人，司法部门是否介入等，应建立统一的标准和程序，明确破产的具体内容，明确对金融机构进行适当的行政干预和动用公共资金和储备基金的条件。

（六）明确银行救助制度

对于出现经营危机的银行，提供救助是我国监管机构的通常做法，但与最后贷款人制度一样，缺乏明确的救助原则。一方面，为避免银行破产导致的外部性影响，在银行危机时均采取了救助措施；另一方面，关于救助过程中的资金注入缺乏明确的标准，造成了救助资金以及银行管理者的软约束问题。

我们的建议是：在建立存款保险制度和银行破产制度，明确最后贷款人制度的基础上，建立银行救助制度，明确银行救助的对象和救助标准。这一做法一方面能够使非适用银行明确自己不在被救助的范围，从而受到严格破产制度的约束。救助制度的适用银行也能够明确救助标准，减轻原来救助政策条件下的软约束问题。另一方面也明确了作为救助主体的监管机构的监管职能，有助于监管机构保持对银行资产和经营状况的及时监控，以及对宏观金融环境的跟踪，降低监管成本。

（七）强化银行信息披露监管

近年来，我国银行监管机构明确提出了商业银行的信息披露制度，但是该制度的内容尚不完善，适用对象并不广泛。目前，监管机构要求的银行信息披露内容主要包括：银行股权结构、股东和董事会情况、高级管理人员及其薪酬情况、银行经营和财务状况、银行资产状况及其他重要事项。虽然披露内容覆盖了监管所需信息的主要方面，但是要求较低，例如关于银行资产状况的披露仅要求披露不良贷款比率以及五级分类状况，而对于银行的风险管理方法、制度及流程就不需披露。不仅如此，由于缺乏对披露信息的审核，管理者薪酬等情况是否真实就无从考证。此外，我国银行监管机构并未强行要求所有银行进行信息披露，大多数中小银行并不在强制披露的范围之内，而这些银行恰恰存在较多问题。即使对于四大国有银行，除去已经上市的中国建设银行和中国银行必须依据证券交易所的强制标准进行财务审计，并提供比较全面的信息披露之外，其他银行的信息披露工作也很不完善。

在我们设计的银行监管制度体系中，信息披露是确保制度有效性，降低监管成本的重要保证。因此，建立更为完善的银行信息披露标准，并将信息披露制度运用于整个银行系统，是提高信息披露质量的主要手段。关于信息披露内容的要求应该保持与监管需求以及公众需求的一致，一方面确保为各种监管机制提供低成本的信息支持，另一方面也有助于发挥其他银行外部利益相关方的治理能力，降低银行监管成本和治理成本。在信息披露制度的适用范围方面，由于中小银行是我国银行监管的薄弱环节，因此应该加强对这些银行的信息披露要求，确保银行监管能够覆盖整个银行体系。

由于信息披露是强制性的监管要求，因此必须建立有效的监督和惩罚机制，确保这一制度被所有银行严格遵守。一方面，监管机构需要对信息披露的真实性进行必要核查和确认，并对失实的信息披露提出纠正和整改要求；另一方面，对于瞒报和误报的银行机构应该给予严格的惩罚，从而建立有效的事前激励，也有助于形成良好的银行诚信文化。

附录一

附表1 截至2013年12月全球显性存款保险制度地区分布

非洲（34）	喀麦隆	中非	乍得	刚果
	赤道几内亚	加蓬	肯尼亚	尼日利亚
	坦桑尼亚	乌干达	津巴布韦	
亚太地区（16）	澳大利亚	韩国	菲律宾	印度尼西亚
	孟加拉	老挝	新加坡	蒙古
	文莱	马来西亚	斯里兰卡	日本
	中国香港	马绍尔群岛	泰国	尼泊尔
	印度	密克罗尼西亚	越南	
欧洲（2）	阿尔巴尼亚	希腊	挪威	奥地利
	匈牙利	波兰	白俄罗斯	冰岛
	葡萄牙	比利时	爱尔兰	罗马尼亚
	波黑	意大利	俄罗斯联邦	保加利亚
	科索沃	塞尔维亚	克罗地亚	拉脱维亚
	斯洛伐克	塞浦路斯	列支敦士登	斯洛文尼亚
	捷克	立陶宛	西班牙	丹麦
	卢森堡	瑞典	芬兰	马耳他
	土耳其	法国	摩尔多瓦	乌克兰
	德国	黑山	英国	直布罗陀
	荷兰			

续表

	阿富汗	哈萨克斯坦	阿曼	阿尔及利亚
	吉尔吉斯斯坦	苏丹	亚美尼亚	黎巴嫩
	塔吉克斯坦	阿尔及利亚	吉尔吉斯斯坦	苏丹
中东和中亚 (12)	亚美尼亚	黎巴嫩	塔吉克斯坦	阿塞拜疆
	利比亚	土库曼斯坦	巴林	毛里塔尼亚
	乌兹别克斯坦	约旦	摩洛哥	也门
	阿根廷	厄瓜多尔	巴拉圭	萨尔瓦多
	巴巴多斯	危地马拉	巴哈马	
西半球 (14)	特立尼达和多巴哥	巴西	洪都拉斯	美国
	牙买加	乌拉圭	智利	墨西哥
	委内瑞拉	哥伦比亚	尼加拉瓜	加拿大

注：地区后括号中数字是该地区还没有建立显性存款保险制度的国家或地区的数量。

资料来源：IMF Working Paper Research Department Asli DemirgüçKunt, Edward Kane, and Luc Laeven. Deposit Insurance Database ［EB/OL］. Authorized for Distribution by Stijn Claessens, IMF, 2017 - 07.

附录二

命题（5-1）的证明

很明显在最佳条件下，$B_S = 0$，因此规划（$\wp^1$）可以写成：

$$\min_{B_L, B_N} p(\beta_N B_N + \beta_L B_L) \tag{1}$$

$$p(\beta_N B_N + \beta_L B_L) \geqslant \frac{e_0}{\Delta\beta} \tag{2}$$

$$B_k \geqslant \frac{e_1}{p\delta}, \quad k = L, \ N \tag{3}$$

解依赖于 $\dfrac{e_0}{\Delta\beta}$ 是否小于 $\dfrac{e_1}{\delta}$。在第一种情况下，存在唯一解：$B_L = B_N = \dfrac{e_1}{p\delta}$；而在第二种情况下，$B_L = B_N = \dfrac{e_0}{p\Delta\beta}$。

命题（5-2）的证明

令 γ_i，$i = 1, \ 2, \ 3, \ 4$ 为规划（$\wp^2$）的拉格朗日乘数。得到的拉格朗日方程为：

$$\Lambda = \tilde{\pi} - \gamma_1\left(pB_N - \frac{e_1}{\delta}\right) - \gamma_2\left(pB_L - \frac{e_1}{\delta}\right) - \gamma_3\left[B_S - p_g(B_L - \lambda)\right] -$$

$$\gamma_4\left[\beta_N pB_N + \beta_L pB_L - \left(\frac{e_0}{\Delta\beta} + B_S\right)\right] \tag{4}$$

因此：

$$\frac{\partial\Lambda}{\partial B_N} = (1 - \beta_S)\beta_N - \gamma_1 - \gamma_4\beta_N = 0 \tag{5}$$

$$\frac{\partial\Lambda}{\partial B_L} = (1 - \beta_S)\beta_N - \gamma_2 - \gamma_4\beta_L + \gamma_3\frac{p_g}{p} = 0 \tag{6}$$

$$\frac{\partial \Lambda}{\partial B_S} = \beta_S - \gamma_3 + \gamma_4 = 0 \tag{7}$$

由式（7）可得 $\gamma_3 \geq \beta_S > 0$。由式（5）可得 $\gamma_1 = (1 - \beta_S - \gamma_4)\beta_N \geq 0$，这意味着 $\gamma_4 \leq 1$。由式（6）可得 $\gamma_2 = (1 - \beta_S - \gamma_4)\beta_L + \gamma_3 \frac{p_g}{p} \geq 0$，由于 $\gamma_3 > 0$，所以 $\gamma_2 > 0$。因此：

$$B_L = \frac{e_1}{p\delta}$$

$$B_S = p_g\left[\frac{e_1}{\delta p} - \lambda\right] \tag{8}$$

因此：

$$B_N = \max\left(\frac{e_1}{p\delta}, \ \frac{1}{p\beta_N}\left(\frac{e_0}{\Delta\beta} + B_S\right) - \frac{\beta_L}{\beta_N}B_L\right) \tag{9}$$

因此，存在两种情况：

（1）$\gamma_4 = 0$，$\gamma_1 > 0$。由于 $\lambda < \frac{e_1}{p\delta}$，且 $\rho = \ell$，有 $B_N = \frac{e_1}{p\delta} = B_L$，$B_S > 0$。

（2）$\gamma_1 = 0$，$\gamma_4 = 1$。有 $p(\beta_N B_N + \beta_L B_L) = \left(\frac{e_0}{\Delta\beta} + B_S\right)$。这可以用于确定 B_N（$B_N > B_L$），$\rho > \ell$。

用 $B_L = \frac{e_1}{p\delta}$ 替换，得：

条件 $\frac{e_1}{p\delta} > \frac{1}{p\beta_N}\left(\frac{e_0}{\Delta\beta} + B_S\right) - \frac{\beta_L}{\beta_N}\frac{e_1}{\delta p}$ 等同于 $\frac{e_1}{\delta} > \frac{e_0}{\Delta\beta} + B_S$，因此命题（5-2）得证，并且确定了：

$$B_N = \frac{1}{\rho\beta_N}\left[\frac{e_0}{\Delta\beta} + p_g\left(\frac{e_1}{\delta p} - \lambda\right)\right] - \frac{\beta_L e_1}{\beta_N p\delta} \tag{10}$$

利率差的计算

有效关闭：

在情况 b，$B_N > B_L$ 意味着贷款必须以式（9）和式（10）确定的利率差 σ^* 贷出：

$$B_N - B_L = \sigma^* \lambda = \frac{1}{p\beta_N}\left[\frac{e_0}{\Delta\beta} + \frac{e_1}{\delta p}(p_g - p) - p_g\lambda\right] \tag{11}$$

当贷款不能被完全担保时，银行同业市场的利差由零预期回报条件确定。令 ρ 为贷款 λI 的偿还金额，在缺乏支付能力的银行被救助（$\beta_S = 0$）的情况下，零预期回报的条件为：

$$\rho p + (1-p)R_0 = \lambda I \tag{12}$$

利差为：

$$\sigma(\beta_S = 0) = \frac{\rho}{\lambda I} - 1 = \frac{\lambda I - (1-p)R_0}{p\lambda I} - 1 \tag{13}$$

"垂死一搏"：

由于 $p_g < p$，存在"垂死一搏"行为时银行同业市场贷款被偿还的可能性（ρ_{GFR}）小于该行为能够被阻止时的概率（p），即：

$$\rho_{GFR} \equiv \frac{\beta_S p_g + (1-\beta_S)\beta_L p}{\beta_S + (1-\beta_S)\beta_L} < p \tag{14}$$

因此，偿付金额为：

$$\rho_{GFR} p_{GFR} + (1-\rho_{GFR})R_0 = \lambda I \tag{15}$$

意味着利差：

$$\frac{\rho_{GFR}}{\lambda I} - 1 = \frac{\lambda I - (1-\rho_{GFR})R_0}{\lambda I \rho_{GFR}} - 1 \equiv \sigma(\beta_S > 0) \tag{16}$$

这一利差随 β_S 增长而增长。当 $p = p_g$ 时，市场利差独立于 β_S，$\sigma(\beta_S > 0) = \sigma(\beta_S = 0)$。由式（14）可得 $\sigma(\beta_S > 0) > \sigma(\beta_S = 0)$。

参考文献

一、英文部分

[1] Aghion, Philippe, Patrick Bolton and Steven Fries. Optimal Design of Bank Bailouts: The Case of Transition Economies [R]. European Bank Working Paper, 1998.

[2] Anderson C. W. and L. Campbell. Corporate Governance of Japanese Banks [R]. University of Missouri Working Paper, 2000.

[3] Philippe Aghion, Patrick Bolton. An Incomplete Contracts Approach to Financial Contracting [J]. The Review of Economic Studies, 1992, 59 (3): 473 –494.

[4] Bagehot, Walter. Lombard Street: A Description of the Money Market [EB/OL]. ideas. repec. org.

[5] Barth, James R., Gerard Caprio and Ross Levine. Bank Regulation and Supervision: What Works Best? [C]. Nber Working Paper Series 9323, 2013.

[6] Bebchuk, Lucian and Oliver Hart. Takeover Bids vs. Proxy Fights in Contests for Corporate Control [R]. NBER Working Paper 8633, 2001.

[7] Beck, Thorsten, Asli Demirgüç – Kunt and Ross Levine. Law and Finance: Why Does Legal Origin Matter? [R]. NBER Working Paper, 2002.

[8] Berglof Erik and Roland Gerard. Bank Restructuring and Soft Budget Constraints in Financial Transition [J]. Journal of the Japanese and International Economies, 1995 (9): 354 –375.

[9] Berle, Adolf. The Impact of the Corporation on Classical Economic Theory [J]. The Quarterly Journal of Economics, 1965, 79 (1): 25 –40.

[10] Berle, Adolf and Gardiner Means. The Modern Corporation and Private Property [M]. New York: Commerce Clearing House, 1932.

[11] Bhattacharya S., A. Boot and A. V. Thakor. The Economics of Bank Regu-

lation [J]. Journal of Money, Credit, and Banking, 1998, 30 (4): 745 –770.

[12] BIS. Enhancing Corporate Governance for Banking Organizations, 2005.

[13] Blair, Margaret M. Ownership and Control: Rethinking Corporate Governance for the 21st Century [Z] . 1995: 202 –234.

[14] Bliss, Robert R. and Mark J. Flannery. Market Discipline in the Governance of U. S. Bank Holding Companies: Monitoring vs. Influencing [J]. European Finance Review, 2002, 6 (3): 361 –395.

[15] Blum, Jürg. Do Capital Adequacy Requirements Reduce Risks in Banking? [J]. Journal of Banking and Finance, 1999, 23 (5): 755 –771.

[16] Bolton, Patrick and David S. Scharfstein. Corporate Finance, the Theory of the Firm, and Organizations [J]. The Journal of Economic Perspectives, 1998, 12 (4): 95 –114.

[17] Boot, Arnoud W. A. and Stuart Greenbaum. Bank Regulation, Reputation and Rents: Theory and Policy Implications [M]. Capital Markets and Financial Intermediation, C. Mayer and X. Vives ed. Cambridge University Press. Cambridge, 1993: 262 –285.

[18] Boot, Arnoud W. A. and Anjan V. Thakor. Self Interested Bank Regulation [J]. American Economic Review, 1993 (83): 206 –213.

[19] Buser S. A. Chen A. H. and Kane E. J. Federal Deposit Insurance, Regulatory Policy, and Optimal Bank Capital [J]. Journal of Finance, 1981, 36 (1): 51 –60.

[20] Branson, Douglas M. The Very Uncertain Prospect of "Global Convergence" in Corporate Governance [J]. Cornell International Law Journal, 2001 (34): 321 –362.

[21] Bremer, Marc and Richard H. Pettway. Information and the Market's Perceptions of Japanese Bank Risk: Regulation, Environment, and Disclosure [J]. Forthcoming Pacific – Basin Finance Journal, 2001.

[22] Brewer, Elijah, William E. Jacksons and Julapa A. Jagtiani. Impact of Independent Directors and the Regulatory Environment on Bank Merger Prices: Evidence from Takeover Activity in the 1990s [M]. Federal Reserve Bank of Chicago, 2000.

[23] Brewer, Elijah and Thomas H. Mondschean. An Empirical Test of the Incentive Effects of Deposit Insurance: The Case of Junk Bonds at Savings and Loan Associations [J]. Journal of Money, Credit & Banking, 1994, 26 (1): 146 –164.

[24] Calomiris, Charles W., Andrew Powell. Can Emerging Market Bank Regulators Establish Credible Discipline? The Case of Argentina, 1992 –1999 [R]. NBER Working Paper 7715, 2000.

［25］ Calomiris, Charles W. and B. Wilson. Bank Capital and Portfolio Management: The 1930's Capital Crunch and Scramble to Shed Risk ［J］. 1998 NBER Working Paper Journal of Business, 2004, 77 (3) .

［26］ Campbell, Tim S. and William A. Kracaw. Information Production, Market Signalling, and the Theory of Financial Intermediation ［J］. The Journal of Finance, 1980, 35 (4): 863 – 882.

［27］ Caprio, Gerard, Luc Laeven and Ross Levine. Governance and Bank Valuation ［R］. World Bank Policy Research Working Paper 3202, 2004 (2) .

［28］ Chan, Yuk – shee, Stuart I. Greenbaum and Anjan V. Thakor. Is Fairly Priced Deposit Insurance Possible ［J］. The Journal of Finance, 1992, 47 (1): 227 – 245.

［29］ Chandle, A. D. The Visible Hand: The Managerial Revolution in American Business ［M］. Cambridge, MA: The Belknap Press of Harvard University, 1977.

［30］ Chari V. V. and Ravi Jagannathan. Banking Panics, Information, and Rational Expectations Equilibrium ［J］. The Journal of Finance, 1988, 43 (3): 749 – 761.

［31］ Chen A. H., Ju N. and Mazumdar S. C. Correlated Default Risks and Bank Regulations ［J］. Journal of Money Credit & Banking, 2006, 38 (2): 375 – 398.

［32］ Claessens, Stijn, Daniela Klingebiel and Luc Laeven. Resolving Systemic Financial Crises: Policies and Institutions ［R］. World Bank Policy Research Working Paper 3377, 2004.

［33］ Clarke, Thomas. The Stakeholder Corporation: A Business Philosophy for the Information Age ［J］. Long Range Planning, 1998, 31 (2): 182 – 194.

［34］ Coase, R. H. The Nature of the Firm ［J］. Economica, 1937 (4): 386 – 405.

［35］ Coffee, John . What Caused Enron? A Capsule Social and Economic History of the 1990s ［J］. Cornell Law Review, 2004, 89 (2) .

［36］ Cooke, T. E. and Etsuo Sawa. Corporate Governance Structure in Japan – Form and Reality ［J］. Corporate Governance, 1998, 6 (4) .

［37］ Corrigan, E. G. Statement before US Senate Committee on Banking, Housing and Urban Affairs ［M］. Washington D. C. , 1990.

［38］ Cull, Robet, Lemma W. Senbet, and Marco Sorge. Deposit Insurance and Financial Development ［EB/OL］. World Bank mimeo. At < http: //www. worldbank. org/research/interest/ confs/upcoming/deposit_ insurance/home. htm.

［39］ Davis, James H. , F. David, Schoorman and Lex Donaldson. Toward a Stewardship Theory of Management ［J］. Academy of Management Review, 1997

(22): 20 - 47.

[40] Demirgüç - Kunt, Asli and Enrica Detragiache. Does Deposit Insurance Increase Banking System Stability? An Empirical Investigation [M]. World Bank, 2000.

[41] Demirgüc - Kunt, Asli and Harry Huizinga. Market Discipline and Financial Safety Net Design [R]. World Bank Working Paper, 2000.

[42] Dewatripont, Mathias and Jean Tirole. Efficient Governance Structure: Implications for Banking Regulation [J]. Capital Markets and Financial Intermadiation, 1993.

[43] Dewatripont, Mathias and Jean Tirole. The Prudential Regulation of Banks [M]. Cambridge, MIT Press, 1994.

[44] Diamond, Douglas W. and Philip H. Dybvig. Bank Runs, Deposit Insurance, and Liquidity [J]. Journal of Political Economy, 1983 (9).

[45] Diamond, Douglas W. Financial Intermediation and Delegated Monitoring [J]. Review of Economics Studies, 1984 (7): 393 - 414.

[46] Diamond, Douglas W. and Raghuram G. Rajan. Liquidity Risk, Liquidity Creation and Financial Fragility: A Theory of Banking [R]. NBER Working Paper, 2001.

[47] Duan, Jin - Chuan, Arthur F. Moreau and C. W. Sealey. Fixed - rate Deposit Insurance and Risk - shifting Behavior at Commercial Banks [J]. Journal of Banking and Finance, 1992, 16 (4): 715 - 742.

[48] Dybvig Philip H. Remarks on Banking and Deposit Insurance [J]. FRB of Louis Review, January/February, 1993.

[49] Ellis D. M. and M. J. Flannery. Does the Debt Market Assess Large Banks' Risk? Time Series Evidence from Money Center CDs [J]. Journal of Monetary Economics, 1992.

[50] Eisenhardt, K. M. Agencey Theory: An Assessment and Review [J]. Academy of Management Review, 1989 (5).

[51] Engelen, E. Corporate Governance, Property and Democracy: A Conceptual Critique of Shareholder Ideology [J]. Economy and Society, 2002, 31 (3): 391 - 413.

[52] Fama, Eugene F. and Michael C. Jensen. Separation of Ownership and Control [J]. Journal of Law and Economics, Corporations and Private Property: A Conference Sponsored by the Hoover Institution, 1983, 26 (2): 301 - 325.

[53] Flannery, Mark J. Using Market Information in Prudential Bank Supervision: A Review of the U. S. Empirical Evidence [J]. Journal of Money, Credit, and

Banking, 1998, 30 (3): 273 – 305.

[54] Forssbaeck, J. Ownership Structure, Market Discipline, and Banks' Risk – Taking Incentives under Deposit Insurance [J]. Journal of Banking and Finance, 2011 (10): 2666 – 2678.

[55] Freixas, Xavier and Jean – Charles Rochet. Microeconomics of Banking [M]. Cambridge : The MIT Press, 1995.

[56] Freixas, Xavier and Jean – Charles Rochet and Bruno M. Parigi. The Lender of Last Resort: A Twenty – First Century Approach [J]. Journal of the European Economic Association December, 2004, 2 (6): 1085 – 1115.

[57] Freixas, Xavier and Jean – Charles Rochet. Fairly Priced Deposit Insurance: Is it Possible? Yes. Is it Desirable? No [R]. Finance and Banking Discussion Paper, 1995.

[58] Friedman, Milton. Capitalism and Freedom [R]. Chicago, University of Chicago Press, 1962.

[59] Friedman, Milton, and Anna Schwartz. A Monetary History of United States, 1867 – 1960 [M]. Princeton, NJ: Princeton University Press, 1963.

[60] Fukao, Mitsuhiro. Japan's Lost Decade and its Financial System [J]. The World Economy, 2003 (26) .

[61] Furlong, M. J. and M. C. Keeley. Capital Regulation and Bank Risk – Taking [J]. Journal of Banking and Finance, 1989 (13): 883 – 891.

[62] Gary Gorton , Lixin Huang. Liquidity, Efficiency and Bank Bailouts [J]. NBER Working Paper, 9185.

[63] Gehrig, T. Capital Adequacy Rules: Implications for Banks' Risk – Taking [J]. Swiss Journal of Economics and Statistics, 1995 (131): 747 – 764.

[64] George J. Benston, George G. Kaufman. The Appropriate Role of Bank Regulation [J]. The Economic Journal, 1996, 106 (436): 688 – 697.

[65] Giannini, Curzio. Enemy of None but a Common Friend of All? An International Perspective on the Lender of Last Resort Function [J]. Princeton Essays in International Finance, 1999 (214) .

[66] Gilson R. J. Transparency, Corporate Covernance and Capital Markets [R]. OECD Working Paper, 2000.

[67] Goodfriend, Marvin and Robert G. King. Financial Deregulation, Monetary Policy and Central Banking [J]. Economic Review, 1988 (6) .

[68] Goodfriend, Marvin and Jeffrey M. Lacker. Limited Commitment and Central

Bank Lending [J]. Economic Quarterly, 1999 (6): 1-27.

[69] Goodhart, Charles A. The Central Bank and the Financial System [M]. The MIT Press, 1995.

[70] Gordon, Jeffrey N. What Enron Means for the Management and Control of the Modern Business Corporation: Some Initial Reflections [J]. Academy of Management Review, 2002.

[71] Gorton, G. Banking Panics and Business Cycles [J]. Oxford Economic Papers, 1988 (40): 751-781.

[72] Grossman, Sanford J. and Oliver Hart. An Analysis of the Principal-agent problem [J]. Econometrica. 1983, 51 (1): 7-46.

[73] Guillen, M. Corporate Governance and Globalisation: Is There Convergence Across Countries? [J]. Advances in International Comparative Management, 2000 (13): 175-204.

[74] Hamalainen, Paul. Mandatory Subordinated Debt and the Corporate Governance of Banks [J]. Corporate Governance, 2004, 12 (1): 93-106.

[75] Hanazaki, M. and A. Horiuchi. A Vacuum of Governance in the Japanese Bank Management [R]. NBER Working Paper, 2001.

[76] Hannan, Timothy H. and Gerald A. Hanweck. Bank Insolvency Risk and the Market for Large Certificates of Deposit [J]. Journal of Money, Credit and Banking, 1988 (20): 203-211.

[77] Harjoto, Maretno A. and Donald J. Mullineaux. The Transformation of Banking and CEO Compensation [J]. The Journal of Financial Research, 2003 (3): 341-354.

[78] Hart, Oliver. Financial Contracting [J]. Journal of Economic Literature. 2001, 39 (4): 1079-1100.

[79] Hart, Oliver and John Moore. Property Rights and the Nature of the Firm [J]. The Journal of Political Economy, 1990, 98 (6): 1119-1158.

[80] Hellmann, Thomas F. and Kevin C. Mucdock and J. E. Stiglitz. Liberalization, Moral Hazard in Banking, and Prudential Regulation: Are Capital Requirement Enough [J]. The American Economic Review, 2000 (90): 147-165.

[81] Hillman, A. J. and A. A. Cannella and R. L. Paetzold. The Resource Dependence Role of Corporate Director: Strategic Adaption of Board Composition in Response to Environmental Change [J]. Journal of Management Studies, 2000 (3): 235-255.

[82] Hiraki, Takato, Hideaki Inoue, Akitoshi Ito, Fumiaki Kuroki and Hi-

royuki Masuda. Corporate Governance and Firm Value in Japan: Evidence from 1985 to 1998 [J]. Pacific – Basin Finance Journal, 2003 (3) .

[83] Hiwatashi, Junji and Hiroshi Ashida. Advancing Operational Risk Management Using Japanese Banking Experiences [R]. Federal Reserve Bank of Chicago, Working Paper, 2002.

[84] Holmstrom, B. Moral Hazard in Teams [J]. The Bell Journal of Economics, 1982, 13 (2): 324 – 340.

[85] Holmstrom, B. and S. N. Kaplan. Corporate Governance and Merger Activity in the U. S. : Making Sense of the 1980' s and 1990' s [J]. Working Paper, NBER, 2001.

[86] Jensen, Michael C. and William Meckling. Theory of the Firm: Managerial Behavior, Agency Costs, and Capital Structure [J]. Journal of Financial Economics, 1976 (3): 305 – 360.

[87] John, Kose, Anthony Saunders and Lemma W. Senbet. A Theory of Bank Regulation and Management Compensation [J]. The Review of Financial Studies, 2000, 3 (1): 95 – 126.

[88] Jones, C. , Hesterly, W. S. and Borgatti, S. P. General Theory of Network Governance: Exchange Conditions and Social Mechanisms [J]. Academy of Management Review, 1997, 22 (4): 911 – 945.

[89] Judge, William Q. and Carl P. Zeithaml. Institutional and Strategic Choice Perspectives on Board Involvement in the Strategic Decision Process [J]. Academy of Management Journal of Management Studies, 1992 (35): 766 – 794.

[90] Kaufman, George G. The Lender of Last Resort: A Contemporary Perspective. Journal of Financial Services Research, 1991, 5 (2): 95 – 110.

[91] Kaufman, George G. Bank Failure, Systemic Risk, and Bank Regulation [R]. 1996.

[92] Kane, Edward J. Principal – Agent Problems in S&L Salvage [J]. The Journal of Finance, 1989, 45 (3) .

[93] Kane, Edward J. The S&L Insurance Mess: How Did it Happen? [M]. Washington: Urban Institute Press, 1989.

[94] Kaufman, George G. and Steven A. Seelig. Post – Resolution Treatment of Depositors at Failed Banks: Implications for the Severity of Banking Crises, Systemic Risk, and Too Big To Fail [Z]. Federal Reserve Bank of Chicago, 2002: 27 – 41.

[95] Keeley, M. Deposit Insurance, Risk, and Market Power in Banking [J].

The American Economic Review, 1990 (80): 1183 – 1200.

[96] Kim, Daesik and Anthony M. Santomero. Risk in Banking and Capital Regulation [J]. The Journal of Finance, 1988, 43 (5): 1219 – 1233.

[97] Kini, Omesh, William Kracaw and Shehzad Mian. The Nature of Discipline by Corporate Takeovers [J]. The Journal of Finance, 2004, 59 (4): 1511 – 1552.

[98] Klein, Linda Schmid, J. O'Brien and Stephen R. Peters. Debt vs. Equity and Asymmetric Information: A Review [J]. The Finance Review, 2002 (37): 317 – 350.

[99] Koch, Timothy W. and S. Scott MacDonald. Bank Management [M]. The Dryden Press, 1992.

[100] Koehn, Michael and Anthony M. Santomero. Regulation of Bank Capital and Portfolio Risk [J]. Journal of Finance, 1980, 35 (5): 1235 – 1244.

[101] LaPorta, R., F. Lopez – de – Silanes, A. Shleifer and R. W. Vishny. Law and Finance [J]. Journal of Political Economy, 1998 (106): 1113 – 1155.

[102] Lazonick, W. and M. O'Sullivan. Maximizing Shareholder Value: A New Ideology for Corporate Governance [J]. Economy and Society, Economy and Society. 2000, 29 (1): 13 – 35.

[103] Levine, Ross. The Corporate Governance of Banks: A Concise Discussion of Concepts and Evidence [R]. World Bank Policy Research Working Paper No. 3404. 2004.

[104] Lichtenberg, Frank R. and George M. Pushner. Ownership Structure and Corporater Performance in Japan [R]. Working Paper 4092, NBER, 1992.

[105] Lindgren, C. J. and G. Garcia. Bank Soundness and Macroeconomic Policy [M]. International Monetary Fund Washington, DC, 1996.

[106] Lorsch, J. and E. Maclver. The Reality of America's Corporate Boards [M]. Harvard Business School Press, 1989.

[107] Mace, M. Mythe and Reality [M]. Harvard Business School Publising, 1971.

[108] Macey, Jonathan R. and Maureen O'Hara. The Corporate Governance of Banks [J]. FRBNY Economic Policy Review, 2003 (4).

[109] Maechler, Andrea M. and Kathleen M. McDill. Dynamic Depositor Discipline in U. S. Banks [R]. IMF Working Paper, 2003, WP/03/226.

[110] Marcus, Alan J. and Israel Shaked. The Valuation of FDIC Deposit Insurance Using Option – Pricing Estimates [J]. Journal of Money, Credit and Banking, 1984, 16 (4): 446 – 460.

[111] Marsh, Terry A. and Jean – Michel Paul. BIS Capital Regulations and Japanese Banks' Bad Loan Problems [R]. March 1997, U. C. Berkeley, Working Paper.

[112] Matutes, Carmen and Xavier Vives. Imperfect Competition, Risk Taking, and Regulation in Banking [J]. European Economic Review, 2000 (44): 1 –34.

[113] Minsky, Hyman. The Financial Fragility Hypothesis [M]. Capitalist Process and Behavior of the Economy in Financial Crisis, ed. Charles P. Kindlberger and Jean – Pierre Laffargue, Cambrige: Cambrige University Press, 1982.

[114] Robert C. Merton. An Analytic Derivation of the Cost of Deposit Insurance and Loan Guarantees: Modern Option Pricing Theory [J]. Journal of Banking and Finance, 1977 (1): 3 –11.

[115] Mao Hong, Krzysztof M. Ostaszewski, James M. Carson and Yuling Wang. Pricing of Deposit Insurance Considering Investment, Deductibles, and Policy Limit [J]. Journal of Insurance Issue, 2013, 36 (2): 149 –174.

[116] Miron, Jeffrey. Financial Panics, the Seasonality of the Nominal Interest Rate, and the Founding of the Fed [J]. American Economic Review, 1986 (76): 125 –140.

[117] Modigliani, Franco M. and Merton H. Miller. The Cost of Capital, Corporation Finance, and the Theory of Investment [J]. The American Economic Review. 1959, 49 (4): 655 –669.

[118] Modigliani, Franco M. and Merton H. Miller. Corporate Income Taxes and the Cost of Capital: A Correction [J]. The American Economic Review, 1963, 53 (3): 433 –443.

[119] Morck, Randall, Masao Nakamura and Anil Shivdasani. Banks, Ownership Structure, and Firm Value in Japan [J]. The Journal of Business, 2000, 73 (4): 539 –567.

[120] Morck, Randall and Masao Nakamura. Been There, Done That. The History of Corporate Ownership in Japan [R]. ECGI – Finance Working Paper No, 20, 2003.

[121] Nier, Erlend and Ursel Baumann. Market Discipline, Disclosure and Moral Hazard in Banking [J]. Working Paper, 2003 (4).

[122] Park, Sangkyun and Stavros Peristiani. Market Discipline by Thrift Depositors [J]. Journal of Money, Credit, and Banking, 1998 (30): 347 –364.

[123] Peria, Martinez and Sergio L. Schmukler. Do Depositors Punish Banks for "Bad" Behavior: Examining Market Discipline in Argentina, Chile, and Mexico [Z]. World Bank, 1998.

[124] Povel, Paul. Optimal "Soft" or "Tough" Bankruptcy Procedures [J].

Journal of Lew, Economics, and Organization, 1999 (15): 659 – 688.

[125] Prowse, Stephen D. Alternative Methods of Corporate Control in Commercial Banks [J]. Economic Review, 1995 (3): 24 – 36.

[126] Prowse, Stephen D. Corporate Control in Commercial Banks [J]. The Journal of Financial Research, 1997 (20): 509 – 527.

[127] Pyle, David H. Bank Risk Management: Theory [M]. UC Berkeley Working Paper, 1997.

[128] Rajan, Raghuram R. and Luigi Zingales. Saving Capitalism from the Capitalists: Unleashing the Power of Financial Markets to Create Wealth and Spread Opportunity [M]. Chicago Press, 2003.

[129] Rauterkus, Stephanie Yates. Do Weak Internal Corporate Control Systems Lead to Failure? [Z]. 2003.

[130] Repullo, R. Who Should Decide on Bank Closures? An Incomplete Contract Model [M]. CEMFI, Madrid, 1993.

[131] Rhodes, M. and B. Van Apeldoorn. Capital Unbound? The Transformation of European Corporate Governance [J]. Journal of European Public Policy, 1998, 5 (3): 406 – 427.

[132] Rixtel, Adrian Van, Ioana Alexopoulou and Kimie Harada. The New Basel Capital Accord and Its Impact on Japanese Banking: A Qualitative Analysis [R]. CEI Working Paper No. 2003.

[133] Salsman, Richard M. Breaking the Banks: Central Banking Problems and Free Banking Solutions. Great Barrington [J]. American Institute for Economic Research, 1992 (6).

[134] Scharfstein, David. The Disciplinary Role of Takeovers [J]. Review of Economic Studies, 1988 (6): 185 – 199.

[135] Scott, James H. The Optimum Capital Structure Theory [J]. The Bell Journal of Economics, 1976 (4): 33 – 54.

[136] Segal, Ilya. Complexity and Renegotiation: A Foundation for Incomplete Contracts [J]. Review of Economics Studies, 1999 (66): 57 – 82.

[137] Selgin, George. Legal Restrictions, Financial Weakening, and the Lender of Last Resort [J]. Cato Journal, 1989 (9): 429 – 459.

[138] Shleifer, Anderi and Robert W. Vishny. A Survey of Corporate Governance [R]. NBER Working Paper No. W5554, 1996.

[139] Slovin, Myron B., Marie. Sushka and John A. Polonchek. The Value of

Bank Durability: Borrowers as Bank Stakeholders [J]. Journal of Finance, 1993, 48 (1): 247 – 266.

[140] Solow, R. M. On the Lender of Last Resort [A]//Financial Crises: Theory, History and Policy [M]. Cambridge: Cambridge University Press, 1982.

[141] Suarez, Fernando F. and Utterback, James M. Dominant Designs and the Survival of Firms [J]. Strategic Management Journal. 1995, 16 (6): 415 – 430.

[142] Stiglitz, Joseph E. S&L Bailout [A]//James R. Barth and R. Dan Brunbaugh Jr. (Eds.), The Reform of Federal Deposit Insurance [M]. New York, Harper Business, 1992.

[143] Tirole, Jean. Corporate Governance [J]. Econometrica, Econometric Society, 2001 (1): 1 – 35.

[144] Tsuru, Kotaro. Depositors' Selection of Bank and the Deposit Insurance System in Japan: Empirical Evidence and its Policy Implications [R]. RIETI Discussion Paper Series 03 – E – 024, 2003.

[145] Useem, Michael. Corporate Leadership in a Globalising Equity Market [J]. Academy of Management Executive, 1998 (12): 43 – 59.

[146] Usui, Takayuki. Corporate Governance of Banking Organization in the United States and in Japan [J]. Duke University School of Law, 2003 (5): 563 – 620.

[147] Ursacki, Teri Jane. Gaijin in the Boardroom: Continuity and Change in Japanese Boards of Directors, 1983 – 2001 [R]. Association of Japanese Business Studies, Working Paper, 2002.

[148] Vafeas, Nikos and Waegelein. The Response of Commercial Banks to Compensation Reform [J]. Review of Quantitative Finance and Accounting, 2003, 20 (4): 335 – 354.

[149] Varian, Hal R. Intermediale Microeconomics: A Modern Approach [M]. New York: W. W. Norton & Company, 1996.

[150] Wheelock, David C. Deposit Insurance and Bank Failure: New Evidence from the 1920s [J]. Economic Inquiry, 1992 (33): 530 – 543.

[151] Wheelock, David C., and Subal C. Kumbhakar. Which Banks Choose Deposit Insurance? Evidence of Adverse Selection and Moral Hazard in a Voluntary Insurance System [J]. Journal of Money, Credit, and Banking, 1995, 27 (1): 186 – 201.

[152] Wheelock, David C. and W. Wilson. Why Do Banks Disappear: The Determinants of U. S. Bank Failures and Acquisitions [J]. Federal Reserve Bank of St. Louis, Working Paper, 1995.

［153］Whidbee, David A. Board Composition and Control of Shareholder Voting Rights in the Banking Industry ［J］. Financial Management，1997，26（4）：27 –41.

二、中文部分

［1］［法］德沃特里庞：《银行监管》，石磊译，复旦大学出版社2002年版。

［2］［法］让·雅克·拉丰、大卫·马赫蒂摩：《激励理论：委托—代理模型》，中国人民大学出版社2002年版。

［3］［美］艾伦·加特：《管制、放松与重新管制》，经济科学出版社1999年版。

［4］［美］J. 弗雷德·威斯通、［韩］S. 郑光、［美］苏珊·E.：《兼并、重组与公司控制》，侯格译，经济科学出版社1998年版。

［5］［美］费雷克斯、罗歇：《微观银行学》，刘锡良译，西南财经大学出版社2000年版。

［6］［美］吉利安·加西亚：《存款保险制度的现状与良好做法》，中国金融出版2003年版。

［7］［美］奥利弗·E. 威廉姆森：《资本主义经济制度》，商务印书馆2002年版。

［8］［美］查理士·恩诺克、约翰·格林：《银行业的稳健与货币政策》，中国金融出版社1999年版。

［9］［美］哈特：《企业、合同与财务结构》，上海人民出版社1998年版。

［10］［日］青木昌彦：《比较制度分析》，上海远东出版社2001年版。

［11］蔡鄂生、王立彦、窦洪权：《银行公司治理与控制》，经济科学出版社2003年版。

［12］陈国富：《委托—代理与机制设计》，南开大学出版社2003年版。

［13］陈国进：《金融制度的比较与设计》，厦门大学出版社2002年版。

［14］陈学彬、邹平座：《金融监管学》，高等教育出版社2003年版。

［15］段文斌：《企业的性质、治理机制和国有企业改革——企业理论前沿专题》，南开大学出版社2003年版。

［16］江曙霞：《银行监督管理与资本充足性管制》，中国发展出版社1994年版。

［17］黄泽民：《日本金融制度论》，华东师范大学出版社2001年版。

［18］李维安、武立东：《公司治理教程》，上海人民出版社2002年版。

［19］李维安、张俊喜：《公司治理前沿》，中国财政经济出版社2003年版。

［20］潘金生：《中央银行金融监管比较研究》，经济科学出版社1999年版。

［21］吴易风、刘凤良、吴汉洪：《西方经济学》，中国人民大学出版社 1999 年版。

［22］徐滇庆、于宗先、王金利：《泡沫经济与金融危机》，中国人民大学出版社 2000 年版。

［23］王雪冰：《1999－2000 国际金融报告》，经济科学出版社 2000 年版。

［24］于潇：《美日公司治理结构比较研究》，中国社会科学出版社 2003 年版。

［25］赵先信：《银行内部模型和监管模型——风险计量与资本分配》，上海人民出版社 2004 年版。

［26］张维迎：《博弈论与信息经济学》，上海人民出版社 1996 年版。

［27］张维迎：《企业的企业家—契约理论》，上海人民出版社 1995 年版。

［28］章彰：《商业银行信用风险管理——兼论巴塞尔新资本协议》，中国人民大学出版社 2002 年版。

［29］巴曙松：《巴塞尔新资本协议框架中的市场约束》，《财经问题研究》2003 年第 4 期。

［30］巴曙松：《金融风险监管框架发展中的巴塞尔新资本协议》，《国际经济评论》2003 年第 3－4 期。

［31］巴曙松、陈华良：《2004 年全球金融监管：综述与趋势展望》，《世界经济》2005 年第 3 期。

［32］巴曙松、刘清涛、贾蓓：《基于资本充足率的银行风险监管》，《武汉金融》2004 年第 11 期。

［33］巴曙松、王文强：《次级债市场发展与中国商业银行资本金结构调整》，《中国人民大学学报》2005 年第 1 期。

［34］巴曙松：《金融机构的政府救助与监管声誉：一个理论框架和现实解释》，《河南金融管理干部学院学报》2005 年第 2 期。

［35］常琨、杨方步：《国有商业银行管理的博弈分析》，《商业研究》2003 年第 17 期。

［36］车维汉：《日本主银行体制研究述评》，《东北亚论坛》2006 年第 2 期。

［37］车维汉：《日本式公司治理结构的形成、机能及其演化》，《现代日本经济》2005 年第 4 期。

［38］高建华：《存款保险制度失效性研究》，《经济社会体制比较》2006 年第 4 期。

［39］郭竞成、姚先国：《市场结构还是治理结构?》，《国际金融研究》2004

年第 2 期。

［40］郭晔、赵静：《存款保险制度、银行异质性与银行个体风险》，《经济研究》2017 年 12 期。

［41］霍翠凤、杨萌：《比较视野中的商业银行公司治理模式及其借鉴》，《金融论坛》2005 年第 4 期。

［42］蒋海：《信息结构与金融监管激励：一个理论分析框架》，《南开经济研究》2004 年第 3 期。

［43］蒋满霖：《国有银行治理结构的缺陷分析与完善》，《审计与经济研究》2004 年第 9 期。

［44］金雅玲、郭竞成：《国有股流通与减持的博弈分析》，《北京师范大学学报》（自然科学版）2003 年第 10 期。

［45］廖国民、刘巍：《银行体制、破产成本与政府担保》，《管理世界》2005 年第 3 期。

［46］李常青：《公司治理模式与股利政策探讨》，《制度建设》2004 年第 6 期。

［47］李建军：《商业银行绩效国际比较评价体系的设计及其实证》，《金融论坛》2004 年第 9 期。

［48］李维安、曹廷求：《商业银行公司治理——基于商业银行特殊性的研究》，《南开学报》（哲学社会科学版）2005 年第 1 期。

［49］李维安、曹廷求：《商业银行公司治理：理论模式与我国的选择》，《南开学报》（哲学社会科学版）2003 年第 1 期。

［50］李晓峰：《银行不良债权处理对策的中日比较》，《现代日本经济》2005 年第 1 期。

［51］李友申：《日本存款保险制度：演变与启示》，《现代日本经济》2004 年第 5 期。

［52］刘宇光：《我国商业银行对企业监督不足的原因分析》，《世界经济情况》2004 年第 4 期。

［53］龙海明、周哲英：《委托代理问题与国有商业银行公司治理》，《华南金融研究》2003 年第 4 期。

［54］彭文平：《关系型融资理论评述》，《经济社会体制比较》（双月刊）2004 年第 6 期。

［55］齐亚莉、伍军：《功能性监管：现代金融业发展的必然选择》，《金融教学与研究》2005 年第 4 期。

［56］钱小安：《金融开放条件下货币政策与金融监管的分工与协作》，《金

融研究》2002 年第 1 期。

[57] 秦厉、邱群霞：《中国银行业的制度变迁——从分业经营到混业经营：理论解释及实践》，《金融观察》2005 年第 9 期。

[58] 冉勇、钟子明：《银行信息披露制度与银行系统稳定性研究》，《中央财经大学学报》2005 年第 10 期。

[59] 田素华：《商业银行介入证券业务的适度性与中国银行业的选择》，《世界经济》，2004 年第 2 期。

[60] 王湘东：《美日银行监管体制的比较及启示》，《世界经济研究》2003 年第 8 期。

[61] 王小芳、管锡展：《多委托代理关系——共同代理理论研究及其最新进展》，《外国经济与管理》2004 年第 10 期。

[62] 王燕、沈雅琴：《激励相容的金融机构退出机制》，《上海金融》2005 年第 1 期。

[63] 王毅、陈平：《含蓄存款保险制度的风险分析》，《南开经济研究》1999 年第 5 期。

[64] 王颖捷：《降低陷入困境银行退出壁垒的比较研究》，《经济社会体制比较》2003 年第 3 期。

[65] 夏秋、黄荣冬：《商业银行公司治理的特殊性及其政策含义》，《经济社会体制比较》（双月刊）2005 年第 2 期。

[66] 项有志、郭荣丽：《银行监管与商业银行信息披露的改进》，《会计研究》2002 年第 11 期。

[67] 杨其静：《从完全合同理论到不完全合同理论》，《教学与研究》2003 年第 7 期。

[68] 杨蓉：《从日本经济的衰退论日本公司治理模式》，《现代日本经济》2003 年第 3 期。

[69] 杨瑞龙：《论国有经济中的多级委托代理关系》，《管理世界》2005 年第 6 期。

[70] 杨谊：《显性部分存款保险下的有效银行退出机制——基于成本收益分析下的博弈分析》，《财经科学》2005 年第 5 期。

[71] 杨谊：《基于官方监管、市场约束和存款保险相互关系的银行监管研究》，重庆大学，2010 年。

[72] 俞栋：《经典治理模式的比较与启示》，《现代商业银行》2004 年第 10 期。

[73] 于东智：《商业银行治理：特殊性与改革着力点》，《经济理论与经济

管理》2004 年第 2 期。

　　［74］袁跃东：《日本银行不良资产为何难以解决》，《世界经济》2003 年第
3 期。

　　［75］曾诗鸿、范德胜、莫志宏、张爱莉：《中国与日本银行不良贷款生成
机制分析》，《现代日本经济》2005 年第 1 期。

　　［76］张文、陈学彬：《商业银行经济激励方式比较分析》，《上海财经大学
学报》2004 年第 6 期。

　　［77］张维迎：《公有制经济中的委托人—代理人关系：理论分析和政策含
义》，《经济研究》1995 年第 4 期。

　　［78］郭晔、赵静：《存款保险制度、银行异质性与银行个体风险》，《经济
研究》2017 年第 12 期。

　　［79］张遐敏：《公司治理中的债权银行治理机制》，《世界经济情况》2004
年第 4 期。

　　［80］郑超愚、蔡浩仪、徐忠：《外部性、不确定性、非对称信息与金融监
管》，《经济研究》2000 年第 9 期。

　　［81］郑志刚：《公司治理机制理论研究文献综述》，《南开经济研究》2004
年第 5 期。